NAZISMO

EDUARDO SZKLARZ

NAZISMO
COMO ISSO PÔDE ACONTECER

jandaíra

2022

Copyright © **Eduardo Szklarz** 2014
Copyright © **Eduardo Szklarz** 2022

Todos os direitos reservados à Editora Jandaíra e protegidos pela Lei 9.610, de 19.2.1998.

É proibida a reprodução total ou parcial sem a expressa anuência da editora.

Este livro foi revisado segundo o Novo Acordo Ortográfico da Língua Portuguesa.

Direção editorial **Lizandra Magon de Almeida**
Assistência editorial **Maria Ferreira**
Revisão **Karen Nakaoka**
Projeto gráfico, diagramação e capa **Marta Teixeira**
Foto de capa **Sergey Tryapitsyn/Freepik**

Dados Internacionais de Catalogação da Publicação (CIP)
Maria Helena Ferreira Xavier da Silva/Bibliotecária – CRB-7/5688

Szklarz, Eduardo
S998n Nazismo: como isso pôde acontecer / Eduardo Szklarz. – São Paulo : Jandaíra, 2022.
256 p. ; 21 cm.
ISBN 978-65-87113-87-6
1. Nazismo. 2. Guerra Mundial, 1939-1945. 3. Alemanha - Política e governo - 1918-1933. 4. Alemanha - Política e governo - 1933-1945. 5 Hitler, Adolf, 1889-1945. I. Título.
CDD 943.086

Número de Controle: 00040

jandaíra

Rua Vergueiro, 2087 cj. 306 — 04101-000 — São Paulo, SP
11 3062-7909   editorajandaira.com.br
Editora Jandaíra   @editorajandaira

AGRADECIMENTOS

Aos meus pais, de quem herdei o amor pelos livros.
À minha editora, Lizandra Magon de Almeida.

Para Mariela, Benjamin e Carolina.

SUMÁRIO

CAPÍTULO 1
O BERÇÁRIO 11
O nazismo nasceu de um caldeirão ideológico peculiar, que misturava pseudociência, ocultismo e ódio racial.

CAPÍTULO 2
O JOVEM HITLER 37
O jovem Adolf queria ser artista, mas acabou na fila da sopa em Viena. Estava fadado a um futuro de pobreza e isolamento. Então uma desgraça se abateu na Europa. E salvou sua vida.

CAPÍTULO 3
O PARTIDO 59
Como os nazistas deixaram de ser um mero grupo de fanáticos para se tornar o maior partido do Parlamento alemão.

CAPÍTULO 4
O TERCEIRO REICH 83
Hitler passa a governar com poderes absolutos, instaura uma sociedade policial totalitarista e, ainda assim, obtém um imenso apoio popular.

CAPÍTULO 5
VIDA DE GADO 105
Ao mesmo tempo que tratava mulheres "arianas" como meras reprodutoras, o nazismo promoveu campanhas de esterilização em massa, obrigando milhares de alemães a fazer vasectomia ou laqueadura.

CAPÍTULO 6
BULLYING 125
A perseguição aos judeus começou em fogo brando, como intimidação: homens proibidos de trabalhar, crianças expulsas de escolas... Tudo em meio a um problema: como determinar quem era judeu e quem não era?

CAPÍTULO 7
EXTERMÍNIO 147
Hitler começa a Segunda Guerra Mundial com dois objetivos: transformar a Alemanha num império e ter a desculpa perfeita para executar seu plano genocida.

CAPÍTULO 8
AUSCHWITZ 169
Os nazistas não usaram os campos de extermínio só para aterrorizar, escravizar, envenenar e incinerar pessoas. Também aproveitaram a barbárie para transformá-los em laboratórios com cobaias humanas.

CAPÍTULO 9
A REAÇÃO SEMPRE VEM 193
No Leste Europeu, judeus que escaparam da morte se tornaram guerrilheiros, realizando uma série de emboscadas bem-sucedidas. Até nos campos de concentração houve ataques mortais contra soldados alemães.

CAPÍTULO 10
A QUEDA 213
O Terceiro Reich desmoronou exterminando gente até o último minuto. Alguns nazistas foram julgados, presos e mortos. Outros tiveram mais sorte.

CAPÍTULO 11
NEONAZISMO 237
Tantos anos após o fim da Segunda Guerra, a ideologia torta de Adolf Hitler continua viva, mesmo mudando de cara.

BIBLIOGRAFIA 250

1

O BERÇÁRIO

O nazismo nasceu de um
caldeirão ideológico peculiar,
que misturava pseudociência,
ocultismo e ódio racial.

O nazismo é uma ficção científica. É um conjunto de ideias bizarras com o carimbo da ciência. Você sabe que um filme de ficção é pura mentira. Mesmo assim, embarca na fantasia para rir e chorar como se tudo fosse verdade. São duas horas de sonho, emoção e glória. Quando o filme termina, você sai do cinema e volta para a realidade.

Hitler ofereceu aos alemães a chance de nunca sair do cinema. O sonho do Terceiro Reich duraria mil anos. A Alemanha voltaria a ser a potência gloriosa do passado. E, com o aval da ciência dos anos 1930, foi mais fácil convencer os alemães da fantasia megalomaníaca de Hitler.

Ao longo deste livro, você verá como essas ideias capturaram um país, depois um continente — e deixaram um rombo na história da humanidade. Mas primeiro é preciso voltar um pouco no tempo para tentar entender que fantasia era essa.

Ela começa assim:

"Com um prazer satânico no rosto, o jovem judeu de cabelos negros espreita, horas e horas, a menina inocente que ele macula com o seu sangue, roubando-a assim de seu povo. Com todos os meios ele tenta destruir os fundamentos raciais do povo que se propõe a subjugar".[1]

Esse trecho sintetiza o pensamento nazista. Ele está no *Mein Kampf* ("Minha Luta"), a autobiografia que Hitler começou a escrever na prisão, em 1924, após sua tentativa frustrada de golpe. Para o nazismo, o mundo estava dividido num ranking de raças. E a luta entre as raças funcionava como o motor da história. No topo do ranking estava a raça ariana — a da menina inocente.

Arianos, germânicos, nórdicos... Hitler alternava esses termos, mesclando conceitos de nação e território para proclamar sua superioridade. Ele dizia que o gênio talentoso dos arianos havia cria-

---

[1]. Hitler, Adolf, *Mein Kampf*, BPK, 1925 [versão em português], pág. 15.

do as grandes obras da arte e da ciência. E que seus traços criativos eram transmitidos pelo sangue, de geração em geração.

Na base da pirâmide racial estavam os "povos inferiores": eslavos (checos, russos, sérvios, poloneses e búlgaros, por exemplo), africanos, asiáticos e por aí vai. Esses párias só serviam para o trabalho forçado. Os nazistas os chamavam também de *untermensch* (sub-humanos).

Judeus tinham um lugar especialmente execrável no imaginário nazista: eram a raça mais inferior de todas. Para Hitler, o judaísmo não era uma religião, e sim uma condição natural degradante. Judeus eram parasitas e traidores. Agiam feito morcegos, bactérias, vermes, câncer, polvos gigantes e cogumelos venenosos.

O *Mein Kampf* é cheio dessas comparações biológicas. Na fábula de Hitler, os judeus haviam se propagado como bacilos em diversos países, sugando suas riquezas e causando sua ruína. Judeus e arianos eram dois polos opostos.

O Estado alemão (o *Reich*) era o centro da vitalidade ariana, ao passo que os judeus eram perigosos exatamente porque não tinham Estado. Aí vem a segunda parte dessa história. O relato nacional-socialista dizia que os arianos foram criados por Deus para prevalecer, mas havia um risco: ao se misturar com os povos inferiores, a raça ariana seria corrompida para sempre.

O sangue da linda menina indefesa nunca mais seria o mesmo depois de contaminado pelo judeuzinho de cabelos pretos. No faz de conta nazista, portanto, não havia nada mais perigoso para um país do que a miscigenação racial. O Brasil, claro, seria um caso perdido.

E era justamente a miscigenação da Alemanha que Hitler denunciava. Ele dizia que judeus e outros "parasitas" haviam infestado a sociedade germânica e causado todas as aflições que o país sofria no início do século 20: a derrota na Primeira Guerra

Mundial, o colapso do império, o caos social, a hiperinflação, a perda do passado glorioso.

Havia remédio? Claro que sim. Era preciso purificar o sangue germânico, eliminando os vírus do corpo da sociedade. Só assim o povo alemão voltaria ao seu esplendor imaginário. Mas a sanha nazista não acabava aí. Também incluía ciganos, comunistas (o marxismo era visto como uma ideologia judaica), social-democratas, gays, deficientes físicos e mentais, criminosos, prostitutas e alcoólatras. Todos eles cabiam no balaio de gato que os nazistas chamavam de "raças inferiores".

O prontuário nazista mandava jogar desinfetante nesses degenerados e expulsá-los dos cargos que ocupavam na imprensa, na cultura, no serviço público e nas universidades.

E, como a luta de raças era o motor da história, a guerra era uma consequência esperada. Os arianos de pura cepa teriam que se sacrificar pelo sangue e o solo do Reich. Pegariam em armas para enxotar os eslavos do Leste Europeu, criando assim um "espaço vital" (*lebensraum*) necessário para a supremacia da raça ariana.

O esforço seria grande, mas valeria a pena. Dos escombros da guerra surgiria uma nova Alemanha, saudável e pujante, para liderar a humanidade numa nova era de paz e prosperidade. Sim, os nazistas prometiam a redenção. E os alemães embarcaram nessa utopia racial convencidos de que Hitler era um líder inovador — uma espécie de messias que colocaria as coisas em ordem.

Mas Hitler não inventou nada quando escreveu o *Mein Kampf*. As ideias descritas acima já estavam dando volta na Europa décadas, ou mesmo séculos, antes da publicação do livro infame. Os nazistas apenas juntaram esses conceitos, sacudiram e criaram um coquetel de salvação muito mais perigoso. A receita era nova, mas os ingredientes já estavam prontos, como vamos ver agora.

Humanos com pedigree

Você já deve ter visto uma cena assim. Está rolando uma discussão acalorada, até que alguém proclama: "Mas o que eu disse está cientificamente provado!" Pronto. Fim de papo. O argumento científico tem o poder de anular todos os outros. Parece verdade absoluta, infalível. Os nazistas sabiam disso. E utilizaram uma "verdade científica" em voga desde o século 19: a desigualdade entre os humanos. Um dos pioneiros dessa ideia foi o filósofo inglês Herbert Spencer.

No livro *Social Statics* ("Estática Social"), de 1850, Spencer disse que o aperfeiçoamento da sociedade seguia uma lei natural. Seres com "defeitos" físicos ou mentais eram "fracassos da natureza" — e por isso desapareceriam naturalmente.

"Se eles não são suficientemente completos para viver, eles morrem, e o melhor é que morram", escreveu Spencer.[2] Daí o termo "sobrevivência dos mais capazes", que ele cunhou. Nove anos depois, veio um livro que mudaria o pensamento ocidental: *A origem das espécies,* do naturalista inglês Charles Darwin.

Até então se imaginava que as formas de vida eram imutáveis. Mas Darwin mostrou que todas as formas de vida evoluíram a partir de um antepassado comum, na medida em que os indivíduos mais aptos viviam mais e deixavam mais descendentes. Darwin estava fazendo ciência pura. Mas outros pensadores entortaram a ideia do naturalista.

Eles misturaram o conceito da evolução com a falácia de Spencer para produzir uma teoria inflamável. O sociólogo americano William Graham Sumner, por exemplo, dizia que a competição entre os homens resultava na eliminação dos mal-adaptados e na preservação do "vigor racial", como se a miscigenação causasse problemas genéticos.

---

2. Spencer, Herbert, *Social Statics*, D. Appeton, 1896, pág. 206.

E olha que Sumner era professor da Universidade de Yale, o suprassumo da ciência. Na França, o conde Arthur de Gobineau foi talvez o primeiro a dar uma aura científica à noção de "ranking de raças" que seria adotada pelo nazismo. No livro *Ensaio sobre a desigualdade das raças humanas,* de 1853, Gobineau alegou ter "provado a superioridade dos nórdicos" e alertou sobre o perigo da miscigenação. As ideias de Gobineau foram seguidas pelo inglês Houston Stewart Chamberlain, outro inspirador de Hitler. Para ele, a alta cultura europeia era resultado da criatividade ariana, enquanto a influência judaica era deletéria.

OK, mas até aí a discriminação ficou só no plano das ideias. Só que, no fim do século 19, alguns autores foram além. Eles quiseram promover o aperfeiçoamento da raça humana na marra, por meio da genética. E criaram uma pseudociência chamada eugenia.

O pioneiro entre eles foi o matemático inglês Francis Galton, primo de Darwin. Galton tinha obsessão pelas diferenças nos traços humanos. Foi inclusive um dos primeiros a esmiuçar nossas impressões digitais. Ele afirmava que traços físicos e mentais eram transmitidos de pai para filho — o que faz sentido. Mas algumas de suas ideias eram bem mais estranhas.

"Do mesmo jeito que é fácil obter uma raça de cães e cavalos com altos poderes de corrida", propôs Galton, "seria bastante viável produzir uma raça altamente dotada de homens, por meio de casamentos criteriosos durante gerações consecutivas".[3] Com isso, Galton anunciou o caminho para chegar a uma suposta raça humana superior. "Puro-sangue."

Os reprodutores dessa raça teriam que ser pessoas brilhantes — "eminentes", como ele chamava. E só haveria um eminente para cada 4 mil indivíduos, daí a necessidade de selecionar bem

---

3. Galton, Francis, *Hereditary Genius,* Macmillan and Company, 1869.

os pares de reprodutores. Juntando os termos gregos para "bem" (eu) e "nascer" (genes), Galton criou a palavra "eugenia".

Ao contrário de Spencer, os eugenistas não queriam esperar que a natureza levasse à sobrevivência dos mais capazes. Eles tinham pressa. E para isso se basearam nas obras então recém-descobertas de Gregor Mendel, um monge austríaco que passaria à história como pai da genética. Ao cruzar ervilhas, Mendel havia identificado características que governavam sua reprodução, chamando-as de dominantes e recessivas. Quando ervilhas com casca enrugada cruzavam com as de casca lisa, o descendente geralmente tinha casca lisa, pois esse gene era dominante.

Os eugenistas viram na genética argumentos para justificar seus preconceitos. Eles interpretaram os testes de Mendel assim: casca enrugada é uma "degeneração" (hoje sabe-se que não é — ela é apenas uma variação, e variação genética é ótima para a sobrevivência das espécies). Misturar genes bons com genes que eles consideravam "degenerados" estragaria a linhagem toda, diziam os eugenistas. Para evitar isso, era preciso manter a raça pura.

Enquanto a eugenia se popularizava nos anos 1870, aristocratas britânicos começaram a realizar as primeiras exposições de cachorro. Kennel clubs surgiram com a missão de alcançar a pureza racial dos cães pelo cruzamento selecionado. Hoje, mais de um século depois, vemos o lado ruim desse esforço. Um golden retriever, por exemplo, é mais propenso a ter tumores que um vira-lata. O boxer tem alta incidência de epilepsia. O cavalier king Charles spaniel possui o crânio pequeno demais para o cérebro.

A lista de problemas é enorme, e o motivo é simples: o cruzamento entre parentes próximos apura as qualidades, mas também os defeitos. Quem repara nos olhos esbugalhados do pug ou nas patinhas tortas do basset-hound custa a acreditar que eles descendem do lobo. Tentar apurar a raça humana só poderia levar a problemas semelhantes. Mas os eugenistas estavam convencidos de sua missão.

E não demorou até que essas ideias acabassem extrapolando para um *nonsense* ainda maior. Crime e pobreza, por exemplo, passaram a ser vistos como defeitos congênitos. O antropólogo italiano Cesare Lombroso, pai da criminologia moderna, dizia que bandidos já nascem para o mal porque herdam esses traços dos ancestrais. A "prova científica" disso seriam as anomalias físicas facilmente observadas nos delinquentes. Traços como orelha grande, testa inclinada, queixo pronunciado e braços longos demais. Com sinais assim, assegurava Lombroso, era possível identificar ladrões, estupradores e assassinos com bastante precisão.

Essa ideia pegou em muitos países. Na Argentina, por exemplo, a teoria de Lombroso ganhou ibope graças ao assassino serial Cayetano Santos Godino, vulgo "Petiso Orejudo" (Baixinho Orelhudo). Godino matou quatro crianças e tentou assassinar outras sete até ser preso em 1912. Depois disso, os policiais juravam que era possível detectar um bandido pela aparência física.

Do tipo: o suspeito é narigudo? Assassino! Orelhudo? Violador! E, como o "criminoso natural" não podia mudar, era inútil puni-lo. Melhor seria confiná-lo para sempre, como sugeria Lombroso. Para ele, criminosos não eram membros da espécie *Homo sapiens,* e sim uma espécie de retrocesso a uma raça mais primitiva — *Homo delinquens.*

Lombroso tinha origem judaica, embora não se identificasse como judeu. Inclusive abandonou seus dois primeiros nomes, Marco Ezechia, e adotou Cesare em homenagem aos imperadores romanos. E, num livro de 1894, Lombroso se refere aos judeus como fracos, neuróticos, mentirosos, ambiciosos e traidores.[4]

Soa familiar?

---

4. Lombroso, Cesare, *L'Antisemitismo e le Scienze Moderne*, BiblioBazaar, 2010.

No início do século 20, as ideias de Galton e Lombroso já haviam se espalhado pela Europa. Mas em nenhum lugar elas fizeram tanto sucesso como nos Estados Unidos. Ali, os bambambãs de universidades como Harvard e Stanford defendiam uma teoria ainda mais extrema: a "eugenia negativa".

É fácil entendê-la. Enquanto a "eugenia positiva" de Galton recomendava a procriação dos mais capazes, a "eugenia negativa" propunha o caminho inverso: barrar a reprodução dos indesejáveis. Isso incluía esterilizar mulheres com "defeitos genéticos" e famílias com presença de ladrões, além de restringir a imigração de latinos e promulgar leis antimiscigenação.

O advogado Madison Grant, conselheiro do Museu Americano de História Natural, não podia ser mais didático para justificar essas medidas. "Queiramos admitir ou não, o resultado da mistura de duas raças, no longo prazo, nos dá uma raça que reflete o tipo mais antigo, generalizado e inferior", disse Grant em 1916. "O cruzamento entre um branco e um índio faz um índio; entre um branco e um negro faz um negro; entre um branco e um hindu faz um hindu; e o cruzamento entre qualquer das três raças europeias e um judeu faz um judeu."[5]

O zoólogo Charles Davenport, líder do movimento eugenista nos EUA, acreditava que os humanos poderiam ser criados e castrados como cavalos. Ele fundou a Federação Internacional de Organizações Eugenistas em 1925. Quatro anos depois, mandou uma carta ao ditador italiano Benito Mussolini advertindo sobre a urgência de iniciar um programa de esterilização na Itália.

Davenport também trocava figurinhas com os médicos alemães Eugen Fischer, Erwin Baur e Fritz Lenz, autores do livro *Princípios da Hereditariedade Humana e da Higiene Racial* (1921), que Hitler leu quando estava na cadeia. Em 1927, Fischer fundou o Insti-

---

5. Grant, Madison, *The Passing of the Great Race*, Charles Scribner's Sons, 1916.

tuto Kaiser Wilhelm de Antropologia, Hereditariedade Humana e Eugenia em Berlim, com fundos da Fundação Rockefeller.

Esse instituto daria o aval às experiências de Joseph Mengele e outros carrascos durante o nazismo. Naquele mesmo ano, o antropólogo americano Earnest Albert Hooton, de Harvard, realizou uma pesquisa que comparava bebês negros com filhotes de macacos. Hooton concluiu que os negros eram geneticamente mais próximos dos homens primitivos que da raça branca.

E, à medida que os eugenistas botavam as manguinhas de fora, os legisladores americanos começaram a transformar suas ideias em políticas públicas. Teve início uma espécie de corrida espacial da eugenia. Americanos e europeus disputavam quem ganharia o troféu da raça pura.

Os americanos tomaram a dianteira. Nos anos 1920 e 30, eles criaram registros de "incapazes" e testes de QI para justificar seu encarceramento. Depois, conseguiram que 29 estados dos EUA aprovassem leis para esterilizá-los. As primeiras vítimas foram pobres do estado de Virgínia, e logo negros, mexicanos, epilépticos e alcoólatras. No total, cerca de 60 mil pessoas seriam esterilizadas à força nos EUA.[6]

Países como Suécia e Finlândia adotaram programas parecidos. Portanto, quando a Alemanha de Hitler começou a esterilizar deficientes físicos e mentais, em 1934, não estava inventando nada. Só que iria muito mais longe do que qualquer outro país.

A metamorfose do ódio

A eugenia forneceu um lastro "científico" para o que viria a ser o nazismo. Com o aval dos homens de jaleco branco, ficou mais fácil convencer os alemães de que ciganos, gays, deficientes mentais e outros indesejáveis colocavam em risco a sociedade alemã.

---

6. Black, Edwin, *A Guerra contra os Fracos*, A Girafa, 2003.

Mas por que só os judeus foram marcados para o extermínio total? É aí que entra o segundo ingrediente da receita nazista: o antissemitismo. O termo foi cunhado em 1881 pelo político alemão Wilhelm Marr, um dos mais ferrenhos racistas modernos.

Marr achava que o termo alemão convencional, *Judenhass*, era ruim para definir o ódio aos judeus porque trazia uma conotação religiosa. *Antisemitismus* era muito mais científico, pois expressava o antagonismo racial entre arianos e semitas. Mas a hostilidade contra os judeus teve início muito antes de Marr.

Ela começou de leve, há 2 mil anos, no Império Romano. Os romanos adoravam deuses pagãos e não entendiam por que seus súditos judeus cultuavam um deus único. Também achavam estranhos certos costumes judaicos como o shabat, o dia do descanso.

Essa desconfiança descambou para a agressão no século 1, quando a então Judeia, na Palestina, vivia um período de efervescência religiosa. Profetas judeus cruzavam o deserto da Galileia, anunciando que o Reino de Deus estava próximo. João Batista foi um deles. E Jesus, claro.

O Império Romano via esse tipo de atitude como uma afronta ao seu domínio. Reprimia de maneira exemplar. A crucificação era a pena capital mais degradante que Roma impunha aos rebeldes. Foi o que aconteceu com Jesus. Ele foi morto conforme o costume romano. Se fosse de acordo com a lei judaica, teria que ser a pedradas.[7]

A morte na cruz e a inscrição I.N.R.I. (Iesus Nazarenus Rex Iudaeorum) indicam que Jesus de Nazaré, Rei dos Judeus, foi condenado por sedição contra Roma ao se proclamar *Mashiah* (Christos, em grego), que significa "ungido", descendente de Davi.[8]

---

7. Johnson, Paul, *História dos Judeus*, Imago, 1989.
8. Luiz Alberto Moniz Bandeira em Kautsky, Karl. *A Origem do Cristianismo*, Civilização Brasileira, 2010.

Do que sabemos sobre a existência de Jesus, isso é o que há de mais certo. Assim foi registrado pelo historiador antigo Tácito.[9] Mas a versão que ficou impressa na Bíblia é bem diferente. Ela culpa os judeus pela morte de Cristo, o que deu uma injeção de nitroglicerina no antissemitismo.

O objetivo dos autores dos Evangelhos (do grego *euangélion*, "boas novas") não era escrever a biografia de Cristo, e sim propagar a nova fé. Com todas as alegorias que um texto religioso merece. E, como era natural, eles escreveram influenciados pelo clima de rivalidade que existia no século 1 entre a incipiente comunidade cristã e o judaísmo. Isso explica as agressões aos judeus que vemos no Novo Testamento. João, por exemplo, afirma que os judeus são filhos do Diabo. Mateus diz que todos os judeus se culparam pela morte de Jesus, pedindo que o sangue caísse sobre eles e seus filhos.[10]

Ou seja: os primeiros pregadores cristãos acusaram não só os judeus contemporâneos pela morte de Jesus, mas todas as gerações seguintes. No acirrado mercado religioso da época, eles atacaram a concorrência porque se sentiam vulneráveis. Afinal, o cristianismo também era uma seita monoteísta perseguida por Roma.

Mas no século 4, quando o imperador Constantino se converteu à fé cristã, o cristianismo se tornou a religião oficial do império. Com a união entre a Igreja e Roma, os pregadores cristãos viram a chance de acabar de vez com a concorrência judaica.

O cristianismo tinha chegado para superar o judaísmo. E os judeus, ao negar Jesus como Messias, haviam quebrado a aliança com o Criador e se revelado impostores. Esse era o teor dos discursos feitos por João Crisóstomo, arcebispo de Constanti-

---

9. "O autor desse nome, Cristo, fora executado pelo procurador Pôncio Pilatos na era do imperador Tibério; e a perigosa superstição, reprimida pelo momento, irrompeu novamente, não só na Judeia, origem desse mal, mas também na cidade (Roma), onde tudo o que é atroz e vergonhoso conflui de todas as partes e é venerado." (Tacitus, *Annales* XV, 44, 2-5, traduzido por Luiz Alberto Moniz Bandeira em Kautsky, pág. 15.)

10. "Vós tendes por pai ao diabo" (João 8:44). "E, respondendo todo o povo, disse: o seu sangue caia sobre nós e nossos filhos" (Mateus 27:25).

nopla e um dos pais da Igreja Católica. "Se os ritos judaicos são sagrados e veneráveis, nosso modo de vida deve ser falso", disse Crisóstomo. "Mas, se o nosso modo de vida é verdadeiro, como de fato é, o deles é fraudulento."[11]

Crisóstomo definiu a sinagoga como "templo dos demônios" e "abismo de perdição". Mas tem uma coisa que chama especial atenção em suas homilias: ele se propunha a curar pessoas que estavam sofrendo de "doença judaizante".[12] Graças a esses antigos pregadores, o mito do judeu assassino de Cristo ganhou tanta força que até hoje muita gente acredita nisso como um fato histórico. A Igreja só retirou formalmente a acusação no Concílio Vaticano II em 1965, quase 2 mil anos depois.

O estrago já estava feito, claro. Na Europa medieval, judeus foram culpados pela peste negra e passaram ao imaginário popular como seres dotados de chifres e rabo, fazendo rituais com sangue de crianças cristãs e confabulando para dominar o mundo. A propaganda nazista absorveu esses elementos: cartazes do Terceiro Reich comparavam o judeu a um polvo gigante que espalhava seus tentáculos sobre arianas inocentes.

Diversas medidas da lei canônica entre os séculos 4 e 15 também são encontradas na legislação do Terceiro Reich. Elas vão desde a obrigação do uso de uma insígnia (estrela amarela) sobre a roupa (cânone 68 do IV Concílio de Latrão de 1215) até a proibição aos cristãos de vender bens aos judeus (Sínodo de Ófen de 1279).

O impedimento de exercer cargos públicos, ter propriedades e vender produtos aos cristãos empurrou muitos judeus para a atividade financeira. Daí a noção de judeu "usurário", comum até hoje.

---

11. Citado por Jeremy Cohen, "Robert Chazan's Medieval Anti-Semitism: A Note on the Impact of Theology", em Berger, David (Ed.), *History and Hate*, The Jewish Publication Society, 1986, pág. 69. Ver também Trachtenberg, Joshua, *The Devil and the Jews*, The Jewish Publication Society, 2002.

12. Saint John Chrysostom, *Eight Homilies Against the Jews*, edição Kindle.

Os judeus tinham um caminho para se livrar da perseguição: converter-se ao cristianismo. Mas no século 13, quase mil anos após a conversão de Constantino, os judeus ainda se negavam a abandonar sua fé. E, como o plano de conversão deu errado, a Europa começou a expulsar os judeus de suas terras. A Inglaterra, por exemplo, baniu-os em 1290. Durante quase 400 anos (até 1656), o judaísmo esteve ausente do país. Mesmo assim, o antissemitismo continuou latente.[13]

No imaginário coletivo inglês, os judeus eram como Shylock, o avarento da peça *O mercador de Veneza*, de Shakespeare. Judeus também foram expulsos da França (1306) e da Espanha (1492). Em Portugal, o rei dom Manuel batizou-os à força em 1497 e depois os enxotou. Como você vê, no fim da Idade Média o antissemitismo já era bem diferente daquela antipatia inicial dos romanos.

Praticar "atos judaizantes" virou crime punível com a morte sob a Santa Inquisição, que perseguia quem questionasse os dogmas do catolicismo. Os inquisidores montaram os autos de fé, espetáculos ao ar livre onde judeus, "bruxas" e outros hereges ardiam em fogueiras sob os olhos da multidão alvoroçada. O réu da Inquisição não tinha direito à defesa. Só à tortura.

No potro, por exemplo, ele ficava deitado numa mesa com pernas e braços amarrados por cordas. Os inquisidores apertavam as ripas até dilacerar a carne. Os carrascos também colocavam pano molhado na boca da vítima, simulando afogamento. Para não ser queimado vivo junto com livros censurados, o réu precisava se confessar culpado de "judaísmo" e delatar amigos, vizinhos e parentes.

A Inquisição também tinha motivação econômica: depenava o patrimônio das vítimas, exatamente como a Gestapo faria na Alemanha nazista. "Com seu caráter de polícia secreta e do pensamento, a Inquisição impôs um estado de paranoia e persegui-

---

13. Goldhagen, Daniel J., *Os Carrascos Voluntários de Hitler*, Companhia das Letras, 1996.

ção institucional que é um claro antecedente dos totalitarismos atuais", diz o historiador britânico Toby Green.[14] Na Espanha, milhares de judeus espanhóis recorreram ao batismo para escapar da morte. Os convertidos esperavam ter todos os direitos dos cristãos, mas na prática foi bem diferente. Eles continuaram sendo culpados pelos males da nação e até ganharam um nome pejorativo: marranos (porcos).

Na província espanhola de Burgos, existe até hoje uma cidade chamada Castrillo Matajudíos (Castrillo Mata-Judeus).[15] Mas isso é fichinha se comparado às agressões do alemão Martinho Lutero, pai da Reforma Protestante. Lutero não se conformava com a negativa dos judeus em aceitar a fé cristã. E condensou todo o seu ódio nas 64 páginas do livro *Sobre os judeus e suas mentiras*. Não há um só parágrafo ali sem insultos como "sanguinários", "traidores" e "canalhas".

Lutero deu um conselho sobre como tratar os "assassinos de Cristo": suas sinagogas deveriam ser queimadas, suas casas destruídas, e os judeus, despojados de seus bens e postos em estábulos, como ciganos, para saber que não mandavam na Alemanha. E depois esses "vermes venenosos" deveriam ser expulsos para sempre.[16]

Enquanto Lutero dava suas lições de amor ao próximo, no século 16, Veneza inaugurou o primeiro gueto da Europa para segregar judeus. E o velho discurso religioso antijudaico sofreu nova mutação. Transformou-se em discriminação racial.

O Santo Ofício publicava "estatutos de pureza de sangue", assegurando que nenhum descendente de judeu ou mouro (árabe), até a sexta geração, pudesse frequentar universidades, ordens religiosas ou cargos públicos. Para entrar nesses

---
14. Green, Toby, *Inquisition*, St. Martin's Press, 2007.
15. A Prefeitura diz em sua página oficial que o nome é um mal-entendido, uma derivação de "Mota de Judíos" — o antigo reduto judaico da cidade. O nome continua, mas o governo incorporou uma estrela de Davi à bandeira oficial.
16. Luther, Martin, *Jews and their Lies*, Christian Nationalist Crusade, 1948.

lugares, o candidato precisava apresentar o exame de habilitação de *genere et moribus,* uma árvore genealógica mostrando que não tinha entre os antepassados nenhuma gota de sangue judeu ou mouro.

O vestibular da raça pura vigorou até o início do século 19 em todo o domínio ibérico, inclusive no Brasil.

A Revolução Francesa emanciparia os judeus. Dali em diante eles passaram a viver entre os cristãos nas cidades e ter os mesmos direitos civis em grande parte da Europa. Mas a desconfiança não acabou. Ao contrário: agora os judeus eram acusados de fazer naufragar as economias dos países.

Claro que essa acusação não era generalizada. A história das relações entre judeus e não judeus é muito mais rica que todas essas perseguições. Mas negar que mitos do passado tenham influenciado preconceitos modernos — e contribuído para o nazismo — é também embarcar numa fantasia.

No fim do século 19, quando Marr cunhou o termo "antissemitismo", a velha hostilidade assumiu o estágio mais virulento. Políticos e teólogos europeus assumiram que a natureza pervertida dos judeus era imutável. E reivindicaram uma solução definitiva ao seu problema, já que nem o batismo os salvaria. Um porta-voz dessas ideias foi o jornal jesuíta *Civiltà Cattolica,* editado em Roma e revisado pela Secretaria de Estado do Vaticano.

Ali o padre Raffaele Ballerini afirmou que toda a raça judaica conspirava para alcançar seu reino sobre os povos do mundo.[17] "Embora vivam na França, na Alemanha, na Inglaterra, eles nunca se tornam franceses, alemães ou ingleses. Permanecem judeus e nada mais que judeus", escreveu Ballerini num livro de 1891 que reuniu artigos de sua autoria.[18]

---

17. Ballerini, Raffaele, "Della questione giudaica in Europa", em *Civiltà Cattolica,* 1890, citado por David I. Kertzer, *The Popes Against the Jews,* Knopf, 2001, p. 143.
18. Citado em Kertzer, p. 144.

O Civiltà Cattolica continuou jogando lenha na fogueira. Em 1893, foi a vez de outro padre jesuíta, Saverio Rondina, vociferar o ódio. Rondina disse que a nação judaica "não trabalha, e sim trafica a propriedade e o trabalho dos outros; não produz, e sim vive e engorda com os produtos das artes e das indústrias das nações que lhe dão refúgio. É o polvo gigante que envolve tudo com seus imensos tentáculos. Seu estômago está nos bancos... e suas ventosas estão em todo lugar..."[19]

A julgar por essas palavras, Hitler bem poderia ser acusado de plágio. Parece um trecho do *Mein Kampf*. Na Alemanha, a "questão judaica" (*Judenfrage*) virou um dos temas preferidos do debate acadêmico. Nas últimas três décadas do século 19, nada menos que 1,2 mil publicações alemãs dedicaram suas páginas ao assunto.[20] A imensa maioria não propunha nenhum ato extremo contra a população judaica. Apenas refletia as velhas emoções negativas contra ela.

Mas alguns autores escancaravam a intenção de eliminar os judeus, anos antes do nascimento de Hitler. Talvez o mais virulento deles tenha sido o teólogo e orientalista Paul Anton de Lagarde. Ele chamou os judeus de "bacilos" e "vermes". E sentenciou: "Onde essa massa de putrefação se acumula, os medicamentos podem ser efetivos apenas após uma cirurgia ter removido o pus onde ela se formou".[21]

E na virada para o século 20 ficaria pior. Apareceu na Rússia dos czares o maior libelo do antissemitismo: *Os protocolos dos Sábios de Sião*. O texto descrevia uma reunião secreta de lideranças judaicas que tramavam o domínio do mundo. Era uma versão moderna dos mitos medievais.

---

19. Rondina, Saverio, "La Morale Giudaica", em *Civiltà Cattolica*, 1893, citado em Kertzer, David I., *The Popes Against the Jews*, Knopf, 2001.
20. Goldhagen.
21. Paul de Lagarde, *Juden und Indogermanen*, citado em Bein, Alex, *The Jewish Question: Biography of a World Problem*, Farleigh Dickinson Univ. Press, 1990.

Trata-se de uma compilação de textos de vários autores. Um deles provavelmente foi o abade francês Augustin Barruel, que viveu no século 18. Barruel assegurava que a Revolução Francesa havia sido obra de uma sociedade secreta, os Illuminati, que teria vínculos com jacobinos e maçons.[22] Outros prováveis autores dos *Protocolos* pegaram carona nessa ideia e declararam que o mundo era vítima de uma conspiração de maçons, judeus e bolcheviques. É o caso de Osman Bey, um obscuro major de origem sérvia ou turca (ninguém sabe ao certo). Ele afirmava que um tal Congresso Israelita havia sido convocado em 1840 em Cracóvia, na Polônia, para "propagar o judaísmo do Polo Norte ao Polo Sul".[23]

Osman Bey também dizia que os judeus controlavam a imprensa e as finanças do mundo — um clássico do lero-lero antissemita. Eis uma das pérolas de seu livro: "Um judeu pode parar um instante para admirar uma flor ou qualquer outro objeto. Mas ao mesmo tempo pensará: 'Quanto posso lucrar com isso?'".[24]

No início do século 20, os textos delirantes de tipos como Barruel e Osman Bey foram reunidos para dar origem aos *Protocolos*. O livro começou a ser editado em 1903 na forma de artigos no jornal russo *Znamya*. Mas a versão que ficou famosa foi publicada em 1905 na Rússia pelo místico Sergei Nilus.

Outra tiragem teria sido editada por Pyotr Ivanovich Rachkovsky, chefe da Okhrana, o serviço secreto da Rússia imperial. Certo é que os *Protocolos* só fizeram um sucesso estrondoso no mundo graças a um empurrãozinho de empresários racistas. Henry Ford, por exemplo, escreveu e bancou em 1920 a impressão de 500 mil cópias do livro *O judeu internacional,* baseado

---

22. Cohn, Norman, *Conspiração Mundial dos Judeus: Mito ou Realidade?*, Ibrasa, 1967.
23. Bey, Osman. *The Conquest of the World by the Jews*, The St. Louis Book & News Company, pág. 59.
24. Bey, pág. 9.

nos *Protocolos*.[25] O livro reunia uma série de artigos publicados em seu jornal, *The Dearborn Independent,* que era distribuído a todos os revendedores Ford nos EUA. A obra foi traduzida para mais de 15 idiomas, inclusive o alemão. Nela, Ford acusava os judeus até de corromper o beisebol e o jazz. Após séculos de mutação, o antissemitismo havia atingido a máxima voltagem. O terreno não poderia estar mais fértil para os acontecimentos que vamos ver nos próximos capítulos.

Amor à pátria

Eugenia e antissemitismo se misturaram como ovo e leite na receita nazista. Mas Hitler também agregou um terceiro ingrediente para persuadir os alemães: o nacionalismo. E para isso ele também recorreu a ideias poderosas que já vinham de antes.

Nacionalismos florescem em tempos difíceis, e a Europa vivia um baita clima de crise desde meados do século 19. Em 1848, uma onda de revoluções varreu o continente e tentou destronar antigos regimes. As monarquias reprimiram o movimento, mas se sentiam vulneráveis. Com o crescimento das cidades, a mecanização da indústria e a produção em massa, os proletários e pequenos produtores também se sentiram ameaçados.

A ansiedade geral motivou o surgimento de grupos nacionalistas e racistas, formados por filósofos, políticos, jornalistas, músicos e poetas do romantismo alemão. Eles queriam resgatar o vínculo entre a natureza e o "homem ariano". Também advertiam que a emancipação dos judeus era um risco para a Europa. E usavam um termo alemão para sintetizar suas ideias: *Volk.*

Você verá essa palavra muitas vezes neste livro. Para os racistas do século 19, ela extrapolava o sentido literal de "povo" que conhecemos. Tinha uma conotação mais profunda, trans-

---

25. Hasia Diner em entrevista a American Experience, PBS, disponível online.

cendental. *Volk* expressava a "alma" da raça germânica. Uma alma heroica, ligada à terra, ao folclore e à antiga mitologia dos germânicos.[26] Foi por isso que esse movimento ficou conhecido como *völkisch* (pertencente ao *Volk*).

Seu integrante mais famoso foi o compositor alemão Richard Wagner, ídolo de Hitler. Racista e antissemita dos pés à cabeça, Wagner compôs óperas repletas de glorificação à terra e ao sangue heroico do povo alemão.

O jornalista Hermann Ahlwardt, um dos líderes *völkisch*, ajudou a fundar o Partido Popular Antissemita da Alemanha (AVP), depois renomeado para Partido da Reforma Alemã (DRP). Em 1895, num discurso ante o Parlamento (*Reichstag*), ele disse que os judeus eram "predadores" e "bacilos". E que deveriam ser exterminados para o bem do povo alemão.[27] Os nazistas herdaram tudo isso do movimento *völkisch*. Repetiriam seu vocabulário tintim por tintim.

Wagner, Ahlwardt e seus colegas também legaram ao nazismo a ideia de que a sociedade era como um ser vivo. Só florescia se todas as suas partes estivessem saudáveis. Isso é fundamental: o nazismo via cada pessoa como uma pequena engrenagem. E as engrenagens defeituosas deveriam ser eliminadas para que a máquina funcionasse bem. Basicamente, isso era o que os nazistas queriam dizer quando falavam de "socialismo". De fato, o socialismo deles pouco tinha a ver com o marxismo — que odiavam — a não ser pelo ideal da prosperidade coletiva. Tudo tinha que ser feito em nome da nação, do povo, do coletivo. E, quando o coletivo é colocado bem acima do indivíduo, fica muito mais fácil atentar contra as minorias.

Agora tudo se encaixava: a principal ameaça ao ideal nazista eram justamente os judeus, por não terem um lar nacional.

---

26. Gardell, Matias, *Gods of the Blood*, Duke University Press, 2003.
27. Graml, Hermann, *Anti-Semitism in the Third Reich*, Blackwell Pub, 1992.

Aos olhos dos nazistas, eles formavam uma nação internacional — e, portanto, eram capazes de corroer a Alemanha por dentro, feito uma infecção. Como dizia Hitler, ser "socialista" significava ser antissemita. Por tudo isso seu movimento se chamava "Nacional-Socialismo".

Para situar essa história no tempo, aliás, é preciso lembrar de outro ídolo de Hitler: o primeiro-ministro prussiano Otto von Bismarck. Antes de Bismarck, a Alemanha era uma confederação meio solta de vários reinos. A Prússia era o mais forte deles, mas cada um decidia seu próprio destino. Os revolucionários de 1848 já haviam tentado unificar o país, só que foram reprimidos pela aristocracia.

Mas com Bismarck foi diferente. Ele percebeu que era preciso uma guerra para unir os alemães num só Estado. E lançou-os contra os franceses na Guerra Franco-Prussiana (1870-1871). Deu certo. O confronto levou à unificação alemã e à inauguração de um império, o 2º Reich (1871-1918), sob o comando do Kaiser Wilhelm I.

Haviam se passado apenas 12 anos da publicação de *A origem das espécies*. O Kaiser chegou a usar o darwinismo para justificar sua superioridade sobre os povos de Ruanda, Tanzânia e outras colônias.

Mas os nacionalistas queriam mais. Eles buscavam o pangermanismo — a união de todas as populações europeias de língua alemã. O objetivo final era criar a Grande Alemanha, que abrangeria o território atual da Alemanha, a Áustria e partes da Suíça e da Polônia, entre outros países. Um dos defensores dessa ideia foi Paul de Lagarde, o teólogo que vimos acima. Lagarde morreu em 1891, mesmo ano em que seus discípulos criaram a Liga Pangermânica para promover a expansão do império.

Os nazistas também herdaram essa meta. A "Grande Alemanha" inclusive encabeça o Programa de 25 Pontos que o Partido Nazista lançaria em 1920. Hitler pegou emprestado todo esse pacote nacionalista, mas com um detalhe: ele queria superar a façanha de Bismarck. Com sua mania de grandeza, Hitler sonhava em reinaugurar o Sacro Império Romano Germânico, o 1º Reich, que durou quase mil anos (962-1806). O líder mais emblemático do 1º Reich foi o imperador Federico Barbarossa. Não foi à toa que Hitler batizou a investida contra a União Soviética, em 1941, de Operação Barbarossa.

O Terceiro Reich era a reedição daquele Reich medieval. Por isso duraria outros mil anos. Com o nacionalismo, a receita de salvação nazista ficou quase pronta. Mas ainda faltava o ingrediente mais bizarro dessa história.

Forças ocultas

Qual o símbolo mais famoso do nazismo? Nem precisa pensar. A suástica, a cruz cujos braços se dobram em ângulos de 90 graus. Graças aos nazistas, essa cruz é associada ao ódio e ao terror. Mas ela já era usada como sinal de bons augúrios, em diversas culturas, 5 mil anos antes de Hitler colocá-la na bandeira do nazismo.

Suástica vem do sânscrito *svastika*, "boa fortuna". E até hoje ela é pendurada como um símbolo de sorte em casas e templos de religiões como o hinduísmo, budismo e jainismo. Alguns a expõem virada para a esquerda, outros para a direita. No fim do século 19, porém, grupos *völkisch* alemães se apropriaram da suástica dizendo que ela era o emblema da raça ariana. Esses grupos foram na onda de um movimento esotérico em voga na Áustria na época: a Ariosofia ("Sabedoria sobre os arianos").

Os dois principais líderes da Ariosofia eram os escritores austríacos Guido von List e Jörg Lanz von Liebenfels. List e Lanz eram *völksich* de carteirinha e tinham algumas ideias bem malucas. Falavam que o norte da Alemanha e a Escandinávia haviam sido habitados por tribos de super-homens milênios atrás. Essas tribos, chamadas de teutônicas, eram governadas por sacerdotes pagãos que possuíam um conhecimento esotérico especial, a *gnosis*.

List e Lanz se referiam aos teutônicos como "arianos", "indo--europeus" ou "nórdicos" de uma forma bastante confusa. Mas a estratégia era uma só: atribuir a um povo antigo, supostamente relacionado com os alemães, a marca da superioridade. Para eles, o ocultismo era o único jeito de resgatar a força milenar daquelas tribos antigas — e assim criar um império pangermânico em pleno século 20.

Isso explica por que as reuniões dos ariosofistas eram cheias de esoterismo e escritas medievais. List foi o sujeito que se apropriou da suástica e deturpou seu significado. Ele dizia que essa cruz era um símbolo sagrado ariano, pois derivava do *Feuerquil*, a "vassoura de fogo" usada pelo deus germânico Mundelföri para criar o Cosmos a partir do Caos.

Para completar, List relacionou isso tudo com o *Edda* (compilação de mitos dos antigos nórdicos) e as runas (escritas nórdicas usadas em amuletos e rituais xamânicos). Ou seja, uma verdadeira salada mista. Você pode dizer que essas ideias lunáticas não servem nem para filme B. Mas acredite: as ideias e os símbolos da Ariosofia foram absorvidos por grupos antissemitas alemães que serviram de berço para o Partido Nazista.

Os dois principais foram a seita Reichshammerbund ("Liga do Martelo") e a sociedade secreta Germanenorden ("Ordem dos Germanos"). Ambas foram fundadas pelo alemão Theodor Fritsch, que publicava panfletos racistas e editava a revista *Hammer* ("Martelo"). Essas organizações monitoravam as atividades dos judeus na Alemanha e tinham rituais de iniciação parecidos com os da maçonaria, embora excluíssem os maçons de suas fileiras.

Em dezembro de 1912, a Germanenorden já reunia 316 irmãos distribuídos pelo país.[28] O símbolo da ordem era uma suástica curva superposta a uma cruz. Foi por meio da Germanenorden e de sua sucessora, a sociedade secreta Thule, que a suástica seria adotada pelos nazistas.

A Thule foi fundada em 1918 em Munique pelo barão Rudolf von Sebottendorff, um ariosofista virulento. Seu nome aludia a uma ilha da mitologia grega localizada no extremo norte do planeta. Os rituais da Thule tinham símbolos como o Santo Graal (o cálice usado por Jesus na última ceia) e óperas de Richard Wagner. Cada reunião, realizada no hotel Four Seasons de Munique, chegava a atrair 250 pessoas.[29] Havia um pouco de ocultismo nas sessões, mas os integrantes estavam mais preocupados com objetivos políticos: espalhar o racismo e combater comunistas e judeus. Na verdade, eles queriam tomar o poder na Alemanha.

Em 1918, Sebottendorff inclusive tentou sequestrar o primeiro-ministro da Bavária, o socialista Kurt Eisner. Mas o plano deu errado e ele precisou fugir. No ano seguinte, os comunistas tomaram o poder em Munique e executaram vários membros da Thule, entre eles o líder Walter Nauhaus.

A organização foi diluída nos anos 1920, mas suas ideias influenciaram alguns nazistas que a haviam frequentado. Gente como Alfred Rosenberg (teórico do Partido Nazista), Max Amann (general da SS), Dietrich Eckart (mentor de Hitler), Rudolf Hess (o vice de Hitler) e Anton Drexler, que em 1919 fundou o Partido dos Trabalhadores Alemães (DAP, antecessor do Partido Nazista, NSDAP). De todos eles, quem mais se ligava em ocultismo era Heinrich Himmler, chefe da SS — a tropa de elite do Terceiro Reich.

---

28. Goodrick-Clarke, pág. 128.
29. Goodrick-Clarke, pág. 143.

Himmler tinha até um mago particular chamado Karl Maria Wiligut, que alegava ser descendente do deus nórdico Thor. Ele adornava os salões de reunião da SS com o Sol Negro — um círculo místico em que 12 runas se combinam formando três suásticas superpostas, dando a ideia de uma engrenagem solar obscura.

De todos os ingredientes da receita nazista, no entanto, o ocultismo foi o utilizado na menor dose. Hitler não dava muita atenção às ideias esotéricas. Nas conversas informais, ele até costumava ridicularizar o fascínio de Himmler pelo oculto,[30] e chegou a proibir as organizações esotéricas durante o nazismo. É importante dizer isso porque muita gente acha que o Führer era um lunático ligado a forças demoníacas. Nada disso tem fundamento. Demonizar os nazistas não é uma forma de entendê-los, e sim de desculpá-los. O mais perturbador no nazismo é que ele foi abraçado por gente comum. Comum como o jovem Hitler, o personagem do próximo capítulo.

---

30. Martin A. Ruehl, historiador da Universidade de Cambridge. Entrevista do autor.

2

O JOVEM HITLER

O jovem Adolf queria ser artista, mas acabou na fila da sopa em Viena. Estava fadado a um futuro de pobreza e isolamento. Então uma desgraça se abateu na Europa. E salvou sua vida.

Ele era um jovem maltrapilho que não gostava de trabalhar. Aliás, nunca havia tido um emprego na vida. Dizia que seria um grande artista. Ganhava uns trocados vendendo desenhos, mas dependia de uma pensão do Estado e volta e meia pedia dinheiro à tia. Se você voltasse no tempo até 1909 e desse um pulo em Viena, não daria nada por Adolf Hitler.

Você o encontraria sentado na sala de leitura de um alojamento para homens. Aos 20 anos, ele passava a maior parte do tempo ali. Pintando, lendo ou sem fazer nada. Enquanto os companheiros do alojamento trabalhavam ou estudavam, o jovem Hitler fantasiava com o próprio triunfo sem fazer por onde. Você o acharia esquisitão. Um cara sem amigos, sem namorada. E sem perspectiva de futuro. Mas daí você avança no tempo e vai para a Berlim de 1936. E toma um susto ao ver que aquele jovem preguiçoso agora é o líder supremo da Alemanha, uma potência mundial. Ele é o chefe de Estado mais popular do planeta. Você não entende como aquele menino irresponsável, que tirava notas péssimas na escola e zombava dos professores, dirige a economia mais avançada da Europa. Ele dizia que a intelectualidade era um lixo, mas agora dita os rumos de uma cultura sofisticada no coração do Velho Mundo. O povo o venera. Ele é uma espécie de messias.

Mas isso não é tudo. Avance só um pouco mais no tempo, até 1945, e verá que o jovem maltrapilho que você viu em Viena lançou a Alemanha num abismo de genocídio e destruição. Em apenas 12 anos de governo, ele exterminou dois terços da população judaica da Europa e arrastou o mundo para uma guerra que matou cerca de 50 milhões. Conhecer a vida desse jovem talvez nos ajude a entender como ele chegou lá. É o que vamos fazer neste capítulo.

Garoto impulsivo

Alois Schicklgruber era um sujeito de poucas ideias, mas as que tinha eram claras. Nacionalista, anticlerical, rígido, machista e com forte senso de dever. Ele nasceu em 1837 no povoado de Strones, no interior do Império Austro-Húngaro. Cresceu numa família de camponeses e subiu de classe: tornou-se funcionário da alfândega austríaca em 1870.

Depois mudou-se para a cidade de Braunau am Inn, quase na fronteira com a Alemanha, onde conseguiu o cargo de inspetor de alfândega em 1875. No ano seguinte, Alois Schicklgruber trocou de nome. Virou Alois Hitler. Adotou o sobrenome do marido de sua mãe, Johann Georg Hiedler, adaptando-o para a forma "Hitler".

Ninguém sabe se Alois era filho biológico de Johann. O que importa é que a mudança do nome dele mudaria a história do mundo. É sério: com o antigo sobrenome, seu filho Adolf não teria sido tão popular. Os alemães gritavam fácil *Heil, Hitler!* Era uma saudação simples, forte, atraente.

Imagine se tivessem que enrolar a língua para dizer *Heil, Schicklgruber!* Não ia colar. Alois se casou três vezes. Em 1876, após a morte da primeira esposa, ele contratou sua prima Klara Pölzl, de 16 anos, para trabalhar como empregada. Mas a segunda mulher de Alois ficou com ciúme de Klara e a mandou embora.

Quando a segunda esposa morreu, Alois chamou Klara de volta. Os dois se casaram em 1885. A união teve que ser autorizada pela Igreja por causa do parentesco entre eles. Mas a vida do casal não foi nada feliz. Alois era autoritário e tinha um péssimo temperamento. Nunca tirava o uniforme de inspetor da alfândega. Klara o chamou de "Tio" até o fim da vida. Ela era alta, de cabelos castanhos e olhos azuis acinzentados. Uma dona de casa gentil e submissa, como descreveria anos mais tarde seu médico, o judeu Eduard Bloch, que seria forçado pelo nazismo a emigrar para os EUA.[1] Klara teve seis filhos: Gustav, Ida, Otto, Adolf, Edmund e Paula. Mas apenas Adolf e Paula sobreviveram.

---

1. Langer, Walter C., *The Mind of Adolf Hitler*, Basic Books, 1972, pág. 100.

Adolf Hitler nasceu em 20 de abril de 1889. Na sua casa em Braunau am Inn também viviam seus dois meios-irmãos, Alois Jr. e Ângela, filhos do segundo casamento de Alois. E sua tia Johanna Pölzl, que ajudava nas despesas da casa. Hitler diz no *Mein Kampf* que respeitou o pai, mas amou a mãe. Ninguém discorda dessa frase.

"A mãe muito provavelmente foi a única pessoa que Hitler amou em toda a sua vida", diz o biógrafo Ian Kershaw.[2] Hitler levaria a foto da mãe aonde quer que fosse. Até ao bunker onde ele passou os últimos dias antes de se matar.

Lá na casa dos Hitler, o dia a dia era conturbado. Alois batia no primogênito, Alois Jr., que por sua vez sentia ciúme do pequeno Adolf ao vê-lo paparicado pela mãe. Mas a proteção de Klara não evitava que Adolf também fosse surrado de vez em quando. Um dia, Alois Jr. inclusive achou que o pai havia matado seu irmão mais novo.[3]

Em 1895, Alois se aposentou. Comprou um rancho e foi criar abelhas. Adolf, de 6 anos, entrou numa pequena escola perto dali, no vilarejo de Fischlham. A apicultura se revelou um fiasco e Alois se mudou com a família para a cidade de Lambach, onde Adolf começou em uma nova escola. À medida que a família mudava de cidade, Adolf foi mostrando ser um garoto impulsivo e indiferente aos estudos.

Klara era a única da família a ir às missas de domingo. Mas suas rezas não adiantavam para melhorar o clima da casa. Aos 14 anos, Alois Jr. brigou feio com o pai e foi embora para nunca mais voltar. O irmão de Hitler seria preso algumas vezes, por roubo e bigamia, e perderia o contato com a família.

O pequeno Adolf frequentou o Mosteiro Beneditino em Lamback, mas foi pego fumando no jardim e acabou expulso. No fim

---

2. Kershaw, Ian., *Hitler*, Penguin Books, 2010, cap. 1.
3. Hamann, Brigitte. *Hitler's Viena*, Tauris Parke, 2010, pág. 7.

de 1898 a família se mudou de novo, dessa vez para o povoado de Leonding, onde Alois comprou uma casa perto do cemitério. Aos 9 anos, Adolf dava claros sinais de problemas de conduta na sala de aula. Educá-lo não era nada fácil, como ele mesmo reconhece com orgulho no *Mein Kampf.*

Adolf gostava de brincar de guerra com os colegas. Devorava os jornais em busca de notícias sobre a Guerra dos Bôeres — uma série de confrontos entre o Império Britânico e os colonos de origem holandesa (boers) na África do Sul. Também era fascinado pelas histórias de aventura do escritor Karl May, uma espécie de Júlio Verne da Alemanha. Mas sua diversão preferida era atirar em ratos com uma arma no cemitério próximo à sua casa.[4]

Com o tempo, Alois ficou mais violento e ranzinza. Decidiu que o filho deveria seguir sua carreira de funcionário público. Mas Adolf não queria ser um burocrata. Seu sonho era ser artista.

Em 1900, Adolf foi matriculado no ensino médio, o *Realschule* (ginásio), na cidade de Linz, a capital da Alta Áustria. O colégio ficava a uma hora de ônibus de Leonding. Mais uma vez, o garoto não se adaptou. Não tinha amigos na escola, nem procurava ter. Volta e meia era advertido por seu comportamento. O boletim acusava notas "insatisfatórias" em matemática, alemão, francês e ciências. Ele só costumava tirar "excelente" em educação física, história e desenho.[5]

Hitler era um aluno inteligente, mas tinha dificuldade de controlar o temperamento, como recordaria anos depois seu professor de francês, Eduard Huemer.[6] Segundo ele, Hitler não se ajustava aos limites da escola. Gostava de ser o líder. Era teimoso, despótico e cabeça-quente. Saía do controle ao ser contrariado. E respondia aos professores com insolência.

---

4. Hamann, pág. 9.
5. Langer, Walter C., *The Mind of Adolf Hitler*, Basic Books, 1972.
6. Para mais detalhes sobre a descrição de Huemer, ver Kershaw.

Sinais como esses são comuns em crianças que serão diagnosticadas como psicopatas na idade adulta.

Mas naquele tempo Adolf era apenas um garoto impulsivo. Só estudava o que lhe agradava, especialmente desenho. E odiava quase todos os professores. Gostava apenas de um: Leopold Pötsch, que despertou no pupilo o gosto pelos contos heroicos do passado alemão. Pötsch foi talvez o primeiro a fomentar em Hitler o ódio pelos judeus. Incentivou seu fanatismo nacional e sua aversão pelo império dos Habsburgos, que acusava de trair os interesses do povo alemão em nome de caprichos pessoais. Adolf e os colegas escutavam Pötsch extasiados.

"Nós o ouvíamos muitas vezes dominados pelo mais intenso entusiasmo, outras vezes comovidos até as lágrimas", recordaria Hitler. "Esse professor fez da história meu estudo favorito. Já naqueles tempos, tornei-me um jovem revolucionário, sem que fosse esse o seu objetivo."[7] Há um pouco de exagero nessas palavras, claro. Naquela época, Adolf estava mais preocupado em fazer mais arruaça que revolução.

Aos 12 anos, ele foi culpado por *sittlichkeitsvergehen* ("ato de indecência") na escola. Não sabemos bem o que aconteceu. Mas, segundo o Dr. Bloch, que conhecia os professores, Adolf fez algo impróprio com uma garota. Por pouco não o mandaram embora da escola. Provavelmente foi o isolamento dos colegas que motivou sua nova mudança de colégio no ano seguinte.[8]

Em casa, havia cada vez menos diálogo com o pai. Alois insistia que o filho deveria ser funcionário público, mas Adolf tinha uma fé inabalável no próprio talento para o desenho. Quando revelou esse sonho ao pai, por volta dos 13 anos, recebeu um olhar enfurecido. "Pintor, não! Nunca enquanto eu viver!", gritou Alois.[9]

---

7. Hitler, Adolf. *Mein Kampf*, BPK, 1925 [versão em português], pág. 15.
8. Langer, pág. 113.
9. Hitler, pág. 11.

Adolescente folgado

Com a morte de Alois, em 1903, Klara mudou-se com os filhos para a cidade de Linz, que tinha uns 70 mil habitantes na época. Adolf agora era o homem da casa. Klara ainda tentou convencê-lo a ser funcionário público, mas não teve jeito. Ele estava convencido de que seria artista. Além do mais, com as notas baixas que tirava na escola, o garoto dificilmente conseguiria um cargo no Estado.

Em 1905, aos 16 anos, ele sofreu uma misteriosa doença pulmonar. Hitler diz no *Mein Kampf* que o médico que o atendeu deu um conselho à sua mãe: não permitir que o garoto fizesse trabalho de escritório no futuro. Talvez haja alguma verdade nisso, mas provavelmente ele exagerou os sintomas para convencer a mãe de que não havia nascido para ser burocrata. O próprio Dr. Bloch não detectou qualquer problema no pulmão dele. Certo é que a tal doença foi a chance de se livrar do velho desejo do pai. Funcionário público, nem pensar! De quebra, Adolf convenceu a mãe a tirá-lo do colégio.

E assim ele passou quase dois anos à toa. Não estudava nem trabalhava. Vivia à custa de Klara, da tia Johanna e de Paula, sua irmã caçula. Elas limpavam a casa, lavavam e cozinhavam. Adolf acordava tarde e ficava quase todo o tempo no quarto pintando fachadas de mansões, lendo, escrevendo poesia ou tocando um piano que ganhou da mãe.

Graças à pensão de viúva que Klara recebia, Adolf ainda podia se dar ao luxo de frequentar o teatro e ser sócio de uma biblioteca. Era o reizinho. Um reizinho que fantasiava com o futuro brilhante de artista. Seu único amigo era August Kubizek, o "Gustl", que o acompanhava de noite para escutar as peças de Richard Wagner. Os dois garotos se complementavam. Adolf era dominador, Gustl era submisso. Adolf era irritável e Gustl, pacato. Hitler precisava falar, Gustl lhe dava ouvidos. E os dois eram solitários. "Logo entendi que nossa amizade durou muito porque eu era um ouvinte paciente", escreveu Kubizek em suas memórias. "Mas eu não ficava chateado com esse papel passivo, pois isso me fez perceber o quanto meu amigo precisava de mim. Ele também era completamente sozinho."[10]

Uma vez, os dois amigos apostaram na loteria. Adolf estava tão certo de que ganharia que estourou de raiva ao saber que não havia levado o prêmio. Ataques de ira seriam ainda mais comuns na idade adulta.

Por volta dos 16 anos, Adolf teve uma paixão platônica: Stefanie, uma senhorita que andava de braços dados com a mãe em Linz. Ele a admirava à distância. Nunca lhe disse uma palavra. Para Hitler, aqueles anos foram os mais felizes de sua vida. Ele adotaria Linz como sua terra natal.

A cidade lhe recordava a mãe, além de sintetizar a essência do sangue e do solo germânicos. Linz era pequena, rural e provinciana. Já Viena era cosmopolita demais. Judaica demais. Eslava demais. Por isso Hitler adorava Linz e detestava Viena.

À medida que crescia, Adolf tomava contato com o discurso racista de vários jornais austríacos. O slogan do Linzer Post, por exemplo, era "não compre dos judeus", essa "infestação de piolhos nojentos".[11]

Quando fez 18 anos, em 1907, Adolf decidiu que era hora de ser pintor. Tentaria uma vaga na Academia de Belas-Artes de Viena. Sua mãe estava com câncer de mama avançado, mas ele resolveu viajar mesmo assim. Não podia mais adiar o sonho de ser artista.

Conseguiu um dinheiro com a tia Johanna e foi a Viena em setembro. O exame de ingresso na Academia era apertado. Na primeira etapa, os candidatos tinham que apresentar suas

---

10. Kubizek, August, *The Young Hitler I Knew*, Greenhill Books, 2006, pág. 33.
11. Citado em Hamann, págs. 21 e 22.

peças de arte. Adolf levou uma pilha de desenhos de paisagens e edifícios que havia feito em Linz. Dos 113 concorrentes, 33 foram eliminados. Adolf passou de fase. Tinha certeza de que uma vaga seria sua.

Na segunda etapa, ele fez uma prova de três horas na qual era preciso desenhar temas específicos. Só 28 candidatos passaram. Adolf não estava entre eles — e foi pedir uma explicação. "Sua vocação é a arquitetura", o diretor explicou. Hitler aceitou o conselho. Ou pelo menos é isso que ele diz no *Mein Kampf:* "Em pouco tempo, convenci-me de que um dia eu deveria ser arquiteto".

A verdade é que Hitler não engoliu o julgamento da Academia. Seu ego era grande demais para aceitar a derrota. Ele não esperava ser reprovado, do mesmo jeito que não esperava perder na loteria. Sua frustração se somou à imensa dor que sentiu pela morte da mãe, em dezembro de 1907. Foi um golpe emocional e financeiro.

Adolf passou a ganhar do Estado uma pensão de 25 coroas por ser órfão. No *Mein Kampf* ele diz que essa quantia era insuficiente, e por isso decidiu arregaçar as mangas para ganhar o pão e ser "alguém" na vida. Mas os fatos mostram uma história diferente. Klara deixou umas 2 mil coroas a serem divididas entre Adolf e Paula. Com sua parte na herança mais a pensão mensal, Hitler poderia viver um ano sem trabalhar em Viena, com uma renda mensal equivalente à de um professor iniciante.[12]

No ano seguinte, o jovem Hitler resolveu tentar de novo o exame da Academia. E persuadiu os pais de Kubizek a deixá-lo viajar junto para estudar música. Era um plano perfeito. Hitler seria pintor, Kubizek seria músico, e os dois continuariam a vida alegre que haviam tido em Linz.

Mas o plano deu errado. Os quase seis anos que ele passou em Viena (1907-1913) seriam os mais difíceis da sua vida. Ele e Ku-

---

12. É uma estimativa aproximada. Para mais detalhes, ver Kershaw.

bizek alugaram um quarto juntos. E logo vieram as desavenças. Hitler passava as manhãs na cama. Quase não estudava para o exame da Academia. E se irritava com os ensaios do amigo ao piano.

Um dia, Gustl chegou com uma de suas alunas de música para lhe ensinar harmonia. Hitler pensou que era a namorada do rapaz e teve um surto de raiva. Na visão de Kubizek, Hitler era um completo misógino — tinha aversão pelas mulheres. Evitava qualquer contato com elas.

Kubizek não soube de nenhuma relação de Hitler com qualquer mulher durante a juventude. Quando eles saíam e a turma falava de namoradas ou experiências sexuais, Hitler só mencionava Stefanie, seu "primeiro amor" — embora ela nunca tenha sabido disso porque ele nunca lhe contou.[13]

Em 1908, Hitler se inscreveu de novo na Academia. E — adivinhe — levou outra bomba. Nem chegou a fazer a prova, pois não passou no teste do portfólio. Foi um baque ainda maior que o anterior. Desta vez ele não contou para ninguém, nem para Kubizek. Aliás, sumiu da vista do amigo sem dar notícia. Kubizek só o veria de novo 30 anos depois.[14]

Alguns autores dizem que Hitler tentou uma vaga na Escola de Arquitetura de Viena e foi reprovado. Outros afirmam que ele nem ao menos tentou.[15] Uma pena. Milhões de vidas seriam poupadas se ele tivesse virado artista ou arquiteto. Mas o mundo definitivamente se negava a realizar as fantasias de Adolf. Cada vez mais rancoroso e frustrado, ele foi se fechando em seu próprio casulo. Deixou de falar até com sua meia-irmã Angela, que também morava em Viena.

---

13. Para saber mais sobre as visões do círculo de conhecidos de Hitler sobre sua sexualidade, ver Langer.

14. Fest, Joachim C., *Hitler*, Harcourt Inc., 1974.

15. Joachim Fest, por exemplo, diz que Hitler se inscreveu na Escola de Arquitetura mas foi reprovado no exame. Seu secundário incompleto teria pesado na decisão dos professores. Já William Shirer afirma que estudantes muito talentosos podiam estudar arquitetura mesmo sem o ensino médio completo. Mas Hitler nem tentou.

Na fila da sopa

Hitler completou 20 anos sem amigos nem bolo de aniversário. Vestia roupas imundas e cheias de piolhos, tinha os pés doloridos de tanto vagar pelas ruas. Um aspecto miserável, cansado e faminto. Vivia num alojamento em Viena e todo dia passava no convento de Gumpendorferstrasse, junto com outros despossuídos, para filar a sopa que as freiras distribuíam.

A descrição é do negociante de arte Reinhold Hanisch, que conheceu Hitler na época.[16] E é bem provável que seja verdade. A herança da mãe tinha acabado, e Hitler sobrevivia com a pensão de 25 coroas por mês. Dormia ao relento ou em albergues baratos. Outras testemunhas afirmaram ter visto Hitler num abrigo para sem-tetos no distrito de Meidling, em Viena. Lá estava ele, o defensor da raça superior, vivendo entre bêbados e vagabundos. Mas Hitler não era bobo.

Ao saber que Hanisch negociava obras de arte, Hitler lhe disse que havia estudado na Academia de Artes. E Hanisch sugeriu que ele pintasse cenas de Viena em quadros do tamanho de cartões-postais. Assim começou uma sociedade entre os dois. Hitler pintava os postais e Hanisch os vendia nos bares por 5 coroas.

A renda era dividida igualmente entre eles. Quem diria: o futuro Führer sobrevivia nessa época vendendo suas pinturas a judeus. Seu outro sócio, Josef Neumann, era judeu inclusive. Em 1910, Hitler se mudou para um dormitório masculino da rua Meldemannstrasse, em Viena, onde ficou por uns três anos. O lugar era bem mais confortável que o alojamento de Meidling. Tinha lampião a gás e calefação a vapor, além de quarto de leitura e cantina.

A maioria dos hóspedes trabalhava durante o dia. Eram artesãos e trabalhadores não qualificados. Mas Hitler passava a maior parte do tempo na sala de leitura. Não queria saber de

---

16. Kershaw, cap. 2.

trabalhar. Nem conseguia acordar cedo.[17] Pintava um desenho por dia e depois saía para algum café, onde lia jornais e panfletos racistas. Ou dissertava sobre política para os companheiros do dormitório. Sempre juntava uma boa plateia.

O problema é que Hitler tinha pavio curto. Volta e meia atacava os socialdemocratas nas discussões do alojamento. Hanisch ficou cada vez mais irritado com a disposição do sócio para se dar bem com os demais.

Até que a relação entre eles azedou de vez. Hitler acusou o amigo de embolsar 50 coroas pela venda de um quadro grande, que retratava o Parlamento. Os dois discutiram e Hanisch acabou preso por alguns dias — não por roubar Hitler, mas porque usava um nome falso: Fritz Walter.

Hanisch seria preso novamente durante o nazismo e morreria na prisão em 1937 de forma misteriosa. Não é preciso pensar muito para concluir quem mandou matá-lo. Com o fim da sociedade, Hitler precisou se virar vendendo suas pinturas sozinho.

De vez em quando conseguia juntar dinheiro para ver óperas. E comprou um casacão preto graças a outra ajuda da tia Johanna. Hitler também era um leitor voraz. Mas lia só uma parte da biblioteca: a que confirmava seus preconceitos — ou, como ele gostava de dizer, sua "visão de mundo". Suas leituras favoritas eram sobre história e cultura alemãs.

Ao circular pelos cafés e as livrarias de Viena, Adolf sentia um clima de ansiedade no ar. Desde 1806 a dinastia austríaca dos Habsburgos havia dominado um império multinacional, formado por checos, eslovacos, croatas e outros povos eslavos. Mas em 1848 uma revolução chacoalhou aquelas terras, desatando crises sociais e protestos de separatistas. Pior: em 1866, a Áustria se enfraqueceu ainda mais ao perder uma guerra con-

---

17. Hanisch, citado em Langer, pág. 53.

tra a Prússia. No ano seguinte, para manter o império coeso, os Habsburgos fizeram um acordo com a Hungria e criou-se o Império Austro-Húngaro. Mas o colapso era mera questão de tempo. As tensões com os eslavos se intensificaram no início do século 20. Eles exigiram — e ganharam — direito a voto. E agora queriam a autonomia.

O jovem Hitler assistia a tudo isso com espanto. Para ele, o império estava naufragando no mar de nações não germânicas. Era preciso cortar as asinhas delas. E destronar os incompetentes Habsburgos. Um dia, Adolf deu de cara com um exemplar da revista *Ostara* que tinha um título chamativo: "Você é loiro? Então é o criador e o preservador da civilização. Você é loiro? Então está ameaçado por perigos".[18]

A *Ostara* era editada por Jorg Lanz von Liebenfels, líder da Ariosofia. Como vimos no capítulo 1, esse movimento misturava ideias *völkisch* com esoterismo pagão. Lanz reunia seus seguidores num castelo da Áustria. Botava suásticas nas paredes e óperas de Wagner na vitrola. A turma da Ariosofia dizia que era preciso "extirpar" as raças inferiores e propagar a raça loira através de esterilização, deportações, trabalho forçado e assassinatos.

Não sabemos até que ponto Lanz influenciou Hitler. Joachim Fest, principal biógrafo do Führer, diz que ele visitou Lanz diversas vezes com o pretexto de pedir edições antigas de *Ostara*. É certo que Hitler rejeitava as ideias ocultistas de Lanz — inclusive o proibiria de publicar durante o nazismo. Mas aceitou de bom grado sua proposta de eliminar os incapazes.

"Os panfletos que Lanz publicava reabriram para Hitler a entrada na sociedade", diz Fest. "Era pela porta dos fundos, mas era uma entrada."

---

18. Citado em Fest, pág. 36.

O antissemita

Hitler diz no *Mein Kampf* que se tornou antissemita nos dois primeiros anos em Viena. A princípio ele não notava a presença de judeus. Até o dia em que topou na rua com um rabino de terno preto e cachinhos negros. "Meu primeiro pensamento foi: isso é um judeu?", escreve Hitler. "Em Linz eles não tinham as características externas da raça."

A partir daí ele teria percebido como a comunidade judaica era grande na cidade: "Aonde quer que eu fosse, eu via judeus. E, quanto mais os observava, mais me convencia de que eles eram diferentes das outras raças".[19] Mas pode ser que Hitler tenha inventado a cena do rabino, e que só tenha virado um antissemita visceral depois da Primeira Guerra Mundial.

Nunca saberemos. Certo é que em Viena ele começou a construir a teoria da conspiração nazista: judeus dominavam a imprensa, a vida cultural, os prostíbulos, a social-democracia. E deveriam ser eliminados. Essas ideias não eram dele, claro. Circulavam nos livros e panfletos racistas, nas óperas, nos discursos de políticos e nos jornais que ele lia nos cafés.[20]

Entre 1857 e 1910, a proporção de judeus entre a população de Viena aumentou de 2% para 8,5%, um recorde na Europa Central. Em alguns distritos de Viena, eles eram um terço dos moradores.[21]

A aversão contra os judeus crescia na mesma proporção. No início do século 20, Viena era uma das cidades mais antissemitas da Europa. Os nacionalistas repudiavam os 200 mil judeus que viviam na cidade.[22] E denunciavam sua forte presença entre médicos, professores, jornalistas e industriais.

---

19. Hitler, pág. 55.
20. O jornal *Deutsches Volksblatt*, por exemplo, acusava os judeus de "agentes da decomposição e da corrupção", responsáveis por escândalos sexuais. A tiragem era de 55 mil cópias, nada mau para um jornal da época.
21. Fest, pág. 26.
22. Hilberg, Raul, *Perpetrators, Victims, Bystanders*, HarperPerennial, 1992, pág. 4.

O político que mais o influenciou foi Karl Lueger, líder do Partido Social Cristão e prefeito de Viena. Hitler admirava o talento demagógico e o antissemitismo de Lueger. Tanto que o definiu como o maior prefeito alemão de todos os tempos. Hitler só criticava Lueger por permitir que Viena se tornasse uma cidade multiétnica. Se virasse político um dia, nunca cometeria o mesmo erro. Mas em 1910 Adolf ainda sonhava em ser pintor.

Seu interesse pela política se limitava à observação dos comícios e à leitura de artigos. Aos poucos, contudo, Hitler percebeu que podia persuadir outras pessoas com suas ideias. Era bom de oratória. Costumava reunir muita gente quando falava para os moradores dos alojamentos e os que tomavam sopa grátis nos conventos.

E tinha uma bela inspiração para isso: Richard Wagner. As óperas e os escritos políticos do compositor alemão formavam o núcleo de sua ideologia. Estava tudo ali: darwinismo social, antissemitismo, nacionalismo *völkisch* e pangermanismo. Com a morte da tia Johanna, em 1911, Adolf recebeu parte da herança deixada por ela e abriu mão da pensão de órfão a favor de sua irmã Paula. Mas seguia sem planos de trabalhar. Continuava fingindo que era estudante, pintor ou escritor.

Também não se alistou no exército aos 21, como era dever de todo austríaco. Não por covardia nem por pacifismo, e sim porque se negava a integrar filas militares ao lado de eslavos. Em 1913, aos 24 anos, ele decidiu deixar Viena. Diz, na autobiografia, que não aguentava mais conviver com o "conglomerado de raças" formado por checos, poloneses, húngaros, sérvios, croatas "e, acima de tudo, a excrescência desses cogumelos presentes em toda parte: judeus e mais judeus".[23]

Mas o motivo real parece ter sido mais simples: até então, ele não havia cruzado a fronteira com a Alemanha temendo ser deti-

---
23. Hitler, pág. 119.

do no controle migratório. Sabia que as autoridades o puniriam por não ter se alistado.

Mas agora, transcorridos já três anos desde sua maioridade, ele supôs que não haveria mais problema.[24] Era hora de se unir ao amado Reich.

Hitler cruzou a fronteira alemã com o currículo vazio. Levava apenas um profundo senso de missão. Ele devia fazer tudo pela Alemanha. Pelo jeito ainda queria ser pintor. Tanto que não foi para a capital, Berlim. Escolheu Munique — mais charmosa, cultural e sofisticada. O lugar ideal para um gênio da pintura, como ele se achava.

Ali ele manteve o estilo solitário. Não fez qualquer esforço para conhecer pintores realmente geniais que moravam por lá, como o russo Wassily Kandinsky. A arte abstrata de Kandinsky era feia aos olhos de Hitler, que seguiu pintando fachadas e paisagens. E mal sabia que as autoridades de Linz estavam em seu encalço por ter fugido do alistamento. Os militares conseguiram localizá-lo em Munique e advertiram que ele poderia ser preso se não aparecesse.

Hitler, então, foi ao consulado austríaco em Munique e fez um teatro. Disse que não se alistou porque precisava vender suas obras de arte para sobreviver e bancar os estudos de arquiteto. Com cara de coitado, ele convenceu os funcionários do consulado de que era fraco demais para o campo de batalha. Eles ficaram com pena. Hitler não sofreu sanções. Nem multa pagou. Era um mestre da dissimulação — talento que mais tarde ele usaria para convencer suas multidões.

Soldado exemplar

Sarajevo, 28 de junho de 1914. O nacionalista sérvio Gavrilo Princip dispara contra o arquiduque Francisco Ferdinando, herdeiro

---

24. Steinert, Marlis, *Hitler*, Ediciones B, 2004. Essa é a hipótese mais plausível.

do trono austríaco, quase à queima-roupa. A esposa do arquiduque tenta protegê-lo com o corpo e recebe o segundo projétil. São dois tiros que mudaram a História.

O atentado motivou uma onda de perseguições de sérvios pelas autoridades austríacas. Diplomatas europeus conseguiram serenar os ânimos durante um mês, mas o revanchismo venceu. Em 28 de julho, a Áustria declarou guerra à Sérvia. A Rússia mobilizou seu exército, disposta a proteger os aliados sérvios e barrar o avanço da Áustria. A Alemanha ficou do lado da Áustria e declarou guerra à Rússia em 1º de agosto — deflagrando o primeiro confronto mundial.

Hitler mal podia conter seu entusiasmo. Sua querida Alemanha estava em guerra contra os povos inferiores. O Kaiser Wilhelm II declarou em Berlim que não reconhecia mais partidos ou denominações, apenas "irmãos alemães". Hitler era um desses irmãos. Depois de passar a infância brincando de Guerra dos Bôeres, ele agora tinha a chance de participar de uma guerra real. E lutaria com gosto pela supremacia da raça ariana.

Em 3 de agosto, Hitler escreveu uma petição ao rei da Bavária pedindo autorização para ser voluntário. A resposta não tardou. Com as mãos tremendo, Hitler abriu o envelope. Deveria se apresentar no 16º Regimento de Infantaria de Reserva Bávaro, conhecido como Regimento List por seu comandante. Em outubro, o regimento foi mandado ao front ocidental.

Adolf finalmente encontrava um sentido para sua vida. A Alemanha entrou na Primeira Guerra Mundial plenamente convencida de que a vitória seria rápida. Os generais Paul von Hindenburg e Erich Ludendorff ganharam fama de imbatíveis ao conquistar a Polônia e aniquilar tropas russas na frente oriental.

O batismo de fogo de Hitler foi em 29 de outubro na batalha de Ypres, na Bélgica, uma das mais sanguinárias da guerra.

Ali o exército alemão combateu tropas francesas, belgas e britânicas. Hitler tinha função de mensageiro. Ele levava as ordens do comando do regimento até as posições avançadas. Ia correndo ou de bicicleta.

Uma tarefa simples, mas altamente arriscada. Quando as linhas telefônicas falhavam, ele se lançava em território hostil em meio à saraivada de balas. Dos oito mensageiros do regimento, três morreram e um ficou gravemente ferido num confronto contra os franceses em 15 de novembro.[25] Hitler mostrou tanta bravura que recebeu a Cruz de Ferro Segunda Classe. Em 1918 ele ganharia a Cruz de Ferro Primeira Classe — distinção rara para um cabo.

No *Mein Kampf,* ele só não conta que ganhou as medalhas por indicação de um oficial judeu, o tenente Hugo Gutmann. Tampouco diz que era mensageiro, dando a entender que combateu nas trincheiras. Mas ninguém duvida que tenha sido um bom soldado. Ao contrário da escola, no exército Hitler era obediente.

Ele, que tanto havia desprezado o uniforme de funcionário público do pai, agora não vivia sem o seu: a farda. Seus companheiros se lembrariam dele como um homem sonhador e ensimesmado. Era o único que não tinha família. Não escrevia nem recebia cartas. Preferia ler Homero ou pintar no tempo livre.

Não dividia suas preocupações com os demais nem participava das piadas do grupo. Aliás, as risadas dos companheiros o irritavam. As fotos do regimento mostram Hitler olhando para outro lado, a expressão fixa e severa. Do mesmo jeito que as fotos da escola.

Talvez a incapacidade de entabular relações sociais explique por que, em quatro anos no front, ele não tenha sido promovido além de cabo. Mas Hitler estava bem assim. O regimento era sua

---

25. Kershaw, cap. 3.

casa. Pela primeira vez, ele tinha uma espécie de emprego e se sentia parte de algo maior. A guerra o salvou.

Ele foi ferido pelo menos duas vezes, mas sempre quis voltar à ativa. Em outubro de 1916, foi atingido na coxa direita por uma granada e enviado a um hospital perto de Berlim. Nos meses em que ficou na cidade, ele se impressionou ao ver pessoas passando fome devido à crise gerada pela guerra. Foi quando provavelmente teve vontade de participar da política, para despejar seu ódio contra os judeus.[26]

As coisas não estavam saindo bem para a Alemanha, mas o país continuava crente na vitória. No início de 1918, quando os bolcheviques abandonaram a guerra para consolidar sua revolução, o povo alemão renovou o otimismo: agora o exército poderia concentrar todas as suas forças contra a França e a Inglaterra. "O pior já passou", garantiu o Kaiser Wilhelm II em pronunciamento à nação. A vitória parecia estar logo ali na esquina.

Mas a ofensiva alemã não conseguiu penetrar nas linhas inimigas, fortalecidas com a chegada dos batalhões americanos. O exército alemão sofreu sucessivas derrotas e seus soldados começaram a desertar. Àquela altura, a Alemanha havia guerreado praticamente sozinha durante quatro anos, e os demais integrantes de seu bando não podiam ajudar: a Bulgária já tinha jogado a toalha, o Império Austro-Húngaro não existia mais e o Império Otomano entrava em colapso.

Em outubro de 1918, Hitler foi vítima de um ataque de gás mostarda num combate na Bélgica. Ficou parcialmente cego e foi direto para um hospital em Pasewalk, na Alemanha. Dessa vez a guerra acabou para ele.

E pouco depois acabou para todos. Ao perceber a derrota iminente, o Alto Comando alemão sugeriu ao Kaiser que pedis-

---

26. Essa é a versão do pintor Ernst Schmidt, companheiro de regimento de Hitler.

se o armistício. Foi o que ele fez em 11 de novembro de 1918, dando fim ao confronto. Mas o garoto preguiçoso e folgado de Linz já não era mais o mesmo.

Adolf se torna Hitler

Sem a Primeira Guerra Mundial, Hitler provavelmente continuaria sendo um zé-ninguém. Mas o clamor pela guerra em 1914, a derrota da Alemanha em 1918 e o caos em que o país mergulhou criaram as condições para que o artista fracassado se transformasse em ditador. Sem a crescente radicalização da sociedade alemã, ele não teria tanta audiência para seu discurso cheio de ódio.

Hitler sempre havia sido oportunista. Bom de lábia. Persuasivo. Foi assim quando simulou a doença no pulmão para abandonar o colégio. E quando fingiu ter estudado na Academia para ser sócio de Hanisch. Agora, com a Alemanha derrotada, ele iniciava uma carreira meteórica de propagandista e demagogo de cervejaria. Ele pegou carona no discurso dos pangermanistas, que acusavam judeus e marxistas de apunhalar a Alemanha pelas costas.

A carreira de demagogo começou aos poucos. Depois de ter alta em Pasewalk, Hitler entrou para o 1º Batalhão da Reserva do 2º Regimento de Infantaria. Estava de volta à casa, o Exército, mas não tinha muito o que fazer por lá. As unidades militares alemãs estavam sendo desmobilizadas por imposição do Tratado de Versalhes, que deu fim à Primeira Guerra Mundial. Em maio de 1919, Hitler conheceu o homem que talvez tenha sido o maior responsável por sua ascensão política: o capitão Karl Mayr, chefe do Departamento de Informação do Exército.

Mayr estava montando uma equipe de agentes e informantes para combater a ameaça bolchevique. Hitler o conheceu em maio, justo no momento em que o Exército reprimia os "vermelhos". O capitão viu em Adolf um jovem obstinado e pronto para entrar em ação contra os marxistas. Parecia um cachorro ansioso por ser adestrado.[27]

Hitler não titubeou quando Mayr o convidou para ser um dos informantes. O primeiro passo foi fazer cursos de instrução antibolchevique na Universidade de Munique. Hitler teve aulas de história alemã, história da guerra e teoria do socialismo, entre outras disciplinas. Os professores eram pangermanistas de pura cepa, como Gottfried Feder — que anos depois se tornaria o guru de economia do Partido Nazista. Hitler foi destaque no curso.

Em agosto de 1919, na aurora da República de Weimar, ele e outros 25 participantes receberam uma missão. Foram enviados ao acampamento do Exército em Lechfeld, perto da cidade de Augsburgo, para incutir sentimentos nacionalistas nos recrutas. Mayr temia que os jovens soldados estivessem infectados por sentimentos bolcheviques. Hitler foi a sensação do acampamento. As aulas que ele deu sobre "emigração" e "condições de paz" fascinaram os soldados. Pela primeira vez na vida, ele mostrava um talento incomparável. Era realmente bom de oratória.

Sua especialidade era a "questão judaica". Em setembro, um ex-aluno do curso de instrução escreveu uma carta a Mayr querendo saber por que a Alemanha havia perdido a guerra. Mayr incumbiu Hitler de escrever a explicação. A resposta de Hitler, datada de 16 de setembro de 1919, foi seu primeiro texto explícito contra os judeus. Ele afirmou que os judeus exploravam as nações, minavam sua força e as infectavam com "tuberculose racial".

"Judaísmo é uma raça, não uma religião", lembrou Hitler. Ele também fez uma distinção entre o "antissemitismo emo-

---

27. Citado em Kershaw, cap. 4.

cional", que poderia levar apenas a perseguições temporárias (pogroms), e o "antissemitismo racional", que daria cabo do problema judaico através de medidas legais voltadas para sua eliminação física.[28]

Mayr gostou tanto que o chamou para ser seu braço-direito. E foi assim que Hitler passou a integrar a elite dos informantes do Exército alemão. Ele espionava partidos da extrema direita à extrema esquerda. Até que uma nova missão mudaria sua vida. E a da humanidade inteira.

---

28. Deuerlein, Ernst (ed.), *Der Aufstieg der NSDAP in Augenzeugenberichten*, 1974, citado em Hilberg, pág. 5.

3

O PARTIDO

Como os nazistas deixaram de ser um mero grupo de fanáticos para se tornar o maior partido do Parlamento alemão.

Uma avalanche começa com uma pequena massa de neve. Um bloco de gelo que se desloca, se precipita e vai crescendo aos poucos. Até arrastar tudo o que vê pela frente. O nazismo foi assim. Começou como um deslocamento mínimo, quase imperceptível. Mais exatamente em 12 de setembro de 1919. Nesse dia Hitler, informante do Exército, recebeu uma missão especial: infiltrar-se no recém-criado Partido dos Trabalhadores Alemães (*Deutsche Arbeiterpartei,* ou DAP).

O DAP era um partido nanico. Apenas um entre os 73 grupos *völkisch* (populares) que proliferavam na Alemanha naquela época conturbada.[1] E não era marxista, como pode parecer, mas de extrema direita. O nome era uma mera tática para se aproximar do povo. Seu fundador, Anton Drexler, integrava a sociedade ocultista Thule — bastião do racismo mais virulento.

O capitão Karl Mayr, seu chefe no Exército, ordenou que Hitler entrasse no DAP para ajudar o partido a crescer.[2] Soldados não podiam participar de política, mas ele teve carta branca de Mayr. Hitler chegou pontualmente à reunião na cervejaria Sterneckerbräu, em Munique. Havia ali umas 25 pessoas, a maioria humildes. O palestrante da noite era o economista Gottfried Feder, que havia sido professor de Hitler no curso de doutrinamento. O tema: como a Alemanha podia se ver livre dos especuladores internacionais.

Hitler conhecia a palestra de cor e achou a reunião um tédio. Já ia embora quando um dos presentes, um tal professor Baumann, levantou a voz e defendeu o separatismo da Bavária. Hitler ficou indignado. Pediu a palavra e argumentou com tanta raiva a favor da união alemã que o professor foi embora com o rabo entre as pernas. Drexler ficou tão impressionado com a intervenção que o convidou a integrar o partido.

---

1. Kershaw, Ian, *Hitler,* Penguin Books, 2010, cap. 4.
2. Hitler, pág. 209.

Naquela época, Hitler morava no quartel do 2º Regimento de Infantaria. Passava a noite num quartinho, jogando pedaços de pão duro aos camundongos. Foi numa dessas noites que Hitler leu um livreto que Drexler lhe deu de presente.

Aí ele teve um estalo. Sentiu-se totalmente refletido no texto, que denunciava "a enganação do marxismo". Dias depois Hitler recebeu uma carta do DAP oficializando o convite. Bastava ir à reunião seguinte. Ele hesitou, pois não queria ser sócio de um partido que já existia. Preferia fundar o seu. Mas acabou comparecendo. Agora o encontro era na Alte Rosenbad, uma cervejaria decadente. O tesoureiro informou que o partido tinha 7 marcos em caixa, uma ninharia. E depois foram lidas cartas dos poucos afiliados. Hitler não conseguia acreditar no que via. "Horrível, simplesmente horrível. Isso era nada mais do que uma associação maçante da pior espécie", ele recordaria depois. "Era nesse clube que eu deveria entrar?"[3]

Claro que ele não queria participar de um grupo tão fajuto. Seu ego merecia algo melhor. Mas, ao mesmo tempo, Hitler percebia naqueles senhores uma ânsia de mudar a Alemanha. Eles haviam formado um grêmio primitivo, que não tinha nem papel timbrado. E careciam de alguém que ajudasse na divulgação de suas ideias racistas.

Hitler, então, logo virou a estrela do partido. Seus discursos de alto impacto reuniam mais gente nas cervejarias do que aquele bando de racistas jamais havia sonhado. No início de 1920, Hitler foi dispensado do exército e virou chefe de propaganda do DAP. Já não queria ser nem pintor nem arquiteto. Seria propagandista. Orador. Agitador.

Uma nota: no fim das contas, foi graças a Mayr, o caça-talentos, e a Drexler, o mentor, que Hitler saltou rumo ao estrelato.

---

3. Essa versão é sustentada pelos principais biógrafos de Hitler.

Mas ele nunca reconheceu essas ajudas. Também não há dúvida de que sua carreira política vingou graças a seu indiscutível talento para o discurso. Até mesmo seus oponentes, que no início o ridicularizavam, depois reconheceram que ele era o melhor orador que a Alemanha havia tido.

Mas o sucesso de qualquer orador também depende da plateia. E Hitler encontrou um público ansioso por suas palavras. Um público cheio de mágoa e frustração. Não exatamente pela derrota na Primeira Guerra Mundial. Mas por não aceitar a derrota.

A fagulha do ressentimento

É que a guerra terminou de um jeito ambíguo. A Alemanha pediu o armistício quando ainda tinha vantagem militar e o exército no exterior. Ao voltar para casa, os soldados alemães foram recebidos como vencedores nas ruas de Berlim. "Não ganhamos a guerra, mas também não perdemos": eis a frase que estava na boca de todos.

O Kaiser Wilhelm II esperava que os aliados levassem isso em conta na hora de propor o acordo de paz. Achava que as condições impostas à Alemanha seriam moderadas, tal como propunha o presidente americano Woodrow Wilson.

Mas Wilson avisou que só negociaria com os representantes legítimos do povo alemão. Ou seja: a elite imperial teria que sair de cena. O general Erich Ludendorff e os dirigentes do império aceitaram democratizar o país, esperando que esse gesto levasse a uma boa negociação. Guardavam um trunfo na manga: se as condições de paz fossem difíceis, poderiam culpar os políticos democráticos pelo desastre. E condições de paz sempre são difíceis.

O governo alemão passou então para as mãos do príncipe liberal Max de Baden, e não demorou para que o país mergulhasse no caos. Comunistas, social-democratas e conservadores lutaram entre si numa série de distúrbios conhecidos como a Revolução Alemã. No Estado da Bavária, os revolucionários implantaram uma república socialista presidida pelo jornalista Kurt Eisner. Hitler engoliu em seco.

Não podia acreditar que Munique estivesse passando para a órbita dos "parasitas". Eisner era judeu e marxista — o bode expiatório perfeito para o mito da "punhalada pelas costas". Em fevereiro de 1919, um nacionalista assassinou Eisner e a tensão aumentou. Os revoltosos instalaram um regime radical, a República Soviética da Baviera, que foi reprimida pelo Exército em maio — exatamente quando Hitler conheceu Mayr e virou informante dos militares. Em agosto, o Partido Social-democrata conseguiu formar a base para um governo democrático: a República de Weimar. O 2º Reich chegava ao fim.

Os políticos de Weimar foram os encarregados de selar a paz, mas tiveram azar: Wilson perdeu apoio no Congresso americano e foi com pouco poder de negociação à Conferência de Paz de Paris. Aí a Inglaterra e a França aproveitaram para inserir cláusulas mais duras no texto do documento, batizado de Tratado de Versalhes.

Pelo tratado, a Alemanha perdeu 13% de seu território, 10% da população, as colônias, 75% das reservas de ferro e 26% das de carvão.[4] O país também teve que destruir 15 mil aviões, 6 milhões de fuzis e 130 mil metralhadoras. Sua força aérea foi abolida, o Estado-Maior dissolvido e o exército reduzido a 100 mil homens, oito vezes menos do que tinha em abril de 1919. A Alemanha também foi impedida de ter força aérea.

A elite alemã recebeu tudo isso como uma baita humilhação. Mas o Tratado de Versalhes era brando se comparado com o duríssimo tratado de Brest-Litovsk, que os alemães haviam imposto aos russos em março de 1918.[5] Na prática, a Alemanha conti-

---
4. Para mais detalhes, ver Henig, Ruth, *Versailles and After*, Taylor & Francis, 2002.
5. O Tratado de Brest Litovsk privou a Rússia de um território quase tão grande como a Áustria-Hungria e a Turquia juntas, com 56 milhões de habitantes (32% da população russa); um terço de sua malha ferroviária; 73% de seu minério de ferro e 89% do carvão, além de indenizações.

nuava sendo uma potência econômica. O leão estava ferido, mas seguia de pé. E o que mais feriu os alemães foram as cláusulas de reparação do tratado. O artigo 231 responsabilizou a Alemanha por "causar todos os danos e perdas" aos aliados como consequência de sua agressão.

Isso acabava com a ambiguidade do armistício. Deixava claro que a Alemanha havia perdido a guerra e tinha que arcar com os prejuízos. Logo a seguir, o artigo 232 reconhecia que os recursos alemães eram limitados e estabelecia uma forma para que a Alemanha pudesse pagar as reparações.[6] O tratado não estipulou a quantia a ser paga. Isso foi feito depois, pela Comissão de Reparações. O montante inicial foi estipulado em 269 bilhões de marcos-ouro, o equivalente a 96 mil toneladas de ouro. Isso daria perto de 1 trilhão de dólares hoje. Uma quantia sideral... mas que depois baixou para menos da metade (132 bilhões de marcos-ouro em 1921) e a ser paga a perder de vista.[7]

No calor da época, porém, essas concessões pouco importaram. Como diz o historiador Richard Evans, em outras circunstâncias o Tratado de Versalhes teria enorme chance de sucesso. Mas não no contexto de 1919, quando praticamente qualquer acordo de paz teria sido condenado pelos nacionalistas alemães, que se sentiram injustamente privados da vitória.[8]

Eles interpretaram o artigo 231 de forma muito subjetiva, como se a Alemanha tivesse uma "culpa moral" pela guerra. E não deram bola para o artigo 232. Assim, as reparações saíram rapidamente de seu marco técnico para se transformar num bume-

---

6. Os barcos alemães afundados entraram como crédito, por exemplo. E toda a propriedade alemã destruída no exterior seria deduzida da conta. Os alemães pagaram apenas uma parte das reparações. Suspenderam o pagamento diversas vezes e só terminaram de quitar os juros da dívida em 2010, 92 anos após a derrota. Para mais detalhes, ver Timothy W. Guinnane, "Financial Vergangenheitsbewältigung: The 1953 London debt Agreement", disponível online.
7. Shirer, William. *The Rise and Fall of the Third Reich*, RosettaBooks, 2011, pág. 51.
8. Evans, Richard J. *The Coming of the Third Reich*, Penguin Books, 2005, cap. 1.

rangue político.[9] Um nacionalismo revanchista tomou conta das massas. E garantiu ouvintes para o discurso raivoso de Hitler — o grande beneficiado dessa história toda.

Propaganda, a alma do nazismo

Hitler adorava o Tratado de Versalhes, porque servia para embasar suas ideias. Segundo ele, só a propaganda explicava a derrota da Alemanha na guerra, pois a capacidade militar do país era bem superior à dos demais. Ao falhar na propaganda, os líderes do império alemão haviam falhado em criar uma disposição psicológica no povo. Já o inimigo, dizia Hitler, tinha acertado com uma propaganda cruel e efetiva. Fotos distribuídas pelos britânicos, por exemplo, mostravam soldados alemães como açougueiros, cortando mãos de crianças.[10]

Uma mentira eficiente, como toda propaganda devia ser. A publicidade nazista tinha que ser popular. Dirigida às massas. E ajustada à inteligência e às expectativas do público. O segredo era focar em meia dúzia de slogans e martelá-los na cabeça das pessoas. Do tipo: "Judeus são bacilos". Ou: "O marxismo é a estratégia judaica para subjugar o mundo". A propaganda tinha que marcar os extremos: certo/errado, bom/mau e assim por diante.

O pensamento nazista era preto e branco. Não admitia graus de cinza. Mas Hitler também aprendeu com os adversários. Embora odiasse os social-democratas, por exemplo, ele aprendeu com eles a usar o que chamava de "terror espiritual e material". O terror espiritual eram as calúnias usadas contra os oponentes políticos, que surtiam um belo efeito. Já o terror material era o medo que os social-democratas instalavam em fábricas e sindicatos para conseguir apoio do povo contra a burguesia.[11]

9. Andrés Reggiani, Universidad Torcuato Di Tella, Argentina. Entrevista do autor.
10. Fest, Joachim C., *Hitler*, Harcourt Inc., 1974, pág. 74.
11. Shirer, pág. 22.

Claro que é exagerado chamar essas táticas de "terror". Hitler via a realidade distorcida por seus preconceitos e sua propensão à violência. Mas o ponto é: segundo ele, o maior erro de seus colegas pangermanistas era não saber criar um movimento de massas. Hitler deixa isso claro no *Mein Kampf* ao dizer que as massas não se deixam influenciar por meias medidas, por atos de fraqueza.

"Assim como as mulheres", escreveu, "as massas gostam mais dos que mandam do que dos que pedem. E sentem-se mais satisfeitas com uma doutrina que não tolera nenhuma outra (...). Elas não sabem o que fazer com a liberdade e, por isso, sentem-se facilmente abandonadas."[12]

Por essa lógica, uma dose de brutalidade seria bem-vinda à propaganda política. Hitler já vinha fazendo isso nos comícios cada vez maiores do DAP. Só precisava recriar o partido à sua imagem e semelhança.

Nasce o partido nazista

Foi um nascimento regado a chope. Em 24 de fevereiro de 1920, Hitler e Drexler reuniram 2 mil pessoas na cervejaria Hofbräuhaus, em Munique, para apresentar o programa de 25 pontos do DAP. O programa incluía, por exemplo, a unificação da Grande Alemanha, a revogação do Tratado de Versalhes, a retirada de cidadania dos judeus, a reforma agrária, a nacionalização de empresas, a pena de morte para criminosos e a proibição de jornais que fossem "contra o interesse público". Naquele mesmo dia, o grupo passou a se chamar Partido Nacional-Socialista dos Trabalhadores Alemães (*Nationalsozialistische Deutsche Arbeiterpartei*, NSDAP), o Partido Nazista.

Nos meses seguintes, o NSDAP cresceu na base do tumulto. Hitler sabia que a imprensa liberal não ligava para seus comícios.

---

12. Hitler, pág. 42.

Portanto, era preciso chamar atenção de alguma forma. E o jeito foi provocar confusão. De preferência, uma bela pancadaria contra ativistas de esquerda que chegavam para vaiar os discursos. O partido reuniu seus arruaceiros mais brutais num grupo liderado por Emil Maurice, um camarada de Hitler.

O bando no início foi chamado de Divisão de Esportes e Ginástica, para não levantar suspeitas do governo. Mas logo se tornaria a Sturmabteilung ("Divisão de Assalto"), ou SA, a milícia paramilitar do Partido Nazista. Seus integrantes usavam camisas pardas, as mais baratas do mercado.

Os comunistas e os camisas-pardas se engalfinhavam no meio das ruas, e assim Hitler começou a ser notado. Não importa que os jornais falassem dos nazistas como um bando de baderneiros. O importante era que falassem deles. Em meados de 1920, Hitler desenhou a bandeira do partido: um disco branco sobre um fundo vermelho, com a suástica preta no centro.

O efeito era o de uma tocha acesa. "No vermelho, vemos a ideia socialista do movimento. No branco, a ideia nacional. Na cruz suástica, a missão da luta pela vitória do homem ariano, simultaneamente com a vitória da nossa missão renovadora que foi e será eternamente antissemita", disse Hitler.[13]

A partir daí, o emblema acompanhou cada ato do partido. Hitler discursava por mais de duas horas num estilo frenético, cortado só por aplausos efusivos de estudantes, trabalhadores, soldados e profissionais de classe média baixa. No fim de 1920, ele havia feito mais de 30 comícios, alguns para 2,5 mil pessoas.[14]

Hitler começava falando devagar. Pausado. Respirava e estudava a reação do público. Depois subia o tom gradualmente até berrar contra os inimigos da nação. O clímax eram os ata-

---

13. Hitler, pág. 460.
14. Kershaw, cap. 4.

ques aos judeus, a "tuberculose racial" que precisava ser combatida a todo custo.

O público delirava com as agressões. Seu discurso de 13 de agosto de 1920 na Hofbräuhaus, com o tema "Por que somos antissemitas?", foi interrompido 58 vezes pelos aplausos dos 2 mil presentes.[15]

O comitê do NSDAP planejou uma fusão com o rival Partido Socialista Alemão (DSP), mas o plano foi abortado porque Hitler se revoltou. Ameaçou deixar o partido se a fusão ocorresse. O comitê teve que baixar a cabeça, pois sabia que o NSDAP não tinha futuro sem ele. Mas o certo é que a fama de Hitler ainda era restrita. Precisava fazer contatos urgentes — e recorreu aos colegas do partido. O militar Ernst Röhm o apresentou aos altos comandos do Exército. Já o poeta *völkisch* Dietrich Eckart o introduziu na alta sociedade alemã.

Aos poucos, Hitler se tornou conhecido em Munique. Costumava circular pelos cafés acompanhado por seu guarda-costas, o açougueiro e lutador amador Ulrich Graf. E os políticos, que antes ignoravam o agitador, passaram a tratá-lo com mais respeito. Tanto que Gustav Rotter von Kahr, ministro-presidente da Baváría, o convidou para um encontro em 1921.

Naquele mesmo ano Hitler assumiu a presidência do partido. Em setembro, liderou um ataque de jovens seguidores contra o comício do político separatista Otto Ballerstedt. Os nazistas jogaram Ballerstedt para fora do palco e o surraram até sangrar.[16]

Ballerstedt processou Hitler, que foi condenado a três meses de prisão. Mas ficou apenas um mês atrás das grades e saiu por bom comportamento. Prova de que a tática do tumulto valia a pena. Daí os nazistas ampliaram seu raio de ação, realizando marchas com suásticas ao redor da Alemanha. A essa altura, os ventos do fascismo começavam a soprar forte na Europa. E a ascensão

---

15. Kershaw, cap. 4.
16. Evans, parte 3.

de Benito Mussolini na Itália teve um profundo significado para Hitler. Ele deixou de se achar mero propagandista. Começou a se ver como líder. Um líder supremo que deveria ser cultuado. O *Führer*. Pessoas que conviviam com Hitler na época disseram que ele agora se considerava um messias. Um Cristo pronto para atacar os mercadores do Templo.[17]

No fim de 1922, circulou o rumor de que Hitler daria um golpe. Os nazistas não contavam com o pleno apoio da polícia nem do Exército, mas tinham um forte aliado na hora de justificar uma ação extrema — a hiperinflação. No início ninguém percebe direito. A batata fica mais cara, o café sobe um pouquinho, mas parece natural. E você não tem culpa: o governo é que desloca o bloco de neve. Na Alemanha em guerra, o governo precisava manter a economia girando. E o Reichsbank (Banco Central) optou pela solução mais simples: imprimir papel-moeda. Com dinheiro novo na praça, ficou fácil financiar a compra de armas e aumentar a produção.

O resultado foi uma inflação tolerável ao longo do confronto, coisa de 14% ao ano. Mas, depois da guerra, a coisa degringolou. Com a produção na lona, e sem ter como elevar mais os impostos, o governo de Weimar abusou da impressão de dinheiro para estimular a economia. Aí os preços saíram do controle. A situação piorou em janeiro de 1923, quando a França e a Bélgica invadiram a região do Vale do Ruhr para forçar a Alemanha a pagar as reparações. Como o Ruhr era um importante centro de extração de carvão e produção de aço, a França buscava assim ter uma compensação pelo calote alemão.

O governo da Alemanha respondeu com uma resistência não violenta. Encorajou os trabalhadores a ficar em casa e imprimiu mais moeda para sustentar os grevistas. Resultado? Mais inflação. O valor do dólar saltou de 4,20 marcos em fevereiro de 1913 para

---

17. Langer, Walter C., *The Mind of Adolf Hitler*, 1972.

4,2 trilhões de marcos em dezembro de 1923.[18] Naquele mês, um pão francês custava 21 bilhões de marcos; uma passagem de bonde, 150 bilhões; um jornal, 200 bilhões.[19]

E, quanto mais a inflação corria solta, mais o Partido Nazista se agigantava. O número de membros aumentou de 190 em janeiro de 1920 para 55 mil em novembro de 1923.[20] Cerca de 33% deles eram trabalhadores e mais de 50% eram da classe média baixa *(mittelstand)*. Artesãos, pequenos comerciantes, agricultores e funcionários de baixo escalão das empresas.

Com o poder de compra em queda livre, esse pessoal foi atraído pelos ataques nazistas à República de Weimar e ao grande capital. O mesmo aconteceu com os integrantes da SA, já transformada numa verdadeira tropa paramilitar manejada por Röhm. A situação era delicada para Hitler. Ele precisava da SA e incentivou seu crescimento, mas a tropa ameaçava fugir de seu controle. Pior: os brutamontes da SA não podiam esperar para sempre. Eles queriam ação imediata. Do contrário, poderiam debandar para as fileiras do Partido Comunista.

No fim de 1923, a violência nas ruas se agravou. O primeiro-ministro da Baviera declarou estado de emergência e nomeou o político Gustav von Kahr para governar com poderes ilimitados. Kahr então se juntou a outros dois figurões: Hans Ritter von Seisser, chefe da polícia, e Otto von Lossow, general do Exército. Eles formaram um triunvirato, ou seja, três homens fortes para botar ordem na casa.

Hitler ficou de fora. Mas não por muito tempo. Em 7 de novembro, ele se reuniu com os líderes da Liga de Combate *(Kampfbund)*, que reunia os grupos *völkisch*. A Liga se encarregou de arquitetar um golpe. Era hora de agir.

---

18. Feldman, Gerald D., *The Great Disorder*, Oxford University Press, 1993, pág. 5.
19. Versignassi, Alexandre, *Crash!*, Leya Brasil, 2011.
20. Kershaw, cap. 5.

O *putsch* da cervejaria

O salão estava lotado. Naquele 8 de novembro de 1923, quase 3 mil pessoas se amontoaram na cervejaria Bürgerbraukeller, em Munique, para ouvir um discurso de Kahr. Pouco depois das 20h30, ouviu-se um tumulto vindo lá da entrada. Os camisas-pardas da SA chegaram em caminhões e cercaram o prédio.

Hitler avançou pela porta, apontando sua pistola para o policial que tentou barrá-lo. As forças de assalto colocaram uma metralhadora no hall, convertido numa zona de guerra. Era puro teatro, e Hitler era bom nisso. Primeiro ele pegou uma caneca de cerveja e deu um grande gole. Depois espatifou a caneca no chão e irrompeu no salão sob o olhar petrificado de Kahr. Mas a barulheira era tanta que não se ouvia uma palavra. Ele então subiu numa mesa e disparou contra o teto. Silêncio geral.

"A revolução nacional começou!", gritou Hitler. "O hall está cercado por 600 homens fortemente armados. Ninguém sai do recinto. Se houver qualquer problema, trarei a metralhadora para dentro do salão." Hitler anunciou a derrubada do governo da Baviera e do governo nacional. O golpe *(putsch)* inaugurava um regime provisório. O regime da suástica.

Hitler afirmou que a ação não era contra a polícia ou o Exército, e sim contra o governo "judaico" e os "criminosos de novembro" de 1918 (os comunistas). Ele também garantiu que o triunvirato participaria do novo governo. Kahr seria o regente. Lossow, ministro do Exército. Seisser, ministro da Polícia. E Ernst Pöhner, até então chefe da polícia de Munique, foi nomeado primeiro-ministro da Baviera.

O general Ludendorff ficaria a cargo de liderar o exército em sua marcha até Berlim. "Se as coisas derem errado, tenho quatro balas na minha pistola: três para meus colaboradores e a última para mim", disse Hitler. Para dar um tom mais dramático, ele pressionou o cano da arma sobre a testa e declarou: "Se não consigo a vitória até amanhã de tarde, sou um homem morto".

Kahr, já recuperado do susto, manteve a frieza. *"Herr* Hitler, podem atirar em mim", disse ele. "O senhor mesmo pode atirar em mim. Mas se eu morrer ou não, realmente não me importa."[21] No final, Kahr acabou aceitando o cargo de regente por livre e espontânea pressão. Nesse meio-tempo, Ludendorff chegou, vestido com seu impecável uniforme do Exército. E a partir daí os golpistas cometeram trapalhadas fatais.

A primeira: Hitler deixou Ludendorff a cargo da cervejaria e saiu para supervisar o avanço dos nazistas pela cidade. Mas o avanço foi pífio. Os golpistas tomaram o controle do quartel local do exército e da polícia de Munique, mas o resto da cidade (e do país) era hostil. Inclusive os meios de comunicação.

A segunda: Ludendorff liberou o triunvirato pouco depois das 22h. Uma vez a salvo, Kahr e seus aliados repudiaram o golpe pelas rádios. Hitler passou a noite sem saber o que fazer.

Na manhã seguinte, ele e Ludendorff decidiram marchar pela cidade para conseguir apoio popular. Seria como a marcha triunfal de Mussolini em Roma. Os golpistas desfilaram com 2 mil seguidores pelo centro de Munique até o palácio Feldherrnhalle, símbolo do exército da Bavária.

Mas um cordão policial impediu sua passagem e o tiroteio começou, e terminou com a rendição dos nazistas e um saldo de 18 mortos (14 golpistas e quatro policiais). Hitler foi preso. O Partido Nazista e a SA foram banidos. Estava tudo acabado.

Mas não. Hitler aproveitou o julgamento para fazer o que sabia: mais teatro. Apareceu no tribunal exibindo sua medalha Cruz de Ferro Primeira Classe. Assumiu a responsabilidade pelo golpe e glorificou sua ação em nome da honra alemã. E ainda acusou os

---

21. Citado em Fest, pág. 184.

políticos de Weimar de trair a Alemanha ao assinar o Tratado de Versalhes. Parecia mais um sermão do que a declaração de um réu. Mas todo esse carnaval tinha um motivo: o juiz, Georg Neithardt, era um baita nacionalista. Ele simpatizava com os acusados, que demonstravam agir por patriotismo.

Hitler foi condenado por alta traição, mas levou a pena mais leve possível: cinco anos de cadeia num presídio de segurança mínima na cidade de Landsberg am Lech, a 65 km de Munique.

Para Hitler, foi um belo troféu. Landsberg era quase um hotel pago com dinheiro público. Lá ele tinha um quarto espaçoso, com uma poltrona para ler jornais e livros de racistas como Houston Chamberlain.

Hitler usava roupas civis, trocava correspondências com quem bem quisesse e aproveitou para escrever o primeiro volume do *Mein Kampf*. Mal cumpriu um ano de pena e saiu por bom comportamento.

Deixou Landsberg com duas lições em mente:

• Para tomar o poder, era fundamental o apoio do exército e da polícia.

• Em vez de derrubar o governo, era melhor seguir a via constitucional.

Ele subiria pelos votos, embalado pelo povo. Usaria a democracia para escalar a montanha. Uma vez lá em cima, moveria o primeiro pedacinho de gelo. Coisa à toa. No início, ninguém percebe nada. Até que...

Arrancada nas urnas

Hitler tinha 35 anos quando saiu da prisão. Jovem e determinado o bastante para virar a Alemanha de ponta-cabeça. Passou o Natal de 1924 na casa do amigo Ernst Hanfstaengl, um empresário alemão formado em Harvard e com trânsito livre na alta sociedade. Hanfstaengl ajudou Hitler a elaborar a estratégia para seu retorno à política. O primeiro passo foi conseguir que o Partido Nazista voltasse à legalidade.

Moleza: em janeiro de 1925 Hitler se encontrou com o ministro-presidente da Baviária, Heinrich Held, fazendo-se de menino bom. Jurou que respeitaria as instituições. Em fevereiro, o Partido Nazista e a SA voltaram à ativa, assim como o jornal *Völkischer Beobatcher,* que Hitler usava para propagar suas ideias.

O partido passou por uma reorganização completa graças ao nazista Gregor Strasser. Ele centralizou o comando, reforçou a propaganda e a expandiu a todas as regiões alemãs. Os nazistas inclusive começaram a visitar o interior do país para radicalizar os camponeses.

O partido também se fortaleceu com Joseph Goebbels, futuro ministro de propaganda do Terceiro Reich. Goebbels idolatrava Hitler, e não era para menos. Franzino, de olhos castanhos e com um pé malformado que o fazia mancar, ele não era exatamente o tipo ideal ariano. Mas Hitler lhe estendeu a mão. Assim, seu complexo de inferioridade se converteu num culto fanático ao *Führer.*

Os discursos nas cervejarias também mudaram. Judeus continuavam sendo alvos dos ataques, mas Hitler deu maior ênfase à necessidade de conquistar o "espaço vital" *(Lebensraum)* para os arianos no Leste Europeu. Dizia que a guerra contra a Rússia traria a aniquilação do bolchevismo judaico — e terras de sobra para a prosperidade alemã.

Hitler também tirou uma pedra de seu caminho: Ludendorff, que liderava o movimento *völkisch*. Deixou o general disputar a eleição presidencial de março, sabendo que não teria chance contra Hindenburg.

Dito e feito. Ludendorff obteve pouco mais de 1% dos votos, enterrando qualquer ambição eleitoral. Assim, Hitler teve sinal verde para disputar as eleições seguintes em nome dos extremistas.

Ludendorff havia fracassado, entre outras coisas, por não dar a devida atenção aos problemas sociais do país e por criticar a Igreja. Dois erros táticos que Hitler não voltaria a cometer. Ele não tinha apreço pelo cristianismo, mas reconhecia que o apoio das lideranças católicas e protestantes era fundamental para a aspiração de qualquer político na Alemanha.

Hitler também soube ajustar o discurso a cada situação. Quando se reunia com empresários, por exemplo, pegava leve nos insultos ao capitalismo internacional. Mas diante de operários ele caprichava nos ataques ao grande capital. Pressionava as teclas certas, despertando a raiva, o ressentimento e os sonhos da audiência.

O mais fácil era potencializar o ódio nos outros. Bastava dar vazão a todo o ódio que ele tinha dentro de si. Canalizava toda a frustração que trazia desde a reprovação na Escola de Belas-Artes.

O conteúdo de seus discursos não tinha nada de novo. Reunia tudo o que vimos no capítulo 1: nacionalismo, antissemitismo, pureza racial. A "punhalada nas costas". A trágica República de Weimar. O vergonhoso Tratado de Versalhes. Ele repetia tudo isso centenas de vezes.

A inovação de Hitler não era o *conteúdo,* e sim a *forma.* Ele era uma explosão de energia represada. Expressava velhas ideias de um jeito totalmente novo, impactante, brutal. E não falava só de coisas ruins. Sua mensagem era otimista. Ele apresentava o problema, anunciava a solução e garantia um futuro de liberdade, paz e justiça.

Hitler nunca falava de coisas difíceis. Não dava uma de intelectual. Não entrava nos meandros do pensamento *völkisch.* Nem se preocupava em diferenciar esse movimento do nacional-socialismo — até porque não havia diferença.

Ele apenas descia ao nível das massas, com ideias simples e claras. E, quanto mais apoio popular ele tinha, mais concentrava poder no partido. Em abril de 1925, Hitler fundou a *Schutzstaffel*

(Esquadrão de Proteção, ou SS), para garantir sua segurança pessoal. A SS nasceu pequena, sob a órbita da SA, mas em breve se tornaria a organização mais poderosa do Terceiro Reich.

Em 1926, a saudação nazista *Heil, Hitler!* (Salve, Hitler!) se tornou obrigatória aos membros do partido. Homens e mulheres erguiam o braço direito, com a palma da mão para baixo, reafirmando seu culto ao líder. Do mesmo jeito que os fascistas italianos saudavam Mussolini.

Hitler subia aos palanques com um uniforme pardo, suástica sobre o braço esquerdo, botas de couro e uma cinta diagonal sobre o ombro direito. Usava gravata, camisa branca impoluta e penteado para trás e fixado com gel. A própria imagem do homem respeitável.

— *Sieg!* (Vitória!) — gritava Hitler.
— *Heil!* (Salve!) — respondia a multidão.
Sieg Heil!
Sieg Heil!
Sieg Heil!

Na eleição de 1928, o Partido Nazista conseguiu 2,6% dos votos e 12 das 491 cadeiras do Parlamento (Reichstag). Quase nada. Ainda estava a anos-luz dos quatro partidos maiores: o Social-democrata (153 cadeiras), o Nacional Popular (73), o Centro Católico (61) e o Comunista (54). Mas a crise da Alemanha piorou rapidamente — e os nazistas souberam tirar vantagem disso.

A inflação, que parecia domada, disparou de novo. Os jornais estampavam manchetes sobre falências na indústria e o desabastecimento agrícola. E, quanto mais a Alemanha afundava, mais o Partido Nazista crescia. Seus candidatos chegaram perto dos 10% de votos nas eleições estaduais daquele ano. Em fevereiro de 1929, o partido já tinha 130 mil membros, quase o triplo da época do golpe.[22]

---

22. Kershaw, cap. 7.

Em outubro de 1929 veio a ajuda que faltava. O *crash* da bolsa de Nova York fez a Alemanha perder o sentido de direção. Ela dependia dos empréstimos dos Estados Unidos e foi arrasada pela onda expansiva da crise. Em janeiro de 1930, já havia mais de 3 milhões de desempregados, um aumento de mais de 200% desde 1928.[23]

O NSDAP também se beneficiou dos erros suicidas dos políticos de Weimar. Um deles foi a renúncia do chanceler (primeiro-ministro) Hermann Muller, substituído por Heinrich Brüning, do Centro Católico. Brüning assumiu em março de 1930 disposto recorrer ao artigo 48 da Constituição, que lhe permitia usar decretos de emergência. Em julho, Brüning convenceu o presidente Hindenburg a dissolver o Parlamento, sem perceber que estava montando sua própria arapuca. Isso era tudo o que os nazistas queriam.

Novas eleições foram marcadas para setembro, e dessa vez Goebbels organizou uma campanha de propaganda massiva. Hitler fez 20 grandes discursos em seis semanas. Em Breslau, na Baixa Silésia, 25 mil pessoas o ovacionaram.[24]

Os nazistas arrasaram: 18,3% dos votos. Passaram de 12 para 107 cadeiras no Parlamento, tornando-se o segundo maior partido da Alemanha, atrás do Social-Democrata. Quase 6,5 milhões de alemães votaram neles, oito vezes mais que na eleição anterior. Pelo menos 75% desses eleitores eram protestantes. A maioria da baixa classe média, mas também operários e gente de classe alta. Os nazistas eram o único partido que atraía votos de todos os setores da sociedade.

Em fevereiro de 1932, Hitler obteve cidadania alemã para disputar a presidência nas eleições de março. Conseguiu 30% dos votos, atrás de Hindenburg (49,6%) e na frente do comunista Er-

---

23. Childers, Thomas, *The Nazi Voter*, University of North Carolina Press, 1983, cap. 3.
24. Kershaw, cap. 8.

nst Thälmann (13%). No segundo turno, Hindenburg teve 53% dos votos e foi reeleito. Mas Hitler subiu para 37%, enquanto Thälmann obteve só 10%. Nada menos que 13 milhões de alemães votaram em Hitler, 2 milhões a mais que no primeiro turno.

Quem diria. O antigo clubinho de fanáticos de extrema direita agora representava mais de um terço da população alemã. Os nazistas também colecionaram vitórias nas eleições estaduais. Ganharam 36% dos votos na gigantesca Prússia, por exemplo, onde se tornaram o maior partido. Assustado, Brüning convenceu Hindenburg a proibir a SA. Mas o colapso da república era iminente e a intriga rolava solta nos bastidores.

Hitler ficou sabendo que os líderes do Parlamento não apoiariam mais Brüning e selou um pacto secreto com o general Kurt von Schleicher. Era simples: Schleicher prometia suspender a proibição da SA e garantir o apoio do exército aos nazistas. Em troca, pedia o apoio dos nazistas para seu plano de substituir Brüning.

Hitler aceitou na hora. E o pacto deu certo. Hindenburg pediu a renúncia de Brüning e nomeou o conservador Franz von Papen como novo chanceler. O general Schleicher achava que podia manipular Von Papen, mas você já deve imaginar quem saiu ganhando com isso tudo.

Pois é: o Parlamento foi dissolvido e novas eleições acabaram marcadas para 31 de julho de 1932. Era a chance de Hitler em meio à explosão da violência nas ruas. Na segunda quinzena de junho, houve 17 homicídios com motivação política. Em julho houve outros 86 assassinatos, a maioria de nazistas e comunistas.[25]

Na eleição de julho de 1932, os nazistas ganharam 37,4% dos votos. Tinham agora 230 cadeiras no Parlamento,

---

25. Kershaw, cap. 8.

de longe o maior partido. Dos 13,7 milhões de eleitores que escolheram Hitler, muitos — talvez a maioria — não votaram pelo pacote da ideologia nazista. Não foram motivados por ideias antigas, como antissemitismo, racismo, higiene racial ou expansionismo.

O voto de 1932 foi acima de tudo um protesto.[26] As urnas demonstraram a ampla rejeição da sociedade ao Tratado de Versalhes e à República de Weimar. E os nazistas prometeram fazer uma completa revisão do tratado e acabar com a república de uma forma mais radical e convincente que qualquer outro partido. O antissemitismo alemão havia aflorado mais após a guerra, inclusive com explosões de violência contra judeus nas ruas. Mas isso não parece ter sido crucial para o sucesso eleitoral nazista. Hitler inclusive reduziu a retórica antijudaica nos comícios decisivos de 1931 e 1932. Ele sabia que, uma vez chanceler, poderia contar com o antissemitismo latente na sociedade alemã para apertar o cerco contra os judeus.

No fim das contas, o caos social e as crises econômicas levaram água para o moinho dos nazistas, porque minaram a confiança da baixa classe média no sistema político de Weimar. E esse setor perfazia o núcleo do eleitorado nazista.[27]

O número de desempregados passou de 3,3 milhões no início de 1930 para 6,1 milhões no início de 1932 — o ano decisivo. Pelo menos um em cada três alemães estava sem emprego. E os desempregados, até então fiéis aos comunistas, foram seduzidos pelo discurso agressivo de Hitler e engrossaram as filas da SA.

A sociedade parecia se desintegrar. Entre 1928 e 1932, a taxa de suicídio aumentou 14% entre os homens e 19% entre as mulheres.[28] Mas o nazismo não triunfou só graças aos traumas

---

26. Esse é o consenso entre os principais historiadores do nazismo.
27. Martin A. Ruehl, Universidade de Cambridge, Inglaterra. Entrevista do autor.
28. Fritzsche, Peter, *Germans into Nazis*, Harvard University Press, 2003, pág. 157.

da derrota de 1918 e às agruras dos anos 1920. Hitler também revigorou no eleitorado o fervor nacionalista de 1914, quando a Alemanha se lançou à guerra. Como diz o historiador alemão Peter Fritzsche, os estudiosos desse período tendem a botar mais ênfase em 1918 que em 1914. Assim, entendem o nazismo mais como o resultado das aflições que da mobilização popular, e os votantes nazistas mais como vítimas das circunstâncias que como participantes intencionais.

Na verdade, o sucesso dos nazistas nas urnas envolveu as duas coisas: as misérias e os desejos. O nazismo trouxe uma profunda esperança de renovação. "Que tantos alemães tenham se tornado nazistas não foi um acidente, um resultado improvável de condições políticas e econômicas desastrosas. Os alemães se tornaram nazistas porque quiseram se tornar nazistas. E porque os nazistas falaram tão bem a seus interesses e inclinações", diz Fritzsche.[29]

Isso não quer dizer que os nazistas eram uma unanimidade. Eles nunca chegaram a ter mais de 50% dos votos. Inclusive perderam 2 milhões de votos na eleição de novembro de 1932, quando os comunistas voltaram a ganhar força. Mas ainda eram a principal força no Parlamento e haviam consolidado seu poder nos bastidores. Até mesmo Schleicher, que se tornou chanceler em dezembro daquele ano, só conseguiu reter o cargo por menos de dois meses. Foi vítima da rede de intrigas que ele mesmo havia criado.

No início de 1933, Hindenburg se viu numa sinuca: não queria Hitler como chanceler, mas tampouco queria permitir o avanço eleitoral dos comunistas. Em 30 de janeiro daquele ano, Hindenburg nomeou Hitler para o posto de chanceler. Achava que assim controlaria a fúria de Hitler, pois colocou não nazistas

---

29. Fritzsche, pág. 8.

em diversos ministérios e Von Papen no posto de vice-chanceler. De quebra, seria possível barrar o avanço do comunismo.

Mas Hindenburg também errou feio. Hitler se aproximou do exército e conquistou a confiança dos industriais. Em breve, governaria a Alemanha com poderes ilimitados. A escalada havia sido difícil, mas ele finalmente chegou ao topo da montanha. Agora era só mover o primeiro bloco de gelo.

Bom dia, avalanche.

4

O TERCEIRO REICH

Hitler passa a governar com poderes absolutos, instaura uma sociedade policial totalitarista e, ainda assim, obtém um imenso apoio popular.

Você acorda de manhã e vai à banca comprar jornal. No caminho, vê uma viatura policial em frente à casa de uma amiga. Os vizinhos a denunciaram por não responder à saudação nazista. Ao chegar à banca, você vê estampada na capa do jornal uma lista das empresas que mantêm negócios com judeus. Elas serão ameaçadas pelo governo e poderão fechar as portas.

No trabalho, você fica sabendo que seu chefe foi preso porque é gay. E repara que um colega escuta cada vez que você fala ao telefone. No fim da tarde, você vai ao dentista e finalmente volta para casa a fim de relaxar. Mas dá de cara com um policial sentado no sofá da sua sala. Ele acusa você de comunista. Você nega, mas ele diz que sabe de fonte segura.

Seu dentista te dedurou. E se for mentira pouco importa. Seu destino está decidido. Você enfrentará uma sessão de tortura para confessar o crime. Depois será confinado num campo de concentração por tempo indeterminado. Bem-vindo à sociedade policial do Terceiro Reich.

Aquela em que todos eram denunciantes e potenciais denunciados. A usina do terror nazista era a *Geheime Staatspolizei* (Gestapo), a polícia secreta de Hitler. Após a Segunda Guerra Mundial, a Gestapo ganhou fama de implacável, onipresente, quase mitológica. Um Big Brother universal que bisbilhotava a vida de todo mundo, com olhos em todo canto.

Hoje sabemos que a história foi um pouco diferente. Os oficiais da Gestapo de fato tinham poder sobre a vida e a morte das pessoas. Eles decidiam quem ficaria na cidade e quem seria deportado para o campo de extermínio. Mas a Gestapo não era tão onipresente assim: ela era pequena demais para ter olhos em todo lugar.

Na cidade de Düsseldorf, por exemplo, havia apenas 126 oficiais da Gestapo para os 500 mil moradores em 1937.[1] Como

---

1. Robert Gellately, Florida State University. Entrevista do autor.

ela podia controlar os pensamentos das pessoas com uma estrutura tão pequena? Como podia impedir que judeus fizessem sexo com não judeus? Como evitar que o povo escutasse a BBC e outras rádios proibidas?

Só havia um jeito: com a informação fornecida pelo cidadão comum. O vizinho. A manicure. A amante. O dentista. Essa enorme rede de informantes — alguns voluntários, outros pagos — prestou uma inestimável ajuda à Gestapo. Na cidade de Krefeld, 41% dos processos contra judeus entre 1933 e 1939 foram iniciados por denúncias de civis. Em outros lugares não foi diferente.[2]

Claro que houve uma coerção brutal no nazismo, mas também houve um amplo consenso. E a explicação é simples: o terror nazista foi seletivo, sobretudo no início. Começou vitimando comunistas e social-democratas, depois atingiu judeus, gays, testemunhas de Jeová, deficientes físicos e mentais, alcoólatras, bandidos e outros grupos impopulares. O alemão médio foi preservado. Assim, a ferocidade inicial do regime ganhou mais ibope do que perdeu. O controle social não inspirou medo na maioria — e sim confiança.

Com o caos da República de Weimar fresquinho na memória, muita gente boa recebeu Hitler como uma bênção. Finalmente a Alemanha tinha um líder forte, do quilate de Bismarck, para tirar o país do lodaçal.

Para as vítimas do terror, no entanto, a sensação era que o Big Brother existia realmente. Os moradores de Krefeld não sabiam que ali só havia um oficial da Gestapo para cada 13 mil habitantes.[3] Achavam que havia um oficial em cada esquina. Ainda mais porque a Gestapo contava com o apoio de soldados da SA, da SS e das polícias comuns na hora de revistar as casas.

---

2. Johnson, Eric A., *Nazi Terror*, Basic Books, 2000 [versão em espanhol], pág. 184, Tabela 4.5.
3 Johnson, pág. 69.

Qualquer um entrava em pânico ao ouvir o ruído das botinas dos soldados subindo as escadarias do edifício onde morava, mas a sociedade policial do Terceiro Reich foi muito além das polícias e dos vizinhos delatores. As organizações nazistas espalharam seus braços para tentar controlar cada aspecto da vida das pessoas. Nunca conseguiram o controle total, mas chegaram bem perto disso. É o que veremos a seguir.

Terror seletivo

Tudo começou dentro dos conformes. Os nazistas chegaram ao poder de forma lícita. Como vimos no capítulo 3, foi na base do voto que eles se tornaram o maior partido da Alemanha. E foi seguindo a Constituição alemã que o presidente Hindenburg nomeou Hitler para o cargo de chanceler. Mas nem bem se sentou em sua poltrona na Chancelaria, em 30 de janeiro de 1933, Hitler começou a dinamitar as bases da república para instalar uma ditadura.

Em apenas seis meses só restariam vestígios de democracia no país. E a avalanche nacional-socialista, que começou com uma fachada de legalidade, foi adotando medidas cada vez mais arbitrárias. A primeira delas veio em 17 de fevereiro. Hermann Goering, ministro do Interior da Prússia e segundo homem mais forte do nazismo, autorizou a polícia prussiana a abrir fogo contra oponentes políticos.[4]

Logo depois a SA assumiu o poder de polícia oficial alemã. A tropa paramilitar já possuía 750 mil homens e não parava de crescer. Mas Hitler queria ir aos poucos. Ele estava erguendo uma ditadura popular que era sensível à opinião dos arianos. Medidas ferozes que chocassem a população poderiam colocar tudo a perder.

---

4. Burleigh, Michael, *The Third Reich, a New History*, Pan, 2000 [versão em espanhol], pág. 269.

Hitler também queria preservar o apoio do Exército, dos industriais e da Igreja. Seria burrice cometer o mesmo erro do golpe da cervejaria. Ele precisava caminhar de mãos dadas com as principais instituições do país. Poderia até cometer excessos, mas só com o aval do *Reichstag* (o Parlamento). Foi aí que o destino o ajudou.

Em 27 de fevereiro, pouco depois das 21h, o Corpo de Bombeiros de Berlim recebeu uma chamada dizendo que o Parlamento estava em chamas.

Comoção geral. Nunca saberemos toda a verdade sobre o incêndio. A polícia prendeu o holandês Marinus van der Lubbe, um piromaníaco ligado ao Partido Comunista da Holanda. Lubbe foi encontrado dentro do Parlamento e confessou que incendiou o edifício — mas só depois de passar por uma sessão de tortura.

Talvez tenha sido ele mesmo que ateou fogo, mas certamente não agiu sozinho. As principais chamas foram alimentadas por gasolina e produtos químicos. Lubbe dificilmente teria conseguido entrar lá com esses materiais. Ele só tinha a própria blusa para usar como mecha.[5] É provável, então, que agentes da SA tenham encorajado Lubbe a tocar fogo no prédio — e feito a maior parte do serviço eles mesmos. Certo é que o fogo veio a calhar para os nazistas.

A culpa caiu sobre os comunistas. E a população passou a temer uma revolução bolchevique na Alemanha. Hitler, então, convenceu o presidente Hindenburg a assinar um decreto de emergência que suprimia os direitos individuais dos cidadãos.

O decreto suspendeu as liberdades de reunião e de expressão, autorizou escutas telefônicas e a abertura de correspondências. Pior: a SA e a SS agora podiam prender qualquer suspeito sem ordem da justiça. Era a chamada "custódia protetora".

---

5. Shirer, William, *The Rise and Fall of the Third Reich*, Rosetta Books, 2011.

Hitler também usou o decreto para substituir os governadores por comissários nazistas. Muitos opositores agora eram vistos na rua aterrorizados entre uma prisão e outra. Alguns se suicidavam, outros entregavam companheiros nas sessões de tortura. No geral, porém, a população se adaptou rapidamente ao estado policial.[6]

Logo nos primeiros meses de nazismo, as pessoas começaram a ver a ditadura como desejável e legítima. O desejo de acabar logo com a instabilidade no país era tanto que desviou a atenção dos primeiros abusos.

A truculência da polícia contra os bandidos nas ruas conquistou a confiança de muitas pessoas. Outras ficaram gratas por recuperar o trabalho, obtido à custa de judeus demitidos.

Mas Hitler tinha um problema: ainda estava longe de ter a maioria no Parlamento. Os nazistas e seus aliados nacionalistas contavam com apenas 248 das 584 cadeiras.[7] Era pouco para implodir a democracia de vez.

Hitler, então, decidiu marcar novas eleições para 5 de março. Seria uma vitória arrasadora, já que os nazistas agora contavam com toda a máquina de propaganda estatal a seu serviço. Ele não baniu o Partido Comunista de imediato, temendo que seus eleitores votassem nos social-democratas, rivais dos nazistas.

A campanha eleitoral foi marcada por tumultos, como era de praxe. No total, 51 opositores do nazismo foram mortos.[8] Mas, surpresa: apesar da intimidação e da propaganda massiva, os nazistas amargaram só 44% dos votos (288 cadeiras). Somando as 52 cadeiras dos nacionalistas, eles tinham maioria no Reichstag (340) — mas não os dois terços exigidos para reformar a Constituição.

---
6. Para mais detalhes, ver Johnson.
7. Partido Popular Nacional Alemão, DNVP.
8. Shirer, pág. 190.

Isso só foi possível graças a um acordo com os deputados do Partido do Centro (Católico). Hitler prometeu-lhes assinar um tratado com o Vaticano que garantiria a integridade da Igreja na Alemanha. Enquanto negociava o apoio dos católicos, o Führer baniu o Partido Comunista e começou a confinar opositores em campos de concentração improvisados. O primeiro deles foi Dachau, inaugurado em 22 de março numa fábrica de munições abandonada.

Foi tudo feito às claras. Heinrich Himmler, chefe da polícia nazista, anunciou a criação de Dachau em entrevista coletiva. Com microfones e holofotes. Himmler declarou aos jornalistas que a instalação nos arredores de Munique podia abrigar 5 mil prisioneiros políticos. Os primeiros detidos foram comunistas e socialistas, que eram mantidos no campo sob a tal "custódia protetora".

Em 22 de março, quatro caminhões com 200 presos das cadeias de Landsberg e Stadelheim chegaram a Dachau. Os moradores do povoado se reuniram fora dos portões da fábrica para ver o cortejo dos detentos.[9] Mas não havia motivo para surpresa. Desde 1932 os nazistas anunciavam abertamente que internariam seus rivais comunistas e social-democratas em campos de concentração.

Dachau serviria de modelo para os futuros campos, além de escola de violência para membros da SS e centro de experimentos com cobaias humanas — como veremos no capítulo 5.

Em 23 de março, veio o xeque-mate. O Parlamento aprovou a Lei de Concessão de Plenos Poderes, ou "Lei Habilitante", como ficou conhecida, que dava a Hitler o direito de promulgar leis ao seu bel-prazer. O Parlamento lhe conferia poderes legislativos exclusivos por um prazo renovável de quatro anos. Traduzindo: os deputados tiravam longas férias remuneradas

---

9. Evans, Richard J., *The Coming of the Third Reich*, Penguin Books, 2005.

e deixavam tudo a cargo de Hitler. Os 94 deputados social-democratas votaram contra a nova lei, claro, mas não era o bastante para vetá-la.

O líder dos social-democratas, Otto Wels, teve coragem de olhar nos olhos de Hitler e dizer: "Você pode tirar nossas vidas e nossa liberdade, mas não a nossa honra. Estamos indefesos, mas não desonrados".

Hitler deu de ombros. Com a nova lei ele também podia controlar o orçamento do Reich, aprovar tratados internacionais e fazer emendas à Constituição por conta própria. O fato é que a Lei Habilitante jogou uma pá de cal na democracia. Daí em diante o Reichstag virou um apêndice do gabinete de Hitler. Só se reunia quando o Führer convocava, e mesmo assim só para aprovar suas decisões.

O plenário funcionava no teatro Kroll Opera House, em frente ao edifício chamuscado do Reichstag. As sessões sempre terminavam com o hino alemão e o *Die Fahne Hoch* ("A Bandeira no Alto"), o hino do nacional-socialismo. Como as sessões não tinham utilidade prática nenhuma naquele regime ditatorial que se desenhava, os parlamentares eram chamados de "o coro masculino mais bem pago do mundo".[10] Com a política dominada, Hitler deu sinal verde à perseguição violenta.

A Gestapo foi criada em abril com uma missão imediata: eliminar qualquer oposição política. E não há dúvidas de que conseguiu. A polícia secreta infiltrava agentes em organizações, abria correspondências, grampeava telefones. Alguns policiais se disfarçavam de funcionários da empresa telefônica e chegavam à casa do suspeito com a desculpa de que trocariam um aparelho que funcionava mal. Aí substituíam o telefone por outro, grampeado.

O capturado às vezes tinha a chance de se converter a agente da Gestapo. Era torturado, mofava no calabouço e depois cha-

---

[10]. Burleigh, pág. 275.
[11]. Burleigh, pág. 319.

mado à entrevista, onde via uma nota de 20 marcos e um contrato sobre a mesa.[11] Muitos passavam a delatar os colegas. Não só por medo de morrer. As rixas internas dos grupos clandestinos também motivavam a delações. Alguns mais destemidos ainda se arriscavam a ser agentes duplos.

De um jeito ou de outro, os partidos foram se dissolvendo para escapar do banho de sangue. Só sobrou o Centro, mas não por muito tempo.

Em 20 de julho, o Terceiro Reich assinou o tão esperado tratado com Eugenio Pacelli, o secretário de Estado do Vaticano. O tratado garantiu que o catolicismo não seria perseguido durante o nazismo. Em troca, os 23 milhões de católicos alemães renunciavam à política. Isso significava o fim do Centro, a única agremiação democrática que restava no país. Foi assim que Hitler se livrou do último obstáculo legal para implantar sua ditadura. E Pacelli, que já havia contribuído para a assinatura de um acordo desse tipo com Mussolini[12], cimentou o poder moral da Santa Sé na Europa.

O poder que ele mesmo conduziria em 1939, na véspera da Segunda Guerra Mundial, ao se tornar o papa Pio XII.[13] Pacelli devia saber com quem estava lidando. Apesar do tratado, Hitler nunca proibiu a intimidação aos padres e à imprensa católica.

O pacto entre Hitler e o Vaticano coroou o NSDAP como o único partido legal da Alemanha. E as autoridades católicas, que antes poderiam levantar a voz contra os abusos do nazismo, agora se contentavam com o silêncio das sacristias. A essa altura, 100 mil comunistas, social-democratas e sindicalistas haviam sido presos e cerca de 600, assassinados.[14]

O golpe totalitário foi selado em julho de 1934, quando Hitler lançou a SS numa guerra interna contra a SA — que já possuía 2,9

---
12. Burleigh, pág. 275.
13. John Cornwell, *O Papa de Hitler*, Imago, 2000, pág. 13.
14. Paul Sauer, citado em Gellately, Robert, *La Gestapo y la Sociedad Alemana*, Paidós, 2004, pág. 65.

milhões de membros e ameaçava sair do controle. Nos corredores da Chancelaria rolava o boato de que Ernst Röhm, líder da SA, daria um golpe em Hitler.

Assim, em 30 de junho a SS executou dezenas de oficiais da SA num expurgo que passou à história como Noite das Facas Longas.

Hitler aproveitou para se vingar de outras dezenas de adversários de longa data. Um deles foi o ex-chanceler Schleicher, que estava fazendo a cabeça de Röhm contra o Führer. Outro foi o político Otto Ballerstedt, que em 1921 havia processado Hitler por tumultuar um comício e o levou à prisão por um mês. Ballerstedt morreu em Dachau.

Röhm foi preso. Em 2 de julho, dois oficiais da SS o visitaram no xadrez e lhe entregaram uma pistola com uma bala na agulha. Disseram que ele tinha 10 minutos para se matar. Do contrário, puxariam o gatilho.

"Se eu tiver que morrer, deixem Adolf mesmo fazer isso", pediu Röhm.[15] Os oficiais saíram da cela e esperaram 10 minutos sem escutar qualquer ruído. Então voltaram e encontraram Röhm com o peito desnudo, em sinal de provocação. Um dos oficiais o executou.

Hitler posou de mocinho ao debelar os golpistas. Desse modo, a Gestapo teve as portas abertas para iniciar uma variante mais fria de controle social, apelando ao sentido de lei e ordem que os alemães tanto apreciavam.[16]

Uma nação, um líder, um pensamento

A sociedade policial funciona como um motor. Cada pessoa é uma engrenagem. Se você girar para o mesmo lado que o resto das pessoas, terá muitos benefícios. Oportunidades de emprego, aumentos de salário, eventos sociais, plano de saúde, viagens com desconto.

---

15. Shirer, pág. 221.
16. Gellately, Robert, *The Gestapo and German Society*, Oxford University Press, 1990 [versão em espanhol], pág. 67.

Você vai se sentir útil, importante, fundamental para o sucesso geral. E ficará feliz de pertencer ao grupo, a algo maior. Mas se você travar ou teimar em girar para o lado contrário, prepare-se.

No início eles vão pressionar você a mudar de ideia. Depois podem querer excluir você do motor. O controle social do Terceiro Reich foi assim. As organizações nazistas se espalharam para tentar abranger cada atividade dos cidadãos, fosse ela profissional, esportiva, médica ou até afetiva. Tudo tinha que se moldar à doutrina nacional-socialista.

Isso ficou conhecido como *Gleichschaltung* ("Coordenação"). Os sindicatos foram tragados pela *Deutsche Arbeiterfront* (Frente Alemã do Trabalho), o mastodonte sindical nazista. Os cultos cristãos ficaram sob a mirada atenta de Hanns Kerl, ministro do Reich para assuntos da Igreja. As demais religiões foram banidas.

As organizações juvenis terminaram absorvidas pela *Hitlerjugend* (Juventude Hitlerista ou HJ). A HJ englobava diversas suborganizações, feitas para programar a vida dos jovens como uma linha de montagem. Aos 6 anos, a criança entrava para o movimento juvenil *Pimpfe,* que ensinava a cultuar Hitler e dava as primeiras noções sobre vigilância dos vizinhos.

Dos 10 aos 14, os garotos frequentavam a *Deutsches Jungvolk* (Juventude Alemã) e sua versão feminina, a *Jungmädelbund* (Liga de Meninas Alemãs). Dos 14 aos 18, eles integravam a HJ (para homens); e elas, a *Bund Deutscher Mädel* (Liga de Moças Alemãs, BDM). Aos 18 anos os homens já podiam integrar a SA.

A Juventude Hitlerista era uma espécie de associação de escoteiros nazificados. Seus membros tinham que ser arianos e livres de doenças hereditárias. O doutrinamento incluía aulas de racismo e antissemitismo, mas também educação física. Enquanto os rapazes praticavam boxe e tiro, as moças aprendiam como ser boas mães, cuidar da casa e trabalhar em granjas.

O número de membros da Juventude Hitlerista pulou de 50 mil em janeiro de 1933 para mais de 5 milhões em 1936.[17] Parte desse crescimento aconteceu pela incorporação dos outros grupos juvenis. Só a fusão com organizações protestantes garantiu um fluxo de 800 mil novos integrantes.

Os grupos católicos mantiveram sua linha, protegidos pelo acordo com o Vaticano. Mas em fevereiro de 1936 a Gestapo ignorou o tratado, ocupou a sede das organizações juvenis católicas em Düsseldorf e prendeu 57 líderes e padres. Dois meses depois, o episcopado alemão ordenou o fechamento de todos os seus grupos de jovens.[18]

Muitos garotos aderiram à HJ entusiasmados com Hitler. Ou para aproveitar o tempo livre na organização. Outros entraram pela pressão que o Partido Nazista exercia sobre as famílias. Muitos pais acreditavam que seus filhos teriam um futuro mais promissor se fossem da HJ. Além do mais, ter um filho fora da organização era motivo de suspeita.

Em 17 de agosto de 1935, uma judia de 55 anos foi fazer compras na Hohestrasse, a principal rua comercial de Colônia. Lá deparou com dois jovens hitlerianos, de 12 e 13 anos. Eles vendiam um jornal que dizia: "Quem se relaciona com judeus contamina a nação". A mulher, então, lhes disse: "É lamentável que vendam esse jornal. Seria preferível que os vermelhos [comunistas] fossem eleitos de novo". Os garotos denunciaram a mulher a um soldado da SS que estava ali perto. Ela foi detida e teve a oportunidade de dar sua versão ao promotor. Então pediu perdão e disse que agiu sob extrema agitação. Não queria de modo algum ser hostil ao governo. Inclusive lembrou que seu próprio filho, de 16 anos, havia integrado a HJ por três meses até ser expulso por ser judeu.[19]

17. Em 1939, pertencer à HJ passou a ser obrigatório a todo ariano.
18. Burleigh, Michael e Wipperman, Wolfgang, *The Racial State*, Cambridge University Press, pág. 206.
19. Johnson, pág. 133.

A mulher foi liberada. É que o terror nazista estava apenas começando. Atos como aquele, que eram tolerados em 1935, seriam punidos com a morte poucos anos depois.

Uma peça-chave do terror psicológico nazista eram os *Sondergerichte* (Tribunais Especiais), bem parecidos com os tribunais da Inquisição. O réu tinha direito a defesa, mas isso não passava de uma formalidade. Na prática, os advogados defensores nada podiam fazer ante as detenções arbitrárias da Gestapo. Em vez de lutar para provar a inocência de seus clientes, eles se contentavam em conseguir atenuantes.

É que as absolvições eram perigosas, pois a Gestapo podia corrigi-las aplicando a "custódia protetora". Então os advogados buscavam que seus clientes inocentes fossem condenados a penas em prisões normais, onde seriam mais bem tratados que em campos de concentração.[20]

A custódia protetora era indefinida por natureza. Era o limbo. A pessoa ficava no campo sem sentença, esperando uma condenação que às vezes nunca vinha.

As polícias nazistas também puseram em prática o combate ao "criminoso potencial". Com base nos traços físicos da pessoa, um guarda na rua podia determinar se ela representava ameaça à sociedade e já enviá-la a um manicômio, asilo ou cadeia.

Se você vivesse naquela época, precisaria ter muito cuidado com o que comentava no ambiente de trabalho, em festas de amigos ou mesmo em mesas de bar. Xingar o Partido Nazista, por exemplo, dava prisão imediata. Um estivador de Düsseldorf disse entre amigos que Hitler era um "saco de merda" e foi condenado a 18 meses de cadeia.[21]

Em 1934, a "Coordenação" já englobava praticamente qualquer categoria profissional. Havia associações nazistas de juízes,

---

20. Para mais detalhes sobre custódia protetora, ver Burleigh.
21. Burleigh, pág. 301.

estudantes, atletas, escritores e por aí vai. Em 1936, 97% de todos os professores de escolas públicas, cerca de 300 mil pessoas, haviam se unido à Liga Nacional-Socialista de Professores.[22]

O Partido Nazista também ampliou seu raio de ação. Como não tinha mais nenhum competidor nas eleições — que a partir de 1933 viraram plebiscitos decorativos supérfluos, em que os nazistas arrebatavam quase 100% dos votos —, o NSDAP virou uma rede social. Profissionais de todas as categorias se filiavam para garantir boas oportunidades na carreira. Isso ajuda a explicar por que o número de membros do partido saltou de 850 mil no início de 1933 para 2,5 milhões em 1935.

Até as atividades de lazer se enquadraram na "coordenação" nazista. Elas ficaram a cargo da *Kraft durch Freude* (Força Através da Alegria ou KdF). Em 1934, a KdF já era a maior operadora de turismo do mundo, com 2 milhões de viagens realizadas. Pela primeira vez na vida, operários podiam viajar de férias aos fiordes noruegueses e outros destinos deslumbrantes a preços irrisórios.

As jornadas eram a bordo do transatlântico Wilhelm Gustlöff, um colosso de 205 metros e 25 mil toneladas construído em 1937 especialmente para a KdF. O emblema da organização era uma suástica dentro de uma engrenagem, que por sua vez estava dentro de um sol radiante. E, quanto mais os alemães embarcavam na "coordenação", mais excluíam as "raças inferiores" do convívio social. Os campos, que no início eram só para comunistas, a partir de 1935 passaram a confinar "raças parasitárias" — judeus, criminosos, gays.

Jornais anunciavam a remoção de "indesejados" e "inimigos do Estado" para as réplicas de Dachau que proliferavam na Alemanha. Os nazistas também começaram a perseguir juízes e promotores que haviam condenado arianos em disputas prévias

---

22. United States Holocaust Memorial Museum. Documento "Doutrinando a Juventude", disponível online.

contra judeus. Foi o caso do promotor Benno Koehler, que em 1930 tinha acusado Goebbels de violar uma proibição à exposição de símbolos nazistas. Koehler foi enviado ao campo de concentração de Oranienburg.

Ao contrário da União Soviética, que eliminou os velhos profissionais da Justiça e os substituiu por novos, na Alemanha nazista o sistema jurídico tornou-se híbrido. Como faltava pessoal qualificado para integrar os postos e não havia tempo para treinar aspirantes, o jeito foi cooptar os antigos funcionários.

A regra valeu para o resto da burocracia estatal. Ao formar a Gestapo, por exemplo, o regime aproveitou cerca de 90% dos soldados das antigas polícias políticas da Alemanha. Em vez de eliminá-los, os nazistas apenas disseram a cada um deles: "Olhe, você até hoje combateu o comunismo para as outras polícias. Agora queremos que faça isso para nós. Vamos lhe dar mais poder do que nunca imaginou. Se tiver uma suspeita contra qualquer pessoa, poderá detê-la sem problemas".[23]

O historiador canadense Robert Gellately chama essa estratégia de "tentação totalitária". Para oficiais como Heinrich Muller, que havia caçado comunistas nos anos 1920, foi mesmo tentador seguir as novas diretrizes. Ele virou o chefe da Gestapo, começou a atuar como nazista e finalmente se filiou ao NSDAP.

O núcleo de comando da Gestapo cultivava fortes vínculos com o Partido Nazista, mas a maioria dos membros da nova polícia não eram nazistas fanáticos antes de 1933. Eram apenas bons profissionais que demonstraram se ajustar aos "novos tempos".

Isso também valeu para as outras profissões. Só foram eliminados os funcionários arianos que haviam mostrado simpatia pelas raças inferiores ou feito críticas ao nazismo. A enorme maioria conservou o cargo. Só precisou se adaptar. Foi assim

---

23. Gellately, entrevista do autor.

também que o regime seduziu artistas, filósofos e repórteres. Os nazistas não precisaram silenciá-los. Apenas disseram: "Vocês podem continuar trabalhando, só não escrevam algo crítico sobre nós".[24] Dessa forma, o nazismo fez aflorar o que as pessoas tinham de pior.

Esse efeito dominó é muito comum em presídios. Ao ser colocado junto de bandidos comuns, o criminoso psicopata ameaça e manipula os outros detentos — que começam a agir como psicopatas também. O resultado é uma explosão de crueldade na penitenciária.

Agora aplique essa regra a um país inteiro. Em cada bairro da Alemanha, o nazismo motivou os alemães a aceitar a existência de "raças inferiores" e a tratá-las como objetos. Foi um regime psicopata que fez muitos cidadãos agirem como psicopatas também.

Meu vizinho, espião

Em 28 de maio de 1933, o médico alemão Karl Wesen e seu aluno Jürgen Ernst se encontraram num bar de Wurtzburgo para tomar um café. Entre um gole e outro, eles ficaram incomodados ao ver um judeu e uma ariana conversando de forma "provocadora" na mesa ao lado.

O judeu era Adam Golom; a ariana, Helena Valentin. Karl e Jürgen não faziam parte de organizações nazistas, mas se sentiram no dever de perseguir o casal na rua. Seguraram Helena pelo braço e lhe disseram que não era decente se comportar assim com um judeu. Quando Helena lhes disse que isso não era da conta deles, Karl e Jürgen esbofetearam a mulher e denunciaram o casal à Gestapo por "desonra racial".[25]

Detalhe: isso foi mais de dois anos antes de o nazismo promulgar as Leis de Nuremberg, que proibiram relações entre judeus e

---

24. Gellately, entrevista do autor.
25. Gellately, pág. 159.

não judeus.²⁶ Mas o médico e seu pupilo declararam à Gestapo que se sentiam no dever de agir para o bem da sociedade.

Casos assim foram comuns no nazismo. Alguns fofoqueiros inclusive integraram a rede de espionagem da polícia secreta contra os inimigos da nação. Ninguém sabe que tamanho essa rede teve, mas não devia ser grande. Em Nuremberg, por exemplo, a Gestapo contava em 1941 com 150 funcionários e 80 dedos-duros regulares. Os dedos-duros em geral se dividiam em "pessoas V" (agentes), a maioria pagos; e "pessoas G" (contatos), que eram delatores ocasionais. Havia ainda as "pessoas I" (informantes), que não integravam a rede da Gestapo mas de vez em quando denunciavam vizinhos à polícia.

Vários desses pacatos cidadãos já eram antissemitas antes, outros não — mas em geral eram fiéis seguidores das normas nazistas. E sempre dispostos a delatar pelo bem do país ou mesmo para resolver desavenças pessoais. Verdade: muitas delações eram motivadas por miudezas. Brigas entre vizinhos, dívidas ou até rixas com ex-marido.

Das denúncias contra judeus feitas entre 1933 e 1938 ao Tribunal Especial de Colônia, 54% partiram de moradores da vizinhança e 15% de conhecidos. Os principais motivos? Triviais: disputa entre vizinhos (38%), convicção política/antissemitismo (23%), briga de ex-amantes e razões econômicas (8% cada um).²⁷ O nazismo não precisou de uma participação entusiasta de todos os alemães no terror seletivo, nem sequer da maioria. Bastava a indiferença ou a conformidade — agir de acordo com as regras do grupo. A aquiescência de um exército passivo de pessoas que se comportavam como engrenagens girando para o mesmo lado que as demais.

Elas poderiam ter girado para o lado contrário sem sofrer retaliações, especialmente nos primeiros anos. Isso aconteceu, por

---
26. Sobre as Leis de Nuremberg, ver capítulo 6.
27. Johnson, pág. 191.

exemplo, quando muitos alemães ignoraram o boicote às lojas judaicas em 1933 e quando protestaram contra o programa de eutanásia dos incapazes em 1941.

Veremos mais detalhes sobre essas reações adiante, mas o ponto é: na enorme maioria dos casos de abuso perpetrados pelo nazismo, a população simplesmente continuou a girar para o mesmo lado. Ou fechando os olhos para as aberrações, ou participando delas de alguma forma.

E um jeito sutil de participar era denunciando à Gestapo gente que não havia feito absolutamente nada de errado. Gente que estava errada por ser algo que a maioria não era, ou por não fazer o que a maioria fazia.

Ilse Sonja Totzke, por exemplo, era amiga de judeus. Esse foi seu primeiro crime aos olhos da vizinhança. O segundo foi não responder à saudação nazista. Nascida em Estrasburgo (capital do então território alemão da Alsácia-Lorena, hoje parte da França), Ilse foi para a cidade de Wurtzburg estudar música em 1932. Fez vários amigos judeus lá, e por isso chamou a atenção dos vizinhos. Eles a viam como antipatriótica.

Em 1936, após denúncias anônimas, a Gestapo começou a vigiar a caixa de correio da mulher. Em 1939, o médico Ludwig Kneisel foi pessoalmente ao quartel-general da Gestapo para delatar o "comportamento suspeito" da estudante. No ano seguinte, foi a vez de Gertrude Weiss, de 20 anos, fazer o mesmo. Ela informou aos policiais que Ilse nunca respondia à saudação *Heil Hitler!*.

O terror da Gestapo não veio todo de uma vez. Ele se intensificou ao longo do tempo, sobretudo após o início da Segunda Guerra Mundial. Assim, os oficiais da Gestapo não ligaram muito para as primeiras denúncias contra Ilse. Mas, em 1941, com a Alemanha em plena guerra, a estudante de música foi chamada a interrogatório.

Ela confirmou que tinha amigas judias, mas negou ter amigos judeus. Se houvesse provas disso, ela poderia ser acusada de ter relações sexuais com eles — um grave delito de "desonra racial". Nos interrogatórios seguintes, a Gestapo advertiu que a mandaria a um campo de concentração se mantivesse as amizades. Mas Ilse não deu o braço a torcer e ainda declarou que não apoiava o antissemitismo do Terceiro Reich.

Em 1943, ante ameaças crescentes, ela fugiu com a amiga judia Ruth Basinski para Estrasburgo. De lá, as duas cruzaram a fronteira com a Suíça, mas foram detidas na fronteira e entregues por oficiais suíços à Gestapo. Ruth foi enviada a Auschwitz. Flautista, ela sobreviveu integrando a orquestra feminina do campo de extermínio.

Já Ilse foi interrogada de novo e reafirmou que não concordava com a discriminação nazista. Dessa vez foi tachada de "incorrigível" e enviada ao campo de Ravensbruck em maio de 1943. Nunca mais se teve notícias dela.[28] A única certeza é que Ilse foi denunciada por nada menos que dez pessoas por se negar a girar para o mesmo lado que elas.

Nazificados e felizes

A adesão dos alemães ao nazismo teve seu lado econômico também. Hitler adotou uma política econômica baseada na forte presença do Estado, incentivos à indústria, déficit fiscal e expansão da produção de bens de consumo para melhorar o nível de vida das classes média e baixa.

Deu certo.

A economia começou a girar com o programa de rearmamento e a produção automotriz, que dobrou de 1932 a 1933, e de novo em 1935. Enquanto dirigiam seus carros subsidiados

---

28. Museu Yad Vashem, Jerusalém, Israel; e Gellately, entrevista do autor.

pelas estradas, os alemães escutavam nas rádios as propagandas sobre a "batalha" contra o desemprego.

A crença de que Hitler realmente estava reconstruindo a Alemanha ajudou a aumentar a aceitação do regime. Mas era uma crença enganosa.

É certo que o país cresceu e domou a inflação, mas estava longe de um milagre econômico. Hitler pegou carona numa economia global em recuperação e reivindicou para si medidas de incentivo à agricultura e à indústria que já vinham da República de Weimar.

Mais do que isso: o Terceiro Reich manipulou as cifras. A aparente solução rápida para o problema do desemprego alemão não se baseou só na criação de postos de trabalho. Consistiu, sobretudo, em retirar pessoas do mercado sem colocá-las no registro de desempregados.[29]

Isso não aconteceu só com os milhares de judeus que perderam seus cargos. Entre 1933 e 1937, cerca de 700 mil jovens "arianas" abriram mão de trabalhar para poder receber um empréstimo estatal de 1 milhão de marcos, ou 20% do salário médio anual.

É que, segundo a Lei para a Redução do Desemprego, de 1933, só receberia o empréstimo a mulher que ficasse no lar para procriar arianinhos. Típica ideia de Hitler: a ariana perfeita era a ariana reprodutora.

Portanto, o número de desempregados não caiu pela metade entre 1932 e 1934, nem foi inferior a 1 milhão em 1937, como rezava a propaganda nazista. Para o cidadão comum, porém, o importante é que o Führer estava botando o país nos trilhos.

A ideia de uma *Volksgemeinschaft* ("comunidade nacional"), embora nunca totalmente realizada, deu a muitos alemães uma

---

29. Geary, Richard, *Hitler and Nazism*, Taylor & Francis, 2002.

sensação de recomeço, de ser parte de uma sociedade menos dividida, de uma Alemanha melhor e mais forte. E as políticas de bem-estar, geralmente financiadas com dinheiro tirado de judeus, foram importantes para isso.[30]

Hitler era um monstro que fascinava. A propaganda nazista o mostrava como um herói, um chefe imbuído de uma missão especial. O culto ao líder era reforçado em desfiles militares cada vez mais gigantescos. Filas intermináveis de soldados marchando pelas cidades davam a sensação de uma maré que a tudo envolvia.[31] O rá-tá-tá de suas botas era correspondido com acenos apaixonados da multidão.

Os efetivos da SS usavam uniforme preto. Os da SA, marrom. Os da Gestapo em geral saíam dos escritórios à paisana, como detetives, mas podiam usar uniformes pretos se fossem também da SS. As forças incluíam ainda a Orpo (*Ordnungspolizei,* Polícia da Ordem), a polícia comum, que patrulhava as ruas com seu uniforme verde; o SD (*Sicherheitsdienst,* Serviço de Segurança), a agência de inteligência do Partido Nazista; e a Kripo (*Kriminalpolizei,* Polícia Criminal), que investigava assassinatos e outros crimes não políticos. Juntas, a Gestapo e a Kripo formavam a Sipo *(Sicherheitspolizei),* a Polícia de Segurança.

Falando assim parece tudo organizado, mas havia muitas disputas entre essas polícias, que foram rearranjadas várias vezes ao longo do nazismo. Para o público, contudo, a impressão é que elas funcionavam na mais perfeita harmonia. O palco mais simbólico das paradas militares era Nuremberg, a cidade

---

30. Ruehl, Martin A., Universidade de Cambridge, entrevista do autor.
31. Para mais detalhes, ver Arendt, Hannah, *Origens do Totalitarismo,* Companhia de Bolso, 2012. Hoje muitos historiadores consideram que Arendt exagerou um pouco com sua visão orwelliana da Gestapo. Em boa parte porque escreveu o livro em 1951, antes da análise mais recente dos arquivos da polícia secreta e dos espaços de não nazificação na Alemanha. Mas a obra continua sendo referência no estudo da sociedade em que todos vigiam todos.

de castelos góticos que fundia o passado medieval germânico com o futurismo nacional-socialista.

Em cada setembro, multidões se reuniam ali para tentar ver Hitler pessoalmente. Em 1934, a cineasta Helene "Leni" Riefenstahl rodou em Nuremberg o filme *Triunfo da vontade,* marco da propaganda nazista e divisor de águas no cinema mundial.

O longa mostra Hitler chegando de avião como um messias, para depois seguir em carro aberto num cortejo pela cidade. A câmera focaliza mulheres extasiadas pela mera visão do Führer. Uma das imagens mais impactantes é a de Hitler com Himmler e Viktor Luzte (sucessor de Röhm na SA) saudando mais de 100 mil soldados dispostos em filas. Ao fundo, três estandartes verticais com suásticas.

Riefenstahl a princípio recusou o convite de Hitler para fazer o filme. Mas aceitou quando soube que teria orçamento ilimitado e total liberdade estética. Ela foi seduzida pelo monstro, assim como milhares de outros profissionais competentes que prestariam seus serviços de bom grado para buscar a pureza racial do Reich.

5

VIDA DE GADO

Ao mesmo tempo que tratava mulheres "arianas" como meras reprodutoras, o nazismo promoveu campanhas de esterilização em massa, obrigando milhares de alemães a fazer vasectomia ou laqueadura.

Qual o seu nome? O que você é?
Qual a capital da Alemanha?
Qual o significado do Natal?
Onde nasce o Sol?
Quem foi Colombo? E Bismarck?
Por que as crianças vão à escola?
O ano tem quantos meses?
Qual a diferença entre advogado e promotor?
Faça uma frase com as palavras "soldado", "guerra" e "pátria".

Fácil, não? Mas todo o cuidado era pouco com essas perguntas. Elas integravam o formulário de um teste de inteligência usado em 1933 por psiquiatras do regime nazista para "diagnosticar" problemas mentais hereditários.[1] Dependendo da resposta, a pessoa podia ser classificada como deficiente mental, deficiente moral ou idiota (palavra que, antes de virar xingamento, era um termo técnico que significava "alguém com inteligência bem abaixo da média"). Se o sujeito caísse numa dessas classificações, era esterilizado. Evitava-se assim que seus "defeitos" se alastrassem pelas futuras gerações de arianos.

No jargão nazista, isso fazia parte da *rassenhygiene* (higiene racial), um termo cunhado pelo biólogo Alfred Ploetz que, na prática, significava simplesmente "eugenia". Hitler transformou a higiene racial em política de Estado. A intenção era barrar a proliferação dos "incapazes" e estimular a reprodução dos arianos "saudáveis". O resultado? Entre 1933 e 1939, pelo menos 400 mil alemães foram esterilizados à força. Outros 5 mil morreram devido a complicações pós-operatórias, a maioria mulheres.[2]

---

1. *Reichsgesetzblatt* ["Diário Oficial" do Reich], 1933, parte 1, pág. 1.032ff, citado em Burleigh, Michael e Wipermann, Wolfgang, *The Racial State*, Cambridge University Press, 2011.
2. Bachrach, Susan, *In the Name of Public Health — Nazi Racial Regime*, N Engl J Med, 351:5, 29 de julho de 2004.

Grande parte das vítimas eram pessoas com deficiência mental, mas também havia pessoas com deficiência visual, auditiva e física. E até gente com fissura labiopalatina.[3] Mesmo quem não tinha "defeito" algum, apenas uma conduta suspeita, podia acabar esterilizado. Enquadraram mestiços também. Entre eles, 600 "bastardos da Renânia", descendentes de soldados negros franceses com mulheres arianas.

A operação em si consistia de vasectomia para os homens e laqueadura para as mulheres. Muitas delas, inclusive, se suicidaram após a esterilização, diante da perspectiva de não poder construir uma família. Mas, no fim das contas, isso era até um favor para a utopia racial nazista.

A higiene racial virou a saúde pública alemã de cabeça para baixo: em vez de cuidar dos doentes, os médicos se converteram em carrascos. Para seduzi-los, Hitler usou uma mistura de terror, oportunidades de carreira e idealismo. Dizia que os médicos eram "soldados biológicos" e "guardiões dos genes arianos" — portanto essenciais para o futuro do Reich.[4] O pelotão da saúde também mobilizou geneticistas, antropólogos, enfermeiras, psicólogos e assistentes sociais.

Com o início da Segunda Guerra Mundial e a radicalização do regime, Hitler foi além: implantou a "eutanásia" em massa. Mais de 200 mil pessoas foram assassinadas entre 1939 e 1945 em prol do aperfeiçoamento da raça, entre elas 5 mil crianças.[5] As vítimas incluíam desde deficientes físicos e mentais até esquizofrênicos, pacientes com esclerose múltipla, ciganos, gays e os chamados "antissociais", como mendigos e prostitutas.

---

3. Para mais detalhes, ver Lifton, Robert Jay, *The Nazi Doctors*, Basic Books, 2000.
4. Estimativa preliminar: deficiência mental (200 mil), esquizofrenia (80 mil), transtorno maníaco-depressivo (20 mil), epilepsia (60 mil), doença de Huntington (600); cegueira hereditária (4 mil), surdez hereditária (16 mil); malformação grave (20 mil); e alcoolismo (10 mil). É impossível saber a cifra exata. Pode ter sido muito mais. Ver Lifton, pág. 25.
5. Essa é a estimativa mais aceita. Tal como na esterilização, pode ter sido mais.

O método mais "eficiente" de matança foi a câmara de gás, que seria usada pouco depois contra milhões de judeus nos campos de extermínio. Tudo em nome da assepsia racial. Como dizia Rudolf Hess, vice de Hitler, "o nazismo nada mais é do que biologia aplicada" — ainda que uma péssima biologia.

A "purificação"

Hitler tomou essas medidas para "purificar" a sociedade logo após assumir o poder. Em junho de 1933, o ministro do Interior, Wilhelm Frick, criou o Comitê de Especialistas do Reich sobre População e Política Racial. A meta era elaborar uma lei para justificar a esterilização dos "inferiores".

O Comitê aproveitou um projeto de lei proposto pelo governo da Prússia em 1932, que permitia a esterilização voluntária de pessoas com doenças transmitidas de pais para filhos. Basicamente, só foi preciso trocar a palavra "voluntária" por "obrigatória".

Assim, em 14 de julho de 1933, Hitler promulgou a Lei para a Prevenção da Descendência com Doenças Hereditárias. Ela estipulava nove condições passíveis de esterilização para homens e mulheres: deficiência mental congênita, esquizofrenia, transtorno maníacodepressivo, epilepsia, doença de Huntington (degeneração dos neurônios que causa movimentos involuntários), surdez hereditária, cegueira hereditária, malformação física grave e alcoolismo crônico.

Como você pode ver, eram categorias bastante elásticas. Um bebedor ocasional poderia ser confundido com um alcoólatra, por exemplo (não que a esterilização de quem tem problemas com álcool faça algum sentido, claro). E se diagnosticar esquizofrenia é complicado hoje, imagine nos anos 1930. Pior: problemas como esses podem ter múltiplas causas. Nada garante que sejam hereditários.

Mesmo assim, a lei entrou em vigor em janeiro de 1934 com a bênção das faculdades de medicina da Alemanha. Seu maior defensor era o suíço Ernst Rüdin, fundador da Sociedade Alemã para Higiene Racial.

Nos meses seguintes, emendas à lei incluíram a esterilização de crianças. A emenda mais importante, de junho de 1935, permitia abortos para prevenir nascimentos de bebês com problemas hereditários. Ao mesmo tempo, proibia vasectomias, laqueaduras e o aborto para pessoas consideradas saudáveis.

O treinamento dos cirurgiões ficou a cargo de Eugen Fischer, director do Instituto de Eugenia Kaiser Wilhelm de Berlim. Em meados de 1934, já eram realizados 5 mil procedimentos de esterilização por mês.[6]

Rastreio e tribunais

Para dar uma aura de legalidade à esterilização forçada, o regime nazista espalhou 180 Tribunais de Saúde Hereditária pelo país. Cada um tinha três membros: dois médicos (um deles especialista em genética) e um juiz.[7] Uma dessas cortes foi integrada pelo geneticista Otmar von Verschuer, mentor de Joseph Mengele, que depois ficaria conhecido como o "Anjo da Morte" de Auschwitz.

Como o regime selecionava as vítimas? Simples. No capítulo 4, você viu que a "coordenação" nazista alcançou todos os setores da sociedade. E na medicina não foi diferente. Aliás, foi pior. O serviço de saúde virou uma enorme rede de espionagem, onde médicos e enfermeiras denunciavam "pacientes perigosos" às autoridades.

As primeiras vítimas foram os doentes internados em hospitais públicos. Mas depois a rede se estendeu aos consultórios privados.

---

6. Burleigh, Michael, *The Third Reich, a New History,* Pan, 2000 [versão em espanhol].
7. Proctor, Robert, *Racial Hygiene: Medicine Under the Nazis,* Harvard University Press, 1988, pág. 102.

Médicos deviam rastrear quem tivesse doença hereditária e poderiam ser multados se não denunciassem.[8]

O pedido de esterilização do médico era enviado ao tribunal local. O tribunal podia solicitar testemunhas e documentos para checar a necessidade da cirurgia, mas quase sempre endossava a petição. Para quem podia pagar advogado, havia 18 tribunais de apelação. Na prática, porém, era tudo uma farsa: médicos que prescreviam a operação integravam os tribunais, deixando as vítimas num beco sem saída. Mais de 90% das petições feitas aos tribunais em 1934 resultaram em esterilização. Menos de 5% das apelações foram aceitas.[9]

O Tribunal de Saúde Hereditária de Frankfurt se reunia uma vez por semana para considerar de 15 a 20 casos. E deliberava sobre cada um em questão de 15 minutos. A apelação à corte superior devia ser feita dentro de um mês. Se não prosperava, a cirurgia era marcada num prazo de até 15 dias e realizada por um dos 140 cirurgiões designados na cidade.[10]

Nas escolas, os professores estimulavam os alunos a desenhar árvores genealógicas para que colaborassem na esterilização das próprias famílias. Os garotos da Juventude Hitlerista também denunciavam seus pares. Foi o que aconteceu com o garoto Rolf Thurm, que nasceu com pés e mãos deformados.

"Tive uma infância feliz. Mas, em 1933, quando os nazistas chegaram ao poder, meus amigos sumiram de repente. Todos entraram para a Juventude Hitlerista. Eu me se sentia sozinho", recordou Thurm.[11] Um professor o denunciou quando ele tinha 16 anos. Seus pais foram intimados a depor num tribunal de saúde hereditária e levaram documentos indicando que nenhum membro da

---

8. Black, Edwin, *Guerra contra os Fracos*, A Girafa, 2003, cap. 15.
9. Lifton, pág. 30.
10. Burleigh, pág. 591.
11. Baron, Saskia (dir.), *Science and the Swastika: Hitler's Biological Soldiers*, Darlow Smithson Productions, 2001.

família sofria do problema físico. Mas o tribunal insistiu que o defeito era hereditário e ordenou a esterilização do garoto em 1937. Na verdade, Thurm tinha uma mutação genética que não passaria aos filhos, como lhe atestou um médico décadas depois.

As igrejas também ajudaram a identificar as vítimas, pois administravam boa parte dos hospitais, escolas e orfanatos da Alemanha. Os líderes protestantes, que haviam apoiado o projeto de esterilização voluntária na Prússia, aceitaram de bom grado a esterilização forçada. Sua única ressalva foi pedir que não se usasse a força dentro dos templos e que a cirurgia de deficientes visuais e auditivos continuasse voluntária.

Em 1934, foram feitas 2.399 esterilizações em manicômios protestantes, cifra que subiu para 3.140 na primeira metade de 1935.[12] Já os prelados católicos se viram num dilema. Tinham reservas sobre a eugenia, mas saudaram os ataques nazistas contra o aborto, as doenças sexualmente transmissíveis e a pornografia. Além disso, temiam que uma reação contra a higiene racial fizesse Hitler retaliar, anulando a ansiada concordata de 1933 com o Vaticano.[13]

Os bispos então decidiram apoiar as leis de esterilização, mas pediram que juízes, médicos e sacerdotes católicos ficassem isentos de aplicá-las. O problema é que a isenção só foi aplicada aos homens. Freiras, enfermeiras e assistentes sociais de instituições católicas continuaram obrigadas a aplicar a lei. Milhares de cartas escritas por essas mulheres às autoridades religiosas e seculares revelam que selecionar os incapazes era uma tarefa bastante confusa. "Como medir a inteligência de uma criança?", perguntava uma delas. "Como saber o impacto de um ambiente 'degenerado' no desempenho escolar do aluno?", indagava outra.

12. Burleigh, pág. 597.
13. Koons, Claudia, Eugenics, *Gender, and Ethics in Nazi Germany: The Debate about Involuntary Sterilization*, em Childers, Thomas e Caplan, Jane, *Reevaluating the Third Reich*, Holmes & Meier, 1993, pág. 72.

Ao ler as cartas, é difícil saber se as mulheres estavam tentando ganhar tempo para impedir as cirurgias ou se de fato tinham dúvidas sobre as formas de diagnóstico.[14] No fim das contas, porém, as regiões católicas da Alemanha esterilizaram no mesmo ritmo que as protestantes.[15]

Morte misericordiosa

Hitler não se contentava em deixar os incapazes estéreis. Queria eliminá-los. Desde os discursos de campanha, ele defendia que o Estado não podia gastar milhões para manter "débeis mentais". Mas foi difícil conseguir apoio para a empreitada. Mesmo dentro do Partido Nazista, muitos se opunham a tirar a vida de arianos inocentes.

Então Hitler decidiu esperar. Em 1935, ele deu uma ordem a Gerhard Wagner, o chefe da medicina nazista: a eliminação dos deficientes deveria começar assim que a guerra estourasse. Afinal, seria mais fácil disfarçar as atrocidades num país mobilizado pelas batalhas.

Wagner pôs o projeto em marcha, sob absoluto segredo. Os coordenadores eram Karl Brandt (médico pessoal de Hitler), Herbert Linden (funcionário do Ministério do Interior), Philipp Bouhler e Viktor Brack (ambos da Chancelaria) e Hans Hefelmann (conselheiro do Ministério de Saúde).

Eles criaram o Comitê do Reich para Registro de Doenças Hereditárias e Congênitas a fim de centralizar a eliminação das "vidas indignas de viver". Na verdade, o Comitê era uma organização fictícia. Só tinha endereço de caixa postal.[16] Os chefes firmavam os documentos usando pseudônimos como "Dr. Klein" para preservar suas identidades.

14. Koons, pág. 75.
15. Koons, pág. 80.
16. Friedlander, Henry, *The Origins of Nazi Genocide: From Euthanasia to the Final Solution*, Chapel Hill, University of North Carolina Press, 1995.

O Comitê começou registrando crianças internadas em instituições para menores delinquentes. Quando a Alemanha deflagrou a Segunda Guerra Mundial, em setembro de 1939, já estava tudo preparado.

A matança dos incapazes começou em outubro. Hitler chamou o programa de "eutanásia", uma burla ao senso comum. Eutanásia, afinal, é a morte digna de pessoas com extremo sofrimento ou em fase terminal. Na Alemanha, muitos pais angustiados escreviam a Hitler pedindo permissão para dar uma morte digna a filhos com sérios problemas de saúde.

Mas Hitler desvirtuou o significado da eutanásia: era a morte de qualquer um que não se encaixasse na estética racial nazista.

O primeiro alvo foram as crianças. Os médicos notificavam o Comitê sobre casos de síndrome de Down, microcefalia (cabeça menor do que o normal), hidrocefalia (acúmulo de líquido no cérebro), ausência de extremidades e paralisia cerebral.

O Comitê enviava as fichas a uma equipe de pediatras, que dava o veredicto. Eles marcavam o sinal "+" no formulário dos garotos que deveriam morrer e "—" para os que seguiriam vivos. As crianças eram então levadas a uma das 35 "unidades de vigilância pediátrica" (leia-se "centros de matança") instaladas dentro de hospitais, onde médicos e enfermeiras as executavam.

Na unidade do Instituto Kalmenhof, na cidade de Idstein, pelo menos 700 crianças perderam a vida. O chefe do serviço de eutanásia era Hans Bodo Gorgass, conhecido como "açougueiro" por seus colegas.

Quem via essas clínicas do lado de fora não imaginava o terror que acontecia lá dentro. Os edifícios tinham arquitetura magnífica, digna dos cartões-postais que Hitler pintava quando jovem. Mas era tudo fachada para enganar os parentes das vítimas, pois eles achavam que as crianças seriam tratadas ali.

Como diz o historiador Henry Friedlander, as crianças não podiam ser enviadas aos centros da morte sem o consentimento dos pais. Por isso, o Comitê mentia para eles, dizendo que a internação salvaria seus filhos.

Quando a mentira não funcionava, o governo ameaçava tirar dos pais a guarda das crianças, afirmando que retê-las em casa seria prejudicial a sua saúde. Essa ameaça em geral surtia efeito.[17]

O método mais comum de eutanásia era a medicação. Os doutores usavam uma combinação de morfina e escopolamina, além de barbitúricos como luminal e veronal. Os tabletes das substâncias eram dissolvidos no chá para que fossem ingeridos com a comida. Quando a criança não podia ou não queria engolir, o médico lhe aplicava uma injeção.

Como essas drogas eram administradas regularmente nos hospitais, os médicos podiam matar os pacientes sem levantar suspeitas. Bastava aumentar a dose. Ou seja: as crianças eram mortas não como resultado da ingestão de venenos, mas da overdose de remédios comuns.[18]

O excesso de barbitúricos, porém, não provoca morte imediata. Leva a complicações como pneumonia, que resultam em morte após dois ou três dias. Assim, os médicos podiam dizer que havia sido "morte natural". Foi exatamente isso que o psiquiatra Hermann Pfannmüller alegou ante os Tribunais de Nuremberg, que julgaram nazistas após a guerra.

Na clínica de Eglfing-Haar, onde era diretor, Pfannmüller ostentava um método ainda mais trivial para chacinar crianças: a fome. Ele diminuía progressivamente a ração diária de calorias para que os meninos definhassem até morrer.

Um visitante que esteve em Eglfing-Haar em 1939 relatou que Pfannmüller se orgulhava dessa técnica, dizendo que as in-

---

17. Friedlander, pág. 59.
18. Friedlander, pág. 54

jeções poderiam chamar a atenção da imprensa internacional. "Não, nosso método é mais simples e natural, como você vê", disse Pfannmüller ao visitante, enquanto erguia da cama uma criança esquálida. "Para esta aqui ainda faltam de dois a três dias", disse o psiquiatra.[19]

Pfannmüller também revelou que algumas crianças não tinham problema mental algum. Mas eram filhas de judeus, o que justificava sua morte.

T4: a eutanásia massiva

No fim de 1939, Hitler ampliou a eutanásia aos adultos. O QG do programa ficava na Tiergartenstrasse, número 4, no centro de Berlim — daí ser conhecido como *Aktion T4*.

Os hospitais deviam informar o QG sobre pacientes que:

• tinham transtornos mentais e só podiam realizar tarefas puramente mecânicas;

• haviam passado os últimos cinco anos num asilo;

• eram mantidos sob custódia como "criminalmente insanos"; ou

• não possuíam cidadania ou não eram da "raça alemã".[20]

Os formulários eram analisados por 54 médicos que formavam a elite da psiquiatria do país. Os nazistas calcularam o número de vítimas da "morte digna" com a fórmula 1.000:10:5:1. Ou seja: de cada mil pessoas, dez exigiam tratamento psiquiátrico, sendo cinco delas internadas. Dessas, uma entraria no "programa". Assim, de cada mil alemães, um seria morto. Isso dava mais de 70 mil vítimas.[21]

---

19. Citado em Lifton, pág. 62.
20. Cranach, Michael von, *The Killing of Psychiatric Patients in Nazi-Germany between 1939 — 1945*, pág. 3, disponível online.
21. Noakes, Jeremy e Pridham, G., *Nazism 1919-1945*, vol. 3, University of Exeter Press, 2001, pág. 1010.

Hitler incumbiu Brandt e Bouhler de chefiar o programa secreto. Mas havia um problema: como conseguir drogas e leitos de hospital para matar tanta gente?

A solução foi dada por Arthur Nebe, comandante dos *einsatzgruppen* (esquadrões da morte), que fuzilavam russos e poloneses no front oriental. Como muitos soldados ficavam abalados por ter de disparar contra centenas de pessoas todo dia, Nebe pesquisou um método menos estressante de assassinato em massa.

Ele montou caminhões de gás — veículos cujo cano de descarga era introduzido num compartimento hermético onde ficavam as vítimas. Elas morriam pela ação do monóxido de carbono. Não que tenha sido uma ideia original. A inspiração para os caminhões de gás nazistas veio da NKVD, a polícia secreta soviética, que usava esse método nos anos 1930 para matar opositores políticos de Joseph Stálin.

Brandt e Bouhler gostaram da ideia de Arthur Nebe. Tanto que acabariam levando o conceito adiante. Em pouco tempo, já tinham desenvolvido um método ainda mais eficiente de assassinato em massa, com base no mesmo princípio dos caminhões: as câmaras de gás.

Tubos com aspecto de chuveiro foram instalados em seis centros de matança: os institutos de Brandenburg, Grafeneck, Hartheim, Sonnenstein, Bernburg e Hadamar. Os pacientes chegavam em ônibus cinzentos, os *Gekrat* (sigla para Serviço Comunitário de Transporte de Pacientes), ou de trem. Na recepção eles eram despidos e levados a um quarto para serem examinados. Quem tinha dente de ouro era marcado com uma cruz nas costas. Isso facilitava sua identificação depois, entre os cadáveres.

Cada vítima era fotografada sentada e de pé, de frente e de lado. As fotos serviriam para "provar" sua inferioridade nos cursos de medicina. Em seguida, os pacientes eram levados para a câmara de gás — um cômodo hermético azulejado onde eles pensavam que tomariam banho. Os funcionários checavam se a porta e as saídas de ventilação estavam lacradas e davam sinal para o médico da sala ao lado, que abria a válvula de monóxido de carbono. Em Hadamar, a câmara de gás tinha 14 m² e capacidade para 60 pessoas amontoadas. Um tubo perfurado preso à parede era conectado a contêineres de gás na sala vizinha. Quando o médico abria a válvula, o gás penetrava na câmara pelos furos do tubo.

Por um vidro, os doutores observavam as vítimas caindo ao chão e abrindo a boca em desespero, tentando respirar em vão.[22] A morte chegava em 10 minutos. Os empregados, então, arrancavam os dentes de ouro e retiravam alguns cérebros para enviar a centros de pesquisa em Frankfurt e Wurtzburg. Depois empilhavam os corpos no crematório, cujas chaminés espalhavam fumaça e cheiro de morte pela redondeza.

Uma pessoa era reduzida a pó em menos de 24 horas. Na linguagem do T4, isso era uma "desinfecção". Como a operação de matança era mantida em segredo, os médicos faziam atestados de óbito com datas e causas de morte falsas. Escolhiam doenças sem sintomas aparentes — a não ser que a pessoa já tivesse doença grave.

A família em geral recebia uma carta dizendo que o paciente havia "chegado bem" ao hospital. Dias depois, vinha um telegrama de condolências informando o falecimento. Algumas mensagens continham um toque emocional. "Hoje a administração do asilo recebeu sua transferência de 20 marcos para as flores do túmulo de sua pequena filha Irmgard", dizia uma das cartas. "Irmgard estava muito feliz com seu casaquinho, e acima de tudo com sua boneca, que manteve nos braços até o final."[23]

---

22. Center for Holocaust & Genocide Studies, *Euthanasia Crime in Hadamar*, disponível online.

23. Citado em Burleigh, Michael e Wipperman, Wolfgang, *The Racial State*, Cambridge University Press, pág. 150.

Os familiares que desejassem podiam receber uma urna com as cinzas — não que os administradores se dessem ao trabalho de separar a cinza certa de cada vítima. Bom, para obter apoio popular aos assassinatos piedosos, Goebbels montou uma intensa campanha de propaganda em jornais, revistas, rádios e centros culturais. O Museu de Higiene Alemão, por exemplo, organizava exposições de fotos alertando sobre a ameaça dos "incapazes".

Cinemas de todo o país exibiam filmes como *Erbkrank* ("Doente hereditário"), de 1936, que retratava internos de manicômios como um estorvo à sociedade. Numa cena aparecem médicos dando-lhes comida na boca, com os dizeres: "E ainda precisam ser alimentados".

Já o filme *Ich Klage An* ("Eu acuso"), de 1941, contava a história do médico Heyt, cuja mulher, Hanna, sofria de esclerose múltipla. Ao vê-la sofrer sem chance de cura, ele a mata com uma overdose de morfina. Heyt é processado por assassinato, mas o júri decide a favor da "morte misericordiosa".

O drama de Heyt causa empatia no público porque é um legítimo caso de eutanásia. Hanna pede ao marido que a ajude a morrer. Bem diferente das vítimas da falsa eutanásia nazista, mortas sem nem saber por quê. Ou seja: ali, a palavra "eutanásia" era só um eufemismo para "assassinato" mesmo.

Os manicômios também se uniram à propaganda, organizando visitas guiadas que exibiam os doentes como animais de zoológico. De 1933 a 1939, 20 mil pessoas visitaram o asilo de Eglfing-Haar, em Munique, incluindo 6 mil soldados das SS.[24]

A "faxina racial" também virou conteúdo escolar. Um livro de biologia trazia o desenho de um jovem loiro fazendo força para carregar dois incapazes nos ombros, um deles com cara de macaco. O texto advertia que um doente custava em média 50

---

24. Burleigh, pág. 592.

mil marcos para o Estado até os 60 anos de idade. "Você também carrega esse peso!", dizia o título, num alerta aos futuros contribuintes.[25] Outro livro trazia um problema de matemática: "A construção de um manicômio custa 6 milhões de marcos. Quantas casas de 15 mil marcos cada uma poderiam ter sido construídas com essa quantia?"[26]

A sociedade protesta

Os nazistas tentaram manter o programa em sigilo, mas a verdade logo veio à tona. Pessoas demais morreram de repente. Advogados de familiares exigiram saber a verdade e o arcebispo de Münster, Clemens August von Galen, rompeu o silêncio.

Num sermão em 3 de agosto de 1941, Von Galen disse que em nenhuma circunstância um ser humano poderia matar alguém inocente, salvo na guerra e em legítima defesa. Ante a pressão popular, Hitler suspendeu o T4 oficialmente 20 dias depois. A essa altura, 70.273 pessoas haviam sido "desinfectadas", segundo as cifras do programa.

Isso mostra que Hitler recuava quando o público pedia. Mas foi um recuo calculado, pois os nazistas já haviam atingido a meta de 70 mil. Além disso, o T4 não acabou. Prosseguiu de forma mais encoberta e descentralizada, por meio de injeções e fome.

Muitos profissionais do programa foram realocados para integrar equipes médicas no front russo ou em *einsatzgruppen* no Leste Europeu. Hitler também usou a tecnologia e a mão de obra do T4 para perpetrar a "Solução Final" — o aniquilamento dos judeus europeus. Tanto que designou técnicos do programa para instalar câmaras de gás nos campos de extermínio que estavam sendo construídos.

25. Arquivo do U.S. Holocaust Memorial Museum, Washington, D.C.
26. Citado em Burleigh e Wippermann, pág. 154.

Foi o caso de Christian Wirth, chefe de segurança do instituto Hartheim. A partir de 1941, Wirth coordenou o gaseamento de judeus e ciganos no campo de Chelmno. Franz Stangl, assistente de Wirth em Hartheim, foi designado comandante do campo de Sobibor em abril de 1942 e de Treblinka em agosto daquele ano.

Enquanto erguia a infraestrutura do Holocausto, o nazismo continuou capturando pessoas para a eutanásia de forma arbitrária. O garoto Ernst Lossa, por exemplo, não era doente nem tinha problema psiquiátrico algum. Era apenas um garoto levado. Primeiro os nazistas o internaram num orfanato porque seus pais eram ciganos. A mãe de Lossa morreu de tuberculose quando ele tinha 4 anos, e o pai foi enviado a Dachau. Lossa começou a roubar no orfanato e foi tachado de psicopata. Em 1942, os médicos o transferiram ao hospital de Kaufbeuren, que servia de centro de matança após o fechamento oficial do T4. Ali ele conquistou a simpatia das enfermeiras, embora continuasse roubando.

"Lossa tinha consciência de que os doentes recebiam injeções letais. Em 8 agosto de 1944, ele me deu uma foto sua com a inscrição *in memoriam*.

Eu perguntei por que, e ele me explicou que sabia que não viveria muito. E que gostaria de morrer enquanto eu estivesse lá, pois eu o colocaria com cuidado no caixão", relatou uma enfermeira após a guerra. Na manhã seguinte, a enfermeira encontrou Lossa deitado na unidade infantil. "Fiquei chocada ao vê-lo. Seu rosto estava vermelho-azulado e havia espuma ao redor da boca e no pescoço. Ele respirava com dificuldade. Morreu às 16h."[27]

Histórias como essa se repetiram aos montes, porque as categorias raciais nazistas eram vagas demais. Um "antissocial", por exemplo, podia ser basicamente qualquer pessoa, como um de-

---

27. Depoimento citado em Cranach, págs. 9 e 10.

sempregado malvestido. Hitler mesmo se encaixaria nessa definição quando jovem.

Outra definição ambígua era a de "alienado". Segundo a Lei para Tratamento dos Alienados da Comunidade, de 1944, eles eram pessoas que se mostravam, "em sua personalidade ou sua conduta de vida, incapazes de cumprir, com seus próprios esforços, os requisitos mínimos da comunidade nacional". Ou "levavam uma vida desordenada", "tinham uma inclinação para mendicância ou vadiagem", eram "criminosos por inclinação", e por aí vai.[28]

A sedução dos médicos

O nazismo usou diversas táticas para cooptar os médicos para a higiene racial. A primeira foi oferecer bons empregos e salários a jovens doutores. Em 7 de abril de 1933, Hitler promulgou a Lei de Restauração do Serviço Público Profissional, que baniu judeus e outros "funcionários não confiáveis" de seus cargos. As vagas foram preenchidas por arianos.

Naquele ano, com a Alemanha atingida por quase 30% de desemprego, muitos médicos não pensaram duas vezes para assumir os postos. Um deles foi o pediatra Erich Hässler, de 34 anos, que virou chefe do Hospital Infantil de Leipzig no lugar de Siegfried Rosenbaum — expulso por ser judeu. Hässler morreu aos 106 anos sem uma gota de remorso. "Quase todos os pediatras de Leipzig eram judeus. Não digo que fossem ruins, mas tiravam nossos empregos", recordou ele, já idoso.[29]

Hitler também seduziu médicos financiando suas pesquisas, sobretudo as ligadas à eugenia. A Fundação de Pesquisa Alemã (DFG, na sigla original), por exemplo, aumentou em dez vezes os fundos para estudos biológicos entre 1933 e 1938.[30]

---

28. Peukert, Detlev, *Inside Nazi Germany*, Yale University Press, pág. 221.
29. Baron.
30. Ver exposição Deadly Medicine: Creating the Master Race, USHMM, disponível online.

Para os médicos que já apoiavam a eugenia, foi fácil. Eles só tiveram que se adaptar ao racismo virulento dos nazistas, do mesmo jeito que os antigos policiais de Weimar se adaptaram à Gestapo.

Acima de tudo, Hitler ofereceu aos médicos a chance de integrar a elite da missão redentora nazista. Estava nas mãos deles salvar a Alemanha — e a humanidade inteira.[31] E, à medida que o nazismo se radicalizou, a eugenia se firmou como currículo básico na formação dos profissionais de saúde. Ser membro de instituições nazistas abria portas na carreira. Alguns médicos, como Erich Hässler, já eram nazistas de carteirinha antes de 1933. Outros se filiaram por conveniência. Isso explica por que 45% dos médicos alemães pertenciam ao Partido Nazista, uma das médias mais altas entre as profissões.

O psiquiatra americano Robert Jay Lifton entrevistou vários desses médicos. E concluiu que a maioria deles eram pessoas comuns que se corromperam ao se socializar nas instituições nazistas. Passaram de médicos a monstros sob condições militares especiais, que Lifton chama de *atrocity-producing situations* (situações geradoras de atrocidades). Isso também aconteceu com clínicos que arrancaram orelhas de desertores no Iraque ou com psiquiatras que confinaram opositores em prisões da URSS. Mas o nazismo forneceu o exemplo mais extremo de médicos associados ao terror.[32]

Claro que nem todo cientista alemão abraçou a higiene racial. Alguns inclusive se manifestaram abertamente contra. Um deles foi o antropólogo Karl Saller, que já era crítico à noção de raça nórdica antes do nazismo. Mas Saller foi punido por isso. Reinhard Heydrich, chefe da Gestapo, proibiu-o de ensinar na Universidade de Munique. Alguns colegas de Saller

---

31. Para mais detalhes, ver Lifton.
32. Lifton, pág. 425.

também tiveram que deixar seus cargos. Mas a maioria deles, embora concordasse com o antropólogo, permaneceu calada. Saller acabou rejeitado por seus pares.[33]

Reprodutoras

Tão importante quanto barrar a multiplicação dos incapazes era acelerar a reprodução dos arianos saudáveis. Isso porque a perda de 2 milhões de soldados na Primeira Guerra Mundial e as políticas de controle de natalidade da República de Weimar haviam feito o índice de natalidade alemão despencar.

A taxa caiu de 36 nascimentos por mil habitantes em 1901 para 14,7 em 1933.[34] Com famílias pouco numerosas, a Alemanha nunca seria a potência que Hitler almejava. Como vimos no capítulo 4, a primeira medida para reverter essa queda foi conceder empréstimos de 1 milhão de marcos a jovens casais "racialmente puros". A condição era que a mulher permanecesse em casa para procriar. E, para cada filho que tivesse, o governo abatia 250 mil marcos da dívida. Com quatro filhos, portanto, a dívida zerava.

Mas o pacote foi muito além disso. No Dia das Mães de 1939, o governo instituiu a Mutterkreuz, ou Cruz de Honra das Mães, concedida às arianas que tivessem pelo menos quatro crianças. Quanto mais filhos, mais elevada era a condecoração — algo semelhante à premiação de vacas e éguas que se destacam como boas reprodutoras da raça.

Ser mãe de quatro ou cinco filhos valia uma medalha de bronze; de seis ou sete, de prata; e de oito filhos ou mais, uma cruz de ouro. Filhos adotivos não entravam na conta. A Mutterkreuz valorizava o papel das mulheres na sociedade sem que fosse preciso tirá-las da condição de senhoras do lar.

---

33. Lifton, pág. 41.
34. Pine, Lisa, *Nazi Family Policy*, Bloomsbury Academic, 1997

A primeira a receber a medalha foi Magda Goebbels, esposa do ministro da Propaganda de Hitler. Outras 5 milhões de mães ganhariam a distinção até 1945. "A prolífica mãe alemã merece o mesmo lugar de honra no *Volk* (povo) que o soldado do Exército", escreveu o médico nazista Gerhard Wagner, criador da medalha, num artigo do jornal *Völkischer Beobachter* em 1938. "A mãe arrisca seu corpo e sua vida pela pátria do mesmo jeito que o soldado faz numa batalha."

O Comitê de Saúde Pública do Reich inclusive se inspirou na Bíblia para orientar as mulheres alemãs ao lançar sua cartilha *10 Mandamentos para Escolher um Parceiro*. Eis dois: "Só selecione um companheiro com sangue nórdico" e "Procure ter tantos filhos quanto possível".[35]

Com tantas medidas, a taxa de natalidade subiu de 14,7 por mil em 1933 para 20,4 em 1939. A eugenia havia chegado para ficar. E agora mostraria sua pior cara.

---

35. Citado em Koons, pág. 71.

6

BULLYING

A perseguição aos judeus começou em fogo brando, como intimidação: homens proibidos de trabalhar, crianças expulsas de escolas... Tudo em meio a um problema: como determinar quem era judeu e quem não era?

Pense no Maracanã em final de campeonato. Quase 80 mil pessoas. Agora imagine dois Maracanãs. Dez. Vinte. Trinta... Setenta e seis. Essa é a quantidade de judeus que a Alemanha nazista matou. Com a colaboração de governos dos países ocupados, Hitler eliminou dois de cada três judeus que viviam na Europa. Foi uma carnificina sistemática e burocrática que passou à história como Holocausto, do grego *holókaustos* ("sacrifício pelo fogo"). Entre os judeus, foi a Shoá, do hebraico *sho'ah* ("calamidade").

O genocídio ocorreu em paralelo ao extermínio de 200 mil ciganos e outros 200 mil "incapazes" que vimos no capítulo 5, além do assassinato de quase 3 milhões de prisioneiros de guerra soviéticos e 1,9 milhão de civis poloneses não judeus, milhares de testemunhas de Jeová, gays, "antissociais" e outras minorias.[1]

O nazismo considerava todos esses grupos inferiores, mas tinha uma obsessão pelos judeus. Eles eram vistos como subversivos, daninhos e engajados numa conspiração internacional que ameaçava a Alemanha. Por isso, eliminá-los era uma missão redentora e necessária ao futuro do Reich.

Só que ninguém enche 76 Maracanãs de cadáveres da noite para o dia.

Genocídios acontecem aos poucos, em etapas. São como uma escada que se torna mais radical a cada novo degrau.[2] O primeiro é a classificação: as pessoas são divididas entre "nós" e "eles". Em seguida, "eles" são desumanizados — comparados a vírus, por exemplo —, separados do convívio social e obrigados a se identificar com símbolos nas roupas e nas casas. Depois vêm o confi-

---

[1]. United States Holocaust Memorial Museum (USHMM). Estimativas aproximadas.
[2]. O termo "genocídio" foi cunhado em 1944 pelo judeu polonês Raphael Lemkin para designar a aniquilação coordenada e planejada de um grupo nacional, religioso ou racial. Em 1948, com base nos conceitos de Lemkin, a ONU adotou uma convenção que definiu o genocídio como atos cometidos com a intenção de destruir, ao todo ou em parte, um grupo nacional, étnico, racial ou religioso. Ver Chalk, Frank e Jonassohn, Kurt, *The History and Sociology of Genocide*, Yale University Press, 1990.

namento, a organização da logística de matança e o extermínio. A última etapa é a negação do crime.[3]

A Alemanha nazista subiu todos esses degraus para perpetrar o Holocausto, que se distingue dos outros genocídios por sua envergadura. Pela primeira vez na história, um regime fanático usou tecnologia de automação para produzir morte em escala industrial.[4] Neste capítulo, vamos voltar aos primeiros degraus da escada. E ver como essa tragédia começou.

A exclusão

Lisalotte Maier tinha 13 anos quando soube que era diferente. Ela vivia num vilarejo de mil habitantes na Prússia Oriental, a 8 km da fronteira com a Polônia. Seu pai tinha uma olaria e fornecia tijolos para as casernas do exército alemão. Embora os Maier fossem a única família judia do povoado, Lisa sempre havia se sentido igual aos demais. Tinha seu grupo de amigas, seu namorado, seus sonhos de adolescente.

Mas em 1933, com a ascensão de Hitler, o mundo virou ao avesso. O filho do veterinário do vilarejo, que era amigo da família, chegou à casa de Lisa vestindo o uniforme da SS. "O senhor tem 48 horas para deixar esta casa", disse o jovem militar ao pai de Lisa. "A fábrica agora é nossa."

Naquele dia Lisa foi expulsa do colégio. Um documento assinado pelo diretor atestava o motivo: religião mosaica. "Foi quando descobri que era diferente dos outros", recordou Lisa anos depois. "Minha melhor amiga jogou uma pedra nas minhas costas para mostrar a todos que agora ela era do outro lado."[5]

---
3. Para mais detalhes, ver Genocide Watch (http://www.genocidewatch.org/).
4. A Alemanha Ocidental, criada após a guerra, foi o primeiro país a admitir o cometimento de genocídio e a recompensar alguns sobreviventes, o que também torna o Holocausto único.
5. Lisalotte Maier, entrevista do autor, 1999.

Histórias assim se repetiram em toda a Alemanha. Enquanto enviava comunistas e social-democratas aos primeiros campos, o nazismo isolou os judeus do convívio social. A hora deles chegaria em breve. Em 1º de abril, Hitler decretou um boicote nacional às lojas judaicas. Os camisas-pardas da SA ficaram na porta dos comércios para espantar os clientes. "Alemães, defendam-se! Não comprem dos judeus!", gritavam os agitadores. Apesar da intimidação, muita gente ignorou o boicote. Hitler viu que não poderia contar com a participação massiva dos alemães nas medidas antissemitas, mas poderia contar com sua indiferença.

Entre 1933 e 1939, mais de 400 decretos e normas limitariam todos os aspectos da vida pública e privada dos judeus alemães.[6] Naquele mesmo abril de 1933, o governo baniu os não arianos dos cargos estatais. Depois limitou a 1,5% a proporção deles nas escolas. Em maio, membros da Juventude Hitlerista e da SA atearam fogo numa montanha de livros na praça Bebelplatz, em Berlim, para livrar o país das ideias "perniciosas" de intelectuais como Walter Benjamin, Bertolt Brecht e Karl Marx. "Que progresso estamos fazendo. Na Idade Média eles teriam me queimado. Hoje se contentam em queimar meus livros", ironizou o judeu austríaco Sigmund Freud.[7]

A perseguição era manchete em jornais mundo afora. Em agosto, por exemplo, o jornal *The New York Times* denunciou em primeira página a existência de 65 campos de concentração com cerca de 45 mil prisioneiros judeus e não judeus, além de 45 mil detentos em outras instalações. Em pelo menos 70 cidades dos EUA, milhares de manifestantes protestavam contra as atrocidades nazistas e promoviam um boicote aos produtos alemães.[8]

---

6. USHMM, "Legislação Antissemita na Alemanha antes da Guerra", disponível online.
7. Schott, Gillam, *Sigmund Freud: Famous Neurologist*, ABDO, pág. 80.
8. Black, Edwin, *IBM e o Holocausto*, Campus, 2001, pág. 72.

Mas Hitler não se detinha. Ele também proibiu médicos, contadores, advogados e atores judeus de exercer a profissão. O expurgo afetou até mesmo seis prêmios Nobel, entre eles o químico Fritz Haber, que sintetizou a amônia — essencial à fabricação de fertilizantes e ao esforço de guerra alemão.

Haber escapou da Alemanha em 1933. Albert Einstein, que estava em viagem aos EUA, decidiu não voltar ao país. Freud preferiu permanecer na Áustria, achando que não corria risco. Natural: em 1933 era mesmo difícil conceber a dimensão do que viria pela frente.

Mas havia indícios. O jovem Moses Bardfeld, de 24 anos, percebeu que algo de muito ruim estava acontecendo. Ao contrário de Lisa, ele desde pequeno havia sido alvo de antissemitismo. Na escola onde estudou, na cidade de Leipzig, Moses e os outros três colegas judeus eram obrigados a se sentar separados dos demais.

"Allen juden stinken!" ('Todos os judeus fedem!'), gritavam os colegas.

Em 1918, Moses viu os muros de Leipzig se encherem de insultos pela derrota na guerra. *Die Juden sind unser unglück!* ("Os judeus são a nossa desgraça!"), diziam as pichações.

Jornais como *Der Stürmer* retratavam judeus com nariz enorme, chupando sangue de crianças, do mesmo jeito que os panfletos medievais.

Em 1933, com a ascensão nazista, o pai de Moses perdeu sua fábrica de manteiga e ficou desempregado. A família foi transferida para uma *Judenhaus* ("Casa de Judeus"), um edifício onde também viviam outras famílias que perderam tudo. Nas cidades alemãs, judeus já não podiam se sentar em bancos de praça nem frequentar faculdades, cinemas ou clubes. Placas em comércios advertiam: *Juden nicht erwünscht!* ("Judeus não são bem-vindos!").

A propaganda nazista ignorava os 35 mil judeus alemães que haviam sido condecorados na guerra por bravura. E menosprezava os 12 mil judeus mortos lutando pela pátria.[9] Goebbels dizia que eles haviam sido feridos nas costas, quando tentavam fugir do front. E, quando os americanos reclamaram da forma como os alemães tratavam os judeus, Goebbels respondeu: "Vamos tratá-los feito rosas. Só não daremos água para eles".[10]

Moses percebeu que a situação piorava rapidamente. A SS começou a sumir com seus amigos, acusando-os de contaminar a raça ariana. Ele então fugiu da Judenhaus e se escondeu na casa da madrasta, que era cristã.

Mas sabia que não poderia ficar ali para sempre. Era perigoso para ambos. "Tentei convencer meu pai a sair da Alemanha, mas ele não quis. Naquela época os governos se alternavam em questão de meses, e ele achava que Hitler duraria pouco", recordou.[11]

Moses não quis esperar. Foi de bicicleta até a estação, tomou um trem para Colônia e dali até a fronteira com a Holanda. Não levava nenhum documento, só 10 marcos costurados no ombro da camisa. Era o suficiente para comer um sanduíche e comprar uma passagem para Amsterdã.

Quando um soldado da SS o interrogou, ele disse que visitaria um amigo do lado holandês. Deu certo. Em Amsterdã, Moses procurou um fornecedor de leite do pai e foi acolhido pelo Joint, um clube judaico. O governo holandês lhe deu guarida durante três anos, até que ele finalmente conseguiu a "carta de chamada" — uma permissão para entrar no Brasil.[12] A "carta de chamada" foi enviada por um irmão dele que já vivia no Rio de Janeiro.

---

9. Burleigh, Michael e Wipermann, Wolfgang, *The Racial State*, Cambridge University Press, 2011, pág. 78.
10. Moses Abraham Bardfeld, entrevista do autor, 1999.
11. Idem.
12. Moses morou em Belo Horizonte até o fim da vida. Anos depois da guerra, ele visitou Israel fazendo escala em Frankfurt. "Fiquei só algumas horas na Alemanha, mas me senti mal ao escutar o alemão", recordou. Ele tinha quatro irmãos. Josef viveu escondido na Holanda durante o nazismo e sobreviveu. Simon emigrou para o Rio de Janeiro e Natan, para a Inglaterra. Leopold foi morto pelos nazistas, assim como o pai e o resto da família.

Assim como Moses, cerca de 60 mil judeus alemães (mais de 10% do total) emigraram em 1933 e 1934.[13] Entre eles estava a garota Anne Frank, que registraria em seu diário o medo de viver escondida num apartamento em Amsterdã durante a guerra.[14]

Quem era judeu?

Depois da ferocidade inicial contra os judeus, Hitler se conteve um pouco. Ele temia que um boicote radical prejudicasse a fragilizada economia alemã e piorasse a imagem do país no exterior.[15]

Mas em 1935 a perseguição voltou à tona, e por um motivo simples: a popularidade do Führer estava caindo. Relatórios do SD e da Gestapo indicavam que a população reclamava das duras condições de vida. O desemprego real continuava alto, a comida era cara e havia rumores de corrupção entre a elite nazista. Além disso, os camisas-pardas queriam mais ação. Hitler não podia deixá-los em banho-maria por muito tempo.[16] Portanto, o reinício da sanha antissemita foi uma forma de reverter a crescente impopularidade do regime — e, de quebra, dar mais um passo rumo à utopia racial.

Hitler, então, encarregou o Ministério do Interior de elaborar leis mais extremas contra os judeus, mas havia um problema: quem era judeu? Até então, os decretos nazistas falavam de "não arianos", ou seja, qualquer pessoa — judia ou cristã — que tivesse pelo menos um ascendente (até o avô ou a avó) judeu. O ascendente era considerado judeu se pertencesse à religião judaica. Assim, embora os nazistas chamassem as leis de "raciais", o critério era a religião. Não a religião da pessoa, mas do antepassado dela.

---

13. Fritzsche, Peter, *Life and Death in the Third Reich*, Harvard University Press, 2008, cap. 2.
14. A SS descobriu a família Frank por uma denúncia anônima pouco antes do fim da guerra. Anne morreu no campo de Bergen-Belsen. Apenas seu pai sobreviveu.
15. Evans, *The Third Reich in Power*, Penguin, 2006, cap. 6.
16. Idem.

Em 1935, porém, Hitler percebeu que o termo "não ariano" era abrangente demais: incluía não só "100% judeus" (quatro antepassados), mas também "três quartos judeus", "meio judeus" e "um quarto judeus". A intenção era eliminar qualquer rastro de influência judaica, mas apertar o cerco contra uma população tão ampla seria como dar um tiro no pé.

De fato, graças ao grande número de casamentos mistos antes do nazismo, havia 70 mil pessoas que tinham só dois avós judeus e quase 130 mil que tinham apenas um, segundo cifras da época.[17]

O governo sabia que seria difícil conseguir apoio popular para se livrar dos "meio judeus". Até porque precisava deles para o Exército.

Foi nesse clima de incertezas que Hitler encomendou novas leis antissemitas ao advogado Bernhard Lösener, especialista do Ministério do Interior em questões raciais. Essas leis foram aprovadas em setembro de 1935, durante uma reunião dos parlamentares em Nuremberg — daí serem conhecidas como Leis de Nuremberg. Elas declararam ilegais, a partir de então, os casamentos e as relações extraconjugais entre os judeus e os de "sangue alemão". Judeus foram privados da cidadania alemã e não puderam mais empregar mulheres arianas com menos de 45 anos nem hastear a bandeira alemã.

As leis já não falavam em "não arianos", e sim em "judeus". Mas continuavam sem especificar quem eles eram. Será que o um quarto judeu era um problema? Ou somente o 100% judeu? Isso foi motivo de um ferrenho debate entre a cúpula nazista. Os mais fanáticos diziam que os meio judeus eram os mais perigosos de todos, pois a metade ariana de seu sangue lhes conferia habilidades superiores ao ser combinada com a metade judia.

---

17. Fritzsche, cap. 2; Evans, cap. 6.

Após muitas idas e vindas, Lösener elaborou a definição. Ele dividiu os "não arianos" em "judeus" e "mestiços" *(mischlinge)*. Havia mestiços de primeiro e segundo graus. Os *mischlinge* de segundo grau eram pessoas que tinham um avô (ou avó) judeu. Já os *mischlinge* de primeiro grau eram pessoas que tinham dois avós judeus, mas não pertenciam à religião judaica e não eram casados com um judeu.

Por sua vez, os judeus eram pessoas que tinham três ou quatro avós judeus, e também as que tinham dois avós judeus e pertenciam à religião judaica ou eram casadas com judeus. Para simplificar: Lösener criou uma terceira raça, os *mischlinge,* que não eram nem arianos nem judeus. Eles seriam poupados da morte.[18] Só os judeus seriam alvos da destruição.

Mas note que a definição nazista de "judeu" incluía também muitos cristãos. Se você tivesse ao menos três avós judeus, seria considerado judeu mesmo que fosse batizado e frequentasse a missa. Já no caso dos filhos de casamentos mistos, a educação religiosa era o fator determinante.[19]

Como você vê, eram detalhes à beça. E o nazismo precisou de um exército de burocratas para determinar quem era ariano, judeu ou mestiço.

A principal fonte de informação eram as igrejas católicas e protestantes, pois até 1876 os nascimentos eram registrados somente em seus arquivos. OK, mas como os nazistas fariam para identificar tantas vítimas em tão pouco tempo? Como

---

18. Os nazistas criaram regras para os casamentos entre as três raças a fim de evitar miscigenação. Mestiços de segundo grau podiam se casar com alemães, mas não podiam se casar com judeus nem se casar entre si. Mestiços de primeiro grau podiam se casar com judeus e entre si, mas não com alemães (a não ser com autorização especial). Casamentos de mestiço de primeiro grau com mestiço de segundo grau também eram proibidos, exceto sob permissão especial. Para mais detalhes, ver Hilberg, Raul, *The Destruction of the European Jews*, Holmes & Meier, 1985, pág. 44.

19. Filhos de casamentos mistos que não tinham criação judaica eram considerados mischlinge de primeiro grau. Embora poupados da morte, muitos sofreram discriminação, expulsão de serviço público, não admissão em escolas e trabalhos forçados.

saberiam exatamente os nomes das pessoas que enviariam aos guetos e aos campos de extermínio nos anos seguintes?

Simples. Hitler contou com uma solução criada sob medida pela IBM, a multinacional americana: os cartões perfurados da máquina Hollerith, espécie de avô do computador. Ela registrava suas informações perfurando cartões. Nas linhas horizontais, os cartões tabulavam dados como "religião", "nacionalidade" e "língua materna". As colunas detalhavam esses dados. Exemplo: a coluna 22 (Religião) devia ser perfurada na fileira 1 para "protestante", na fileira 2 para "católico" e na fileira 3 para "judeu". Já as colunas 26 e 27 (Nacionalidade) deveriam ser perfuradas no orifício 10 para "polonês", e assim por diante.

Eram ao todo 60 colunas e dez linhas, cobrindo uma enorme gama de dados biográficos. Cruzando esses dados ao ritmo de 25 mil cartões por hora, os nazistas obtinham as listas completas das pessoas que deveriam ser marcadas para o extermínio.[20]

A partir de 1939, durante a Segunda Guerra Mundial, essas listas seriam pregadas em prédios públicos de cada cidade europeia ocupada por Hitler, como veremos no capítulo 7. É fato: sem a tecnologia dos cartões perfurados, o nazismo nunca teria conseguido matar tanta gente em tão pouco tempo.

Mas, em 1935, ao promulgar as Leis de Nuremberg, o regime ainda estava nos primeiros degraus da escada. E a prioridade de Hitler ainda era se livrar dos judeus forçando-os a emigrar. O Führer apresentou as leis à imprensa como uma medida de estabilização, que ajudaria os judeus alemães a viverem sua própria vida. Mas os jornais internacionais não engoliram a mentira. O *Times* de Londres, por exemplo, afirmou que as leis

---

20. Black, págs. 62 a 65. As máquinas Hollerith já haviam sido usadas para identificar, esterilizar e matar os incapazes. Na coluna 12, por exemplo, antissocial era codificado com 1; doente mental, 2; aleijado, 3; surdo, 5. Os esterilizados eram marcados com "s". Entre as profissões, operário tinha código 19, artista, 26 e assim por diante. Ver Black, pág. 110.

estavam sendo usadas para "justificar todo tipo de indignidades", como os campos e a custódia protetora.[21]

Entre os alemães, porém, quase ninguém protestou contra as novas leis. A oposição se limitava à burguesia liberal, alguns enclaves católicos e homens de negócios preocupados com as repercussões no exterior.[22]

Certo é que as leis abriram caminho para a completa remoção dos judeus da vida social alemã. Até beijos e abraços entre judeus e não judeus eram motivo de deportações para os campos. Foi assim com o empresário judeu Ludwig Abrahamson. Em novembro de 1935, ele foi denunciado à Gestapo por ter relações sexuais com uma empregada não judia. Abrahamson ficou dois anos na prisão e depois foi enviado ao campo de Buchenwald, de onde só sairia em 1938 provando que deixaria o país.[23]

Essa era a ideia de Hitler: tornar a vida dos judeus tão difícil que eles acabariam emigrando. Se sobrevivessem aos campos, claro.

Em fins de 1935, mais de 125 mil refugiados haviam deixado a Alemanha. A maioria fugiu para outros países europeus, mas também aos EUA, América Latina e Palestina — na época, um território administrado pela Inglaterra sob mandato da Liga das Nações, a precursora da ONU.[24]

Mas emigrar também era perigoso, pois os países barravam a entrada dos judeus exilados. O presidente Getúlio Vargas, simpatizante do nazismo, só permitia a entrada deles a conta-gotas no Brasil. Quando Moses Bardfeld foi ao Itamaraty pedir vistos de entrada a seus parentes, acabou expulso de lá por uma funcionária. "Não queremos mais judeus no Brasil!", ela gritou.[25]

---

21. *The Times*, Londres, 8/11/1935, citado em Gellately, pág. 154.
22. Burleigh, Michael, *The Third Reich: A New History*, [versão em espanhol].
23. Evans, cap. 6.
24. Black, pág. 154.
25. Bardfeld, entrevista do autor.

A vida na corda bamba

Na virada de 1936, muitos judeus que ficaram na Alemanha tentavam se confortar com um pensamento comum: as coisas iam melhorar porque não podiam piorar. Lisa Maier foi trabalhar no apartamento de uma tia em Danzig — uma cidade portuária declarada "livre" pelo Tratado de Versalhes.

Ela achou que estaria a salvo lá. Afinal, a cidade era livre. As coisas não podiam piorar, afinal. Mas ela logo viu que estava errada. Imigrantes poloneses faziam arruaças antissemitas pelas ruas. Um deles alugava um quarto no prédio onde Lisa morava.

"Um dia, esse polonês me empurrou para o quarto dele e me estuprou. Fiquei com muito medo de contar para minha tia, sabendo que ela não poderia fazer nada. Só falei que estava com saudade dos meus pais e fui embora no dia seguinte para encontrá-los na Prússia Oriental", ela recordou.[26]

O pai de Lisa foi poupado dos campos de concentração porque havia sido fornecedor do exército alemão. Um comandante local da SS arranjou duas passagens para que ele e a esposa emigrassem ao Brasil, pois já contavam com uma "carta de chamada".

Mas a permissão era exclusiva ao casal. Lisa e seu irmão tiveram que ficar na Alemanha. O oficial colocou a garota num trem com destino a Berlim, onde moravam seus avós. Ela tremeu ao ver que o trem estava cheio de soldados da SS, mas o oficial disse que não precisava ter medo.

"Um dos soldados do trem era filho de um amigo do meu pai. Ele gritou a todos: 'Nessa menina ninguém toca. Ela está sob minha proteção'. Ele me disse que havia sido forçado a entrar na SS e serviria em Berlim", contou Lisa. Como não conseguiu emprego em Berlim, ela foi trabalhar na casa de uma família judia na cidade vizinha de Bernau, onde havia um campo de trabalhos forçados.

---

26. Maier, entrevista do autor.

Aos 16 anos, ela cozinhava e limpava vitrines. Passou fome. Chegou a desmaiar na escada de casa e foi socorrida pela esposa do comandante do campo. Todos os dias, a mulher lhe servia um prato de sopa sem que o marido soubesse. Uma noite, ao voltar de Berlim, Lisa escutou um ruído de botas atrás de si. Olhou por cima do ombro e só conseguiu ver que era um aviador com um revólver na cintura. O homem colocou a mão em sua boca e murmurou: "Não grite. Entre no carro ali à esquerda".

Seu coração disparou. Ao entrar no carro, Lisa viu o rosto do aviador e o reconheceu: era seu namorado de infância, que a acompanhava até a escola. "Ele tinha me visto no trem da SS. Condenava o nazismo e queria fugir comigo. A aflição dele era tanta que não media as consequências de me encontrar, correndo tanto perigo quanto eu", disse Lisa. "Nosso namoro recomeçou. Eu era uma menina desesperada, passando fome. Não tinha ninguém. Meu irmão estava na Prússia Oriental. O que tivesse de ser, seria. Um dia nos encontramos nos arredores de Berlim e fizemos amor a 5 graus abaixo de zero. Eu lhe contei sobre o estupro e ele me disse: 'Você sabe que vamos invadir a Polônia. Será um prazer matar cada polonês que encontrar pela frente'".

O namorado levou Lisa num jipe da Aeronáutica até a casa dos avós em Berlim. Lá ela esperou por um ano e três meses pela "carta de chamada" enviada pelos pais. Durante esse tempo todo, soldados da SS batiam à sua porta perguntando quando embarcaria. Ela estava a ponto de ser deportada a um campo quando a carta chegou.

Lisa e o irmão embarcaram num navio francês em Hamburgo. "Os funcionários do porto nos chutaram e quebraram todos os objetos que eu levava para ver se havia dinheiro escondido. Não acharam nada, claro. Não tínhamos um tostão", disse ela. "Meu namorado ficou no cais olhando o navio zarpar sem acenar para mim, pois os outros SS podiam perceber. Era muito perigoso. Nunca mais nos vimos."[27]

No fim das contas, Lisa teve muita sorte. Foi salva por três membros da SS — o oficial, o soldado do trem e o namorado — e socorrida pela esposa do comandante do campo. Mas a enorme maioria dos judeus não contou com ajuda alguma. E o cerco se fechava rapidamente. Ante o desespero, alguns começaram a fazer justiça com as próprias mãos. Foi o caso do estudante David Frankfurter. Ele havia sido expulso da faculdade de medicina na Alemanha. Ao se mudar para a Suíça para continuar os estudos, David percebeu que os judeus também corriam risco lá. E decidiu se vingar.

Em 31 de janeiro de 1936, o jovem tomou um trem em Berna com destino a Davos, nos Alpes. Ninguém desconfiou que ele levava um revólver na maleta. Seu plano era matar Wilhelm Gustlöff, líder do Partido Nazista helvético. Quatro dias depois, David tocou a campainha da casa de Gustlöff e pediu à sua esposa uma breve audiência com o chefe nazista. Ela o deixou entrar e foi chamar o marido.

Quando Gustlöff apareceu, David empunhou o revólver e lhe disparou cinco tiros na cabeça, no pescoço e no peito. Depois saiu calmamente. Convencido de que seu ato não era um crime, David se entregou à polícia e foi preso.[28] Hitler alçou Gustlöff a mártir do nazismo, batizando com seu nome o "transatlântico mais moderno do mundo", como vimos no capítulo 4.

Mas o episódio serviu também para justificar o acirramento da perseguição antissemita. Hitler precisou dar apenas uma trégua em agosto de 1936 por causa da Olimpíada de Berlim. Com seu

---

27. Lisa Maier se casou no Brasil e viveu em Belo Horizonte até o fim da vida.
28. Frankfurter foi condenado a 18 anos de prisão. Terminada a guerra, a Suíça o perdoou com a condição de que deixasse o país. Ele emigrou para Israel, onde integrou o Ministério da Defesa. Os suíços retiraram a ordem de exílio em 1969, mas ele ficou em Tel Aviv, onde morreu em 1982.

teatro habitual, o Führer se fingiu de bom moço perante os holofotes internacionais. A propaganda nazista só não soube explicar como o negro americano Jesse Owens ganhou quatro medalhas de ouro em atletismo, desafiando os pilares da eugenia.

E, em setembro, com o fim dos jogos, o monstro voltou à ativa. Hitler lançou o Plano de Quatro Anos, que buscava reduzir o desemprego e tornar a Alemanha autossuficiente e pronta para uma nova guerra até 1940. O pacote incluía a ampliação da rede de rodovias *(Autobahn)* e o rearmamento, numa clara violação ao Tratado de Versalhes. A conta seria paga — adivinhe — pelos judeus. Eles arcariam com os gastos da militarização por meio de "impostos especiais" e do confisco de suas casas, objetos, joias e obras de arte.

No fim de 1936, o SD criou um departamento de assuntos judaicos, a Seção II 112. O chefe era um nazista especializado em judaísmo que se tornaria um dos arquitetos do Holocausto. Seu nome: Adolf Eichmann.

A meta da Seção II 112 era centralizar nas mãos do SD e da Gestapo todos os dados relativos aos judeus. O cerco se fechou mais um pouco.

Noite dos estilhaços

Em 1938, cerca de 150 mil judeus (mais de 25%) já haviam deixado a Alemanha. Mas, com a absorção da Áustria pelo Terceiro Reich, em março daquele ano, outros 185 mil judeus passaram a viver sob o jugo nazista.[29]

Hitler chamou a invasão de *Anschluss* ("Anexação"). E o impacto não demorou. Os comerciantes judeus austríacos agora eram surrados em público enquanto hordas saqueavam suas lojas. Em Viena, homens e mulheres judeus eram obriga-

---

29. USHMM, "A Conferência de Evian", disponível online.

dos a se ajoelhar para esfregar as ruas. Quem não obedecia era punido a coronhadas.

"Orgia de ataques a judeus", titulou o *New York Times*.[30] Até então Freud relutava em deixar a Áustria. Só decidiu escapar para Londres depois que sua filha Anna foi interrogada pela Gestapo. Anna foi solta graças à ajuda da princesa Marie Bonaparte, sobrinha bisneta de Napoleão.

Centenas de milhares de judeus também tentavam fugir desesperadamente. Mas não tinham contatos importantes e nenhum país queria recebê-los. Apesar das notícias sobre a barbárie nazista, as nações temiam que o fluxo de refugiados sobrecarregasse suas economias.

O presidente americano Franklin D. Roosevelt propôs uma conferência internacional para solucionar o problema, que foi realizada em julho de 1938 num resort em Evian, na França. Representantes de 32 países expressaram sua preocupação com os abusos contra os judeus, mas se desculparam dizendo que nada podiam fazer. Os efeitos da Grande Depressão falavam mais alto.

"Nosso país simplesmente não é grande o bastante para receber qualquer refugiado judeu", disse o delegado do Canadá, segundo maior país do mundo. O representante australiano acrescentou: "Não temos problemas raciais em nosso país, e não queremos importar um".

O francês explicou que a França já havia atingido o ponto de saturação para refugiados.[31] A Inglaterra alegou o mesmo motivo e não permitiu a entrada de judeus na Palestina — cuja representante judia, Golda Meir, participou como observadora e foi proibida de falar.[32] Somente a República Dominicana se ofereceu para assentar os refugiados.

---

30. Citado em Black, pág. 174.
31. Yad Vashem, "Evian Conference", disponível online.
32. Sandell, Tomas, *Evian 1938 — Geneva 2009*, Jerusalem Post, 19/4/2009.

Os delegados aproveitaram os nove dias em Evian para jogar tênis, contemplar a paisagem alpina e desfrutar da água cristalina do spa. Com um ar jocoso, o governo alemão declarou-se "surpreendido" ao ver que os mesmos países que criticavam a Alemanha pelo tratamento aos judeus fechavam suas portas a eles.[33]

Como diz a frase atribuída ao ex-presidente israelense Chaim Weizmann, o mundo parecia dividido em duas partes: os lugares onde os judeus não podiam viver e aqueles onde não podiam entrar. Na prática, Evian deu a Hitler o sinal verde para o Holocausto.

A Polônia inclusive tirou a cidadania de 15 mil judeus poloneses que viviam na Alemanha. Em outubro de 1938, a Gestapo levou-os à fronteira com a Polônia, mas os poloneses se negaram a aceitá-los. Então eles ficaram numa espécie de terra de ninguém fronteiriça, completamente vulneráveis. Entre os deportados estava o casal Sendel e Rivka Grynszpan.

Seu filho Herschel Grynszpan, de 17 anos, vivia clandestinamente na França após ser expulso da escola na Alemanha e ter o visto de entrada na Palestina negado pelos ingleses.

Ao saber da deportação dos pais, Herschel jurou vingança. Em 7 de novembro, ele disparou uma saraivada de tiros contra o secretário da embaixada alemã em Paris, Ernst vom Rath. Duas balas atingiram Rath, que morreu dias depois. Herschel foi supostamente enviado ao campo de Sachsenhausen e nunca mais se ouviu falar dele.[34] Mas desta vez Hitler não batizou nenhum navio com o nome do nazista morto. Em vez disso, usou o atentado de Herschel para incitar os alemães a uma punição sangrenta contra todos os judeus.

---

33. USHMM.
34. Pode ser que Herschel tenha sobrevivido com outro nome. Seus pais sobreviveram e emigraram para Israel, onde testemunharam o julgamento de Eichmann, em 1961.

A data do ataque contra Rath — véspera do aniversário do *putsch* da cervejaria — não poderia ter sido mais propícia para acender o pavio da exaltação nacionalista. Na noite de 9 de novembro, uma onda de ira popular varreu o país orquestrada pelos escritórios locais da Gestapo. Os tumultos começaram com o rompimento de vidros de lojas e sinagogas.

Quando as ruas se cobriram de estilhaços, os agitadores trouxeram galões de querosene para atear fogo nos comércios judaicos.

A perseguição deixou 90 judeus mortos e centenas de feridos, além de 7,5 mil lojas destruídas e quase 300 sinagogas incendiadas. Cerca de 30 mil judeus foram enviados aos campos de Dachau, Buchenwald e Sachsenhausen com a bênção das massas.[35]

Aquelas 24 horas de surto, que passaram à História como *Kristallnacht*, Noite dos Cristais, foram o episódio mais revelador da era nazista. Foi quando os alemães não tiveram mais dúvida sobre a intenção eliminacionista do regime. E não fizeram nada em solidariedade a seus concidadãos judeus, embora tivessem a oportunidade de se manifestar.

Ao contrário: a aprovação à Noite dos Cristais foi geral. Na Francônia, cerca de 84% dos educadores protestantes e 75% dos educadores católicos suspenderam as aulas. Não para protestar contra o sofrimento de milhares de judeus inocentes, e sim contra o assassinato do diplomata nazista.[36]

Com a Noite dos Cristais, Hitler soube que poderia contar com a anuência do povo na destruição do judaísmo. Mas aquele foi o último assalto popular contra os judeus. A partir de então, a Gestapo só permitiu perseguições "metódicas e planejadas", como

---

35. Burleigh e Wippermann, pág. 89; Evans, cap. 7.
36. Goldgahen, Daniel J., *Os Carrascos Voluntários de Hitler*, Companhia das Letras, 1996, pág. 115.

queria seu fundador, Hermann Goering — a essa altura, o segundo homem mais poderoso do Terceiro Reich.

A perseguição metódica e silenciosa evitaria macular a imagem da Alemanha perante os estrangeiros. "Afinal, não queremos parecer sádicos desvairados", disse o editor do *Das Schwarze Korps* (A Corporação Negra), o jornal oficial da SS.[37]

Dias depois, as últimas crianças judias que restavam nas escolas alemãs foram expulsas. E um decreto determinou que os homens judeus deveriam agregar "Israel" ao seu nome. As mulheres judias deviam adicionar "Sara". Esse era mais um degrau do genocídio, a simbolização, que buscava facilitar a identificação das vítimas.[38]

Quando 1938 chegou ao fim, a outrora pulsante comunidade judaica alemã estava à beira da ruína. Das cerca de 50 mil empresas que tinham um dono judeu em 1933, restavam menos de 8 mil. As demais haviam sido fechadas ou transferidas a arianos. Cerca de 60 mil judeus estavam desempregados, apesar da escassez de mão de obra. Dependiam das instituições de caridade judaicas, também ameaçadas.[39]

O próximo objetivo do nazismo foi tentar acabar com os 30 mil casamentos mistos contraídos antes das Leis de Nuremberg. Esses casamentos eram um duplo problema, pois colocavam em risco o estoque de genes arianos e a capacidade de distinguir entre judeus e alemães.[40]

Como estavam fora do alcance das Leis de Nuremberg, essas uniões eram reguladas pelas mesmas normas dos casamentos entre arianos. Ou seja: não podia haver divórcio, a menos que um dos cônjuges tivesse feito algo errado ou que o casal estivesse separado por pelo menos três anos.

---

37. Goldgahen, pág. 117.
38. Hilberg, pág 56.
39. Burleigh e Wippermann, pág. 86.
40. Fritzsche, cap. 2.

O que fazer com esses 30 mil casais? Eles também deveriam ser transferidos para as *Casas de Judeus* (Judenhäuser)?

Goering solucionou esse impasse com um decreto de 28 de dezembro de 1938 que diferenciou entre casamentos mistos "privilegiados" e "não privilegiados".[41] O fator decisivo para essa divisão era a educação religiosa dos filhos. Os casamentos mistos cujos filhos eram criados como cristãos eram "privilegiados". Portanto, poupados da transferência às Casas de Judeus. Goering não queria que essas crianças, consideradas mischlinge de primeiro grau, convivessem com judeus num mesmo edifício. Elas inclusive poderiam trabalhar e servir o exército no futuro.

Por outro lado, os casamentos mistos com filhos criados no judaísmo eram "não privilegiados" e geralmente transferidos às Casas de Judeus. No caso de casamentos mistos sem filhos, o critério era o seguinte: o casal com esposa judia e o marido alemão era "privilegiado" — talvez porque, na visão nazista, a mulher pertencia ao marido. Já o casal com esposa alemã e marido judeu era "não privilegiado". Como diz o historiador Raul Hilberg, Goering tinha esperança de que as esposas arianas se divorciassem de seus maridos judeus e voltassem ao seio da pura comunidade alemã.

E os agentes da Gestapo faziam de tudo para tornar essa esperança realidade. Primeiro depenavam o patrimônio do marido. Depois chamavam a esposa para uma conversa em que tentavam convencê-la de que sua vida seria muito melhor se pedisse o divórcio. Quando a conversa não surtia efeito, eles ameaçavam confiscar os bens em nome dela ou enviar o marido para um campo por mais de três anos — pois esse tempo de separação era motivo de divórcio.

---

41. Hilberg, pág. 51.

Algumas mulheres se divorciaram em desespero, embora continuassem vendo os maridos. Outras ficaram ao lado deles, dispostas a enfrentar o pior. Foi o caso de Eva, esposa de Victor Klemperer. Ele era um judeu veterano de guerra, nacionalista e convertido ao protestantismo.

Em 1935, Klemperer foi demitido do cargo de professor de literatura na Universidade Técnica de Dresden. Depois foi proibido de frequentar a biblioteca da cidade, detido por uns dias pela Gestapo e obrigado a pagar uma multa pelos danos causados ao patrimônio público pelos vândalos da Noite dos Cristais.

Klemperer se sentia alemão acima de tudo. Não podia acreditar no inferno que vivia. "Ninguém pode tirar minha germanidade de mim, mas meu nacionalismo foi embora para sempre", ele escreveu em seu diário em 9 de outubro de 1938.[42] No ano seguinte, os canhões da guerra voltariam a rugir. E, enquanto os alemães alentavam os generais de Hitler, o Terceiro Reich começou a subir os degraus mais extremos da escada.

---

42. Klemperer, Victor, *I Will Bear Witness*, Modern Library, 2001, pág. 260.

7

EXTERMÍNIO

Hitler começa a Segunda Guerra Mundial com dois objetivos: transformar a Alemanha num império e ter a desculpa perfeita para executar seu plano genocida.

Vera e Julius Wohlauf eram um casal apaixonado. Ela era bonita, alegre e companheira. Ele, um jovem de 29 anos bem-sucedido e respeitado pelos colegas. Os dois se casaram em Hamburgo, em junho de 1942, e depois viajaram à Polônia. E foi uma lua de mel inesquecível, animada por festas noturnas e cantorias. O sorriso do casal ficou registrado nas fotos feitas pelos amigos.

Julius era o comandante da 1ª Companhia do Batalhão 101, uma das mais cruéis unidades de extermínio nazistas. Sua tarefa era manter a ordem na Polônia ocupada, o que incluía fuzilar poloneses e deportar judeus para as câmaras de gás. Grávida de quatro meses, Vera presenciava os fuzilamentos segurando um bastão de montaria. Sentia-se mais poderosa assim. Em 25 de agosto de 1942, ela acompanhou a deportação de 11 mil judeus do povoado de Miedzyrzec ao campo de Treblinka. Os homens do batalhão obrigaram os judeus a ficar agachados durante horas na praça, sob um sol abrasivo, enquanto esperavam para entrar no trem de gado. Muitos desmaiaram. Quem se levantava era fuzilado, inclusive crianças que não conseguiam ficar imóveis por tanto tempo. A cena foi presenciada também por esposas de outros oficiais e enfermeiras da Cruz Vermelha.[1]

A cúpula nazista proibia fazer fotos dos massacres, mas muitos soldados levaram suas câmeras e obrigaram judeus a posar para fotos de recordação. Zombaram especialmente dos religiosos, com suas barbas longas e seu xale de rezas *(talit)*. Para se divertir ainda mais, os alemães atiravam maçãs nos judeus. A "brincadeira" prosseguiu na estação de trem, dessa vez com garrafas de vidro vazias. Os atingidos eram surrados ao som de gargalhadas.[2]

---

1. Goldgahen, Daniel J., *Os Carrascos Voluntários de Hitler*, Companhia das Letras, 1996, pág. 259.
2. Idem, pág. 274.

No início da tarde, as ruas da cidade estavam cobertas de cadáveres. E, quando a noite chegou, Vera e Julius se divertiram numa festa do batalhão. A dança foi embalada pelo acordeão do Dr. Schoenfelder, o médico da tropa — que durante o dia instruíra os assassinos a disparar tiros certeiros na nuca das vítimas.

Histórias como essa ajudam a entender que o nazismo não se restringiu a meia dúzia de líderes dantescos. As atrocidades se basearam no apoio ativo de numerosos "alemães comuns", isto é, que não haviam sido membros do Partido Nazista antes de 1933.[3] Gente como Eva e Julius Wohlauf.

Mas não só eles. A destruição dos judeus europeus foi altamente descentralizada. Mobilizou profissionais de todas as carreiras, desde economistas que calcularam os confiscos até ferroviários que transportaram os judeus aos guetos, empresários que os escravizaram nos campos e engenheiros que construíram os crematórios.

O Holocausto foi uma operação multinacional, auxiliada por governos e cidadãos comuns de países aliados ou ocupados. Sem eles não teria sido possível confinar judeus em mais de mil guetos ao redor da Europa.[4]

Os fuzilamentos tampouco seriam tão eficientes. Enquanto os soldados dos batalhões alemães fumavam entre um disparo e outro, por exemplo, voluntários lituanos, ucranianos e letões prosseguiam com as execuções. Como Hitler arrastou um continente inteiro para o genocídio? É o que veremos neste capítulo.

A profecia

Em 30 de janeiro de 1939, ao completar seis anos no poder, Hitler lançou uma profecia diante do Parlamento alemão. "Durante minha vida fui com frequência um profeta, e geral-

---
3. Martin A. Ruehl, Universidade de Cambridge, Inglaterra. Entrevista do autor.
4. USHMM, "Ghettos", disponível online.

mente riram de mim. Durante minha luta pelo poder, eram sobretudo os judeus que riam de minhas profecias, em que dizia que algum dia alcançaria a liderança do Estado, e, portanto, de todo o *Volk*. E que então conseguiria uma solução para o problema judaico", disse o Führer.

E prosseguiu: "Hoje serei de novo um profeta. Se os judeus da Europa e do resto do mundo tiverem sucesso outra vez ao empurrar os povos a uma guerra mundial, a consequência será não a bolchevização do mundo e, portanto, a vitória dos judeus, e sim o contrário: a aniquilação da raça judia na Europa".[5]

A novidade do discurso não era a vontade de aniquilar os judeus. Fazia tempo que Adolf expressava esse desejo. A novidade era que ele planejava finalmente realizá-lo, durante uma nova guerra mundial.

O início da profecia já era realidade: a morte social dos judeus alemães. Quase a metade deles havia emigrado para onde era possível. E os que ficaram na Alemanha viviam totalmente isolados da sociedade. Mas o ditador sabia que só mesmo com uma guerra seria possível se livrar de todos os judeus europeus — embora ainda não soubesse como fazer isso. Com a guerra, a Alemanha também conquistaria o "espaço vital" *(Lebensraum)* para os arianos. Essa era, aliás, a principal ideia por trás do expansionismo nazista. Hitler dizia que o Reich precisava de um "espaço vital" que fornecesse terra e matérias-primas para o crescimento alemão. E esse espaço físico seria todo o Leste Europeu. Seus habitantes — poloneses, checos, russos e outros eslavos — acabariam ou expulsos, ou escravizados, ou mortos. A população ariana então povoaria essa região e garantiria a hegemonia alemã.

Assim, o Führer seguiu uma estratégia de provocações e fatos consumados para impelir as outras potências a travar um

---

5. Para mais detalhes, ver The Nizkor Project.

novo confronto. Após anexar a Áustria, ele invadiu a região dos Sudetos — a parte da Checoslováquia habitada sobretudo por alemães. A União Soviética e as potências ocidentais ficaram em alerta, mas ninguém estava disposto a travar outra guerra contra a Alemanha.

Muito menos dar início a uma nova guerra mundial. O premiê britânico Neville Chamberlain tentou apaziguar Hitler a todo custo. Inclusive aceitou não reagir à ocupação dos Sudetos para saciar suas ambições territoriais. O pacto foi assinado em Munique, em setembro de 1938, pela Alemanha, Inglaterra, Itália e França. A Checoslováquia não foi chamada.

Mas era preciso ser muito ingênuo para achar que Hitler se daria por satisfeito. Pouco depois do pacto ele ocupou a Checoslováquia inteira, dando o primeiro passo para a conquista do ansiado "espaço vital".

E em 1º de setembro de 1939 veio a manobra que faltava: Hitler invadiu a Polônia. Aí já era demais. França e Inglaterra declararam guerra contra a Alemanha. E tinha início a Segunda Guerra Mundial. Hitler se sentia em casa novamente. As forças armadas alemãs *(Wehrmacht)* avançaram sobre a Polônia com quase 1,5 milhão de soldados, lançando ataques velozes e brutais com tanques, divisões motorizadas e caças bombardeiros.[6]

Era a *Blitzkrieg*, a guerra-relâmpago, que espalhou o terror entre as tropas inimigas. E, à medida que a Alemanha abocanhava territórios, os judeus se viram encurralados dentro dos novos domínios do Reich. Já não podiam sair.

O confinamento

No oitavo dia de guerra os alemães chegaram a Varsóvia. Os moradores da cidade ergueram barricadas e lutaram como

---
6. Evans, Richard J., *The Third Reich at War*, Penguin, 2009, cap. 1.

puderam, mas em menos de três semanas se renderam à investida nazista. O território polonês foi retalhado entre a Alemanha e a URSS, que tinham um pacto de não agressão. O leste do país ficou nas mãos dos soviéticos. O oeste foi incorporado ao Terceiro Reich e batizado de *Wartheland* — alusão ao Rio Warthe (Varta). Já o centro-sul, que incluía os distritos de Varsóvia, Lublin, Cracóvia e Radom, virou uma colônia alemã de trabalhos forçados chamada de *Generalgouvernement* (Governo Geral).

O território do Governo Geral seria o epicentro do Holocausto, concentrando os 3 milhões de judeus poloneses (10% da população do país), além de judeus expulsos da Alemanha e de todos os cantos da Europa. Hitler confiou as decisões sobre a questão judaica a Heinrich Himmler, líder da SS, e Reinhard Heydrich, chefe do recém-criado Escritório Central de Segurança do Reich (RSHA), que centralizava o aparato policial nazista. Em 21 de setembro, Heydrich determinou que os judeus seriam confinados em guetos nas grandes cidades polonesas e, em seguida, deportados.

Talvez a ideia fosse mandá-los a futuras terras conquistadas no Leste Europeu e na URSS. O fato é que a cúpula nazista não fazia ideia. Heydrich, de qualquer forma, foi bem claro sobre dois pontos:

• Judeus da Alemanha e do interior da Polônia seriam transportados aos guetos nas grandes cidades polonesas em trens de gado.

• Cada gueto seria administrado por um Conselho Judaico, o Judenrät, encarregado de fazer cumprir as ordens nazistas.

Em novembro, Hans Frank, chefe do Governo Geral, exigiu que todos os judeus a partir dos 12 anos usassem no braço um pano branco com uma estrela de David azul. Era a primeira versão do distintivo que a partir de 1941 seria obrigatório aos judeus de toda a Europa ocupada, normalmente nas cores amarela e preta.[7]

Os judeus eram responsáveis por comprar e distribuir a insígnia. Quem não a usasse seria multado, preso ou executado. A ideia era humilhá-los e facilitar sua identificação para o genocídio. Naquele fim de 1939, porém, Hitler sabia que ainda era prematuro tentar realizar sua profecia.

A guerra estava começando e a Alemanha precisava consolidar posições. Hitler aventava invadir a Inglaterra ou pelo menos selar um pacto com os ingleses. Portanto, teria que esperar o momento certo para dar o bote final contra o judaísmo.

Isso explica por que o confinamento em guetos foi uma medida transitória. Os judeus ficariam segregados até que chegasse o momento de exterminá-los ou deportá-los em massa a terras distantes.

Em geral, o gueto era um bairro transformado numa espécie de cidade-estado, isolada do exterior e totalmente controlada pelos nazistas.[8] Alguns guetos eram murados, como Bialystok. Outros tinham cercas de arame farpado eletrificado, como Lodz. Muitos criaram creches, cantinas, hospitais e fábricas onde judeus eram obrigados a trabalhar para o esforço de guerra alemão. E todos careciam de comida e serviços de água e luz.

Para instituir um Conselho Judaico, os alemães simplesmente escolhiam um velho líder comunitário e lhe ordenavam formar a equipe com quem quisesse — desde que não fosse comunista ou ultraortodoxo. Nas cidades com até 10 mil judeus, o *Judenrät* tinha 12 membros; nas maiores, 24.[9] Os judeus até achavam que o Conselho poderia interceder junto aos alemães para conseguir

---

7. Na França, por exemplo, a estrela era amarela e preta com a palavra *Juif* (Judeu) no interior. Na Eslováquia, era amarela e azul. Na Romênia, era amarela com um disco preto ao fundo. Ver Jewish Virtual Library, disponível online.

8. Hilberg, Raul, *The Destruction of the European Jews*, Holmes & Meier, 1985, pág. 89.

9. Hilberg, Raul, *Perpetrators, Victims, Bystanders*, HarperCollins, 1992, pág. 107.

alimentos ou poupá-los das torturas.[10] Mas logo viram que era ilusão: os nazistas transformaram o *Judenrät* numa peça-chave da destruição judaica.

É que os membros do Conselho, antes dedicados a atividades culturais e religiosas, agora se viam obrigados a distribuir suprimentos, abafar rebeliões e garantir a ordem por meio de uma polícia própria. Pior: precisavam fazer listas de quem seria enviado aos campos de trabalhos forçados que a Alemanha erguia na Europa ocupada. Eram decisões tomadas sob extrema pressão, que davam lugar a favorecimentos, corrupção e autoritarismo.

Chaim Rumkowski, presidente do *Judenrät* do Gueto de Lodz, ganhou fama de tirano. No polo oposto estava Adam Czerniakow, chefe do *Judenrät* de Varsóvia. Ele fez o que pôde para defender os moradores do gueto sem abusar da autoridade. Foi inclusive preso pela SS, torturado e humilhado constantemente.

O dia a dia no gueto

Criar e administrar guetos era uma tarefa complicada. Havia mais judeus no Gueto de Varsóvia (450 mil) do que na França, por exemplo. E a maioria dos moradores da capital polonesa foi contra a iniciativa. Não por motivos humanitários (só uma minoria apoiava os judeus), mas porque estabelecer aquele enclave gerou transtornos. Linhas de ônibus tiveram seus trajetos alterados. Os 113 mil não judeus que viviam dentro do perímetro tiveram que sair, enquanto 138 mil judeus que viviam fora tiveram que entrar. Além do mais, os poloneses se sentiram ofendidos ao ver sua capital sendo desfigurada pelos alemães.[11]

Como os médicos nazistas associavam os judeus à epidemia de tifo, o Gueto de Varsóvia foi instituído sob o pretexto de ser-

---

10. Arad, Yitzhak, *Ghetto in Flames*, Holocaust Pubns, 1983, pág. 63.
11. Hilberg, 1985, pág. 83.

vir como zona de "proteção sanitária". No início os moradores podiam entrar e sair. Mas em novembro de 1940 o gueto foi rodeado por um muro de três metros de altura, com arame farpado no topo, para garantir sua função de quarentena.

Os judeus ficaram segregados ali feito vírus em laboratórios. A área murada concentrava 30% da população de Varsóvia em apenas 2,4% da área da cidade.[12] Isso dava em média 15 pessoas por apartamento ou sete por quarto, segundo cifras oficiais. Em alguns casos, 30 pessoas dormiam num cômodo de 30 metros quadrados.[13]

E logo as condições de vida dos confinados pioraram drasticamente. Com Varsóvia sitiada, os preços dos alimentos ficaram até dez vezes mais caros do que no pré-guerra.[14] Isso porque os alemães barraram a importação de comida e tentaram impedir o livre-comércio de alimentos distribuindo cartões que davam direito a uma cota alimentar individual.

Os preços eram tabelados. Quem vendesse acima era punido com a morte. Mas não adiantava nada. Esse tipo de retaliação, na prática, só tinha um efeito: aumentar ainda mais os preços.

Em 1941, a ração oficial era de 2.613 calorias para os soldados alemães, 699 para poloneses não judeus e 184 para os judeus do gueto.[15] Ou seja: salvo os alemães, todo mundo estava faminto. Mas a situação dos judeus era calamitosa. Para você ter uma ideia, eis a ração individual que o SA Ludwig Fischer, governador do distrito do Varsóvia, prometeu ao *Judenrät*:

- 1 ovo, 100 g de geleia, 300 g de açúcar e 50 g de gordura — por mês;

---

12. Yad Vashem, "Ghettos", disponível online.
13. Evans, cap. 3.
14. Gutman, Yisrael, *The Jews of Warsaw: Ghetto, Underground, Revolt, 1939-1943*, First Midland, pág. 25.
15. Roland, Charles G., *Courage under Siege: Disease, Starvation and Death in the Warsaw Ghetto*, Oxford University Press, 1992, cap. 6.

- 1 kg de pão por semana;
- 1 dúzia de batatas por ano.[16]

Na prática, a ração era ainda mais estrita. Desde maio de 1940 o açúcar era vedado aos judeus, por exemplo. E as cotas não eram idênticas para todos. Os que trabalhavam para os nazistas ganhavam mais comida que os desempregados. E quem tinha objetos para vender sobreviveu mais que os despossuídos.

O resultado foi um enorme mercado clandestino de produtos de primeira necessidade. Adultos e crianças arriscavam a vida fora do gueto trocando roupas e sapatos por alimentos. Alguns escapavam por passagens no muro ou cavando túneis. Outros subornavam policiais poloneses para poder passar. Natural: sem burlar as leis do gueto, a sobrevivência seria inviável.[17] Mas os alemães apertaram o cerco. "Temos notícias de que aqueles que forem pegos fora do gueto serão fuzilados no centro de detenção judaica", escreveu Czerniakow em seu diário em 12 de novembro de 1941. Cinco dias depois, ele registrou: "Às 7h30, a execução foi levada a cabo no pátio da prisão".[18]

A escassez de combustível agravou a penúria. Imagine o que é passar noites seguidas a 25 graus negativos sem calefação. "O duro inverno chegou e não temos nenhum pedaço de carvão para aquecer nossos corpos miseráveis. As minas de carvão estão nas mãos do conquistador, e ele está nos matando de frio", escreveu o professor judeu Chaim Kaplan em seu diário.[19]

Agora junte fome, frio, tifo, tuberculose... e você vai entender por que os guetos eram bombas-relógio. Em Lodz, a taxa de mortalidade entre os judeus saltou de 10,7 por mil habitantes em

---

16. Hilberg, 1992, pág. 56.
17. Gutman, pág. 35.
18. Citado em Holocaust Education & Archive Research Team, disponível online.
19. Citado em Gutman, pág. 26.

1938 para 75,9 por mil em 1941. No ano seguinte, o índice mais que dobrou: 182,2 mortos a cada mil.[20]

Nos outros guetos não foi diferente. Pessoas definhavam nas esquinas ao lado de corpos putrefatos. No inverno, a água dos canos congelava e os sistemas de esgoto deixavam de funcionar. A falta de higiene só aumentava a proliferação de doenças.

Para os nazistas, tudo isso era conveniente porque acelerava a morte dos judeus bem longe da opinião pública. Numa das visitas ao Gueto de Varsóvia, o governador Fischer se limitou a dizer ao Conselho:

"Removam os cadáveres das ruas. Eles geram má impressão."[21]

Alguns pais permitiam que seus filhos roubassem comida fora dos guetos menos herméticos. Era a lei da selva. Mas os transgressores recebiam punições exemplares. No Gueto de Theresienstadt (Terezín), na atual República Checa, 16 pessoas foram enforcadas em praça pública no início de 1942 por enviar cartas às suas famílias — o que era proibido.[22]

Crescer nesses ambientes significava ter traumas constantes. O escritor Hans Günther Adler, que viveu dois anos e meio em Terezín, notou que as crianças ali eram "sempre nervosas" e "excepcionalmente despertas". Como diz o historiador Raul Hilberg, as mais novas nem sabiam o que era liberdade.[23]

No fim das contas, a profecia de Hitler começou a vingar. O confinamento estava aniquilando o judaísmo. Dos cerca de 200 mil moradores do Gueto de Lodz, 45 mil morreram até meados de 1942. O Gueto de Varsóvia enterrou 83 mil.[24] Mas matar todos os judeus europeus nesse ritmo levaria tempo demais. Hitler tinha pressa.

---

20. Hilberg, 1992, págs. 140-141.
21. Diário de Adam Czerniakow, citado em Hilberg, 1992, pág. 56.
22. Chládková, Ludmila, *The Terezín Ghetto*, V RÁJI Publishers, pág. 16.
23. Hilberg, 1992, pág. 145.
24. Hilberg, 1985, pág. 96.

Começa o extermínio

Tudo o que os nazistas fizeram até aqui foi lento e progressivo. Em março de 1942, cerca de 80% de todas as vítimas do Holocausto ainda estavam vivas. Mas aí a máquina de destruição entrou em funcionamento a toda potência. Apenas 11 meses depois, em fevereiro de 1943, a porcentagem era exatamente inversa: somente 20% das vítimas estavam vivas.[25]

O que explica a aceleração frenética? A resposta: 1941, o ano que mudou para sempre a história judaica. Foi nesse ano que Hitler quebrou o pacto de não agressão com a URSS, colocando a Alemanha em uma guerra total. A Operação Barbarossa começou em junho de 1941. Era uma empreitada suicida, pois o Führer desistiu de tentar um pacto com a Inglaterra. Agora a Alemanha combatia em dois fronts.

E, quanto mais a Alemanha se entregava à aventura bélica, mais Hitler se aferrava ao genocídio. O grosso da matança ocorreu entre abril e novembro de 1942. Nesses oito meses, os alemães e seus colaboradores europeus mataram 2,5 milhões de judeus.[26]

Isso equivale a 10 mil assassinados por dia, 417 por hora, 7 por minuto. Uma *blitzkrieg* da morte. Mas como foi possível eliminar tanta gente em tão pouco tempo? O plano começou a ser esboçado em fevereiro de 1941, num encontro de Hitler com velhos companheiros do Partido Nazista. Um dos companheiros lhe perguntou o que ele faria com os judeus.

"Vou mandá-los para Madagascar", respondeu o Führer. A ilha na costa leste da África era uma colônia francesa. Como a França estava sob ocupação nazista, seria fácil deportar os judeus para lá. Mas nem tanto: os assessores de Hitler advertiram que seria arriscado enviar navios alemães até a costa africana.

25. Idem, pág. 1.
26. Kopolovich, Zvi, "The Holocaust", Yad Vashem, disponível online.

Eles poderiam ser afundados pelos ingleses em pleno Oceano Índico. O prejuízo para a marinha alemã seria irreparável.

"Então tenho outras ideias... menos amigáveis", sentenciou Hitler.[27]

Dito e feito. Em julho de 1941, logo após a invasão da URSS, Hitler encarregou Heydrich de preparar a "Solução Final" da questão judaica. Em outras palavras: o extermínio físico dos judeus europeus. Para arquitetar a Solução Final, Heydrich escalou seu especialista em assuntos judaicos, Adolf Eichmann. E ordenou os primeiros massacres nos territórios soviéticos ocupados. A ação foi conduzida por esquadrões da morte, os *Einsatzgruppen,* que avançavam junto às tropas alemãs para reprimir focos de resistência civil. Tão logo as tropas conquistavam uma cidade, os esquadrões entravam para fuzilar comunistas e judeus.

Os *Einsatzgruppen* eram formados por homens da SS, Gestapo, Kripo, Orpo e Waffen-SS (braço militar da SS). Eles já haviam sido usados para matar intelectuais na Polônia. Agora caçavam judeus na imensidão soviética divididos em subunidades de 100 a 150 homens, chamadas de *Einsatzkommandos* e *Sonderkommandos*.[28]

Mas a missão homicida começou meio confusa, pois naquele julho de 1941 as instruções ainda não estavam claras. Hitler ordenou eliminar o "bolchevismo judaico", mas os oficiais dos esquadrões não sabiam se era para matar só comunistas ou todos os judeus.

Então começaram fuzilando homens judeus de 15 a 60 anos. E logo apareceram os primeiros resultados. A brigada do SS Erich Von dem Bach-Zelewski, por exemplo, informou o fuzilamento de 25 mil judeus na Rússia Central em menos de um mês.[29]

---
27. Hilberg, 1992, pág. 16.
28. O termo *Sonderkommando* designava dois grupos totalmente distintos: os esquadrões da morte da SS e as equipes de judeus obrigados a trabalhar nas câmaras de gás, que veremos no cap. 8.
29. Evans, cap. 3.

Em 1º de agosto, Himmler deu uma instrução mais precisa: homens judeus deviam ser executados, enquanto mulheres e crianças deviam ser jogadas nos pântanos. Mas surgiu outro problema. "Levar mulheres e crianças aos pântanos não teve o sucesso que deveria, pois os pântanos não eram profundos o suficiente para sua completa imersão", informou o 2º Regimento de Cavalaria da SS.[30] E a solução foi fuzilar todo mundo, sem importar sexo ou idade.

O povoado ucraniano de Belaya Tserkov foi talvez o primeiro lugar em que os nazistas dispararam em crianças judias ao lado dos adultos. Os homens de Paul Blobel, comandante do Sonderkommando 4, começaram executando 900 adultos. Dois soldados disparavam em cada vítima a uma distância de seis metros. Às vezes, o topo do crânio voava e cobria os atiradores de sangue.[31]

No meio da tarde, soldados avisaram aos capelães militares que cerca. de 90 crianças judias, entre elas bebês, haviam passado a noite numa casa com alguns adultos judeus, vigiadas por ucranianos. Elas estavam deitadas sobre seus excrementos. De tão famintas, algumas lambiam as paredes.

Blobel ordenou executar as crianças, pois o "inimigo" judeu deveria ser totalmente eliminado. Ante a recusa de muitos de seus soldados, ele conseguiu que uma milícia ucraniana fizesse o serviço.[32]

Os genocidas freelance

Casos assim foram comuns no Holocausto. Os alemães terceirizaram a matança usando unidades de voluntários formadas por lituanos, russos, bielorrussos e letões, por exemplo, co-

---

30. Citado em Evans, cap. 3.
31. Hilberg, 1992, pág. 58.
32. Idem, pág. 59.

nhecidas como *Hilfswilligen* ("Agentes dispostos a ajudar"). Ou simplesmente *hiwis*.

Esses assassinos contratados recebiam treinamento da SS no campo de Trawniki, na Polônia, e eram pagos com o dinheiro confiscado dos judeus. *Hiwis* ucranianos participaram da maior carnificina isolada do Holocausto, ocorrida nos arredores de Kiev, a capital da Ucrânia.

Kiev foi capturada em 19 de setembro de 1941. Na semana seguinte, cartazes espalhados pelas ruas convocaram os judeus a comparecer no dia 29, às 7h, em frente ao cemitério. Deveriam levar todos os pertences, incluindo roupas, dinheiro e joias. Ausências seriam punidas com a morte.

Do cemitério os judeus marcharam até Babi Yar, um barranco a 3 km dali, onde tiveram que se despir diante do *Sonderkommando* 4a, do Batalhão Policial 303 e dos hiwis ucranianos. As primeiras vítimas foram forçadas a descer ao pé do desfiladeiro e se deitar de boca para baixo.

Receberam um tiro na nuca.

"Havia três grupos de atiradores na base do barranco, cada um com 12 homens. Cada grupo de judeus tinha que se deitar sobre os corpos que acabavam de ser baleados", recordou Kurt Werner, membro do esquadrão. "Ainda lembro o completo terror dos judeus quando avistavam os corpos ao chegar à beira do barranco. É quase impossível imaginar os nervos de aço necessários para levar a cabo esse trabalho sujo. Foi horrível... tive de ficar toda a manhã no barranco. Por algum tempo precisei disparar continuamente."[33]

O massacre continuou no dia seguinte. No total, os comandos mataram 33.771 judeus em dois dias, segundo cifras oficiais. Enquanto isso, outros batalhões mandavam os judeus para a

---

33. Citado em Evans, cap. 3

morte certa em boa parte da Europa, fosse nos países conquistados, como a Hungria, fosse nos satélites criados por Hitler: Croácia e Eslováquia.

Em todos eles a meta foi replicar os passos do genocídio na Alemanha: identificação, exclusão, confinamento, deportação e extermínio. Mas houve variações. A Croácia matou quase metade da população judaica em seus próprios campos, mas poupou judeus considerados importantes para a economia. Na França, o governo colaboracionista de Vichy estava sempre pronto para entregar judeus estrangeiros aos nazistas, mas hesitava em entregar judeus franceses.[34]

Os países do Eixo, como a Romênia e a Bulgária, também ajudaram no genocídio. As tropas romenas foram especialmente cruéis com os judeus após a conquista do porto de Odessa, na Ucrânia, em outubro de 1941. É que uma bomba deixada pelos soviéticos explodiu no quartel-general romeno em Odessa, matando 61 soldados. Como vingança, os romenos colocaram 19 mil judeus da cidade em galpões e descarregaram seus fuzis sobre eles. Depois tomaram fazendas na fronteira com a Moldávia e as transformaram em campos de concentração. Confinaram 74 mil judeus em chiqueiros, deixando-os morrer de tifo, fome e frio. Em seguida pegaram 5 mil judeus velhos e doentes, encerraram-nos num estábulo, jogaram feno no teto, atearam gasolina e os queimaram vivos.[35]

Sadismos assim eram comuns sobretudo entre os veteranos, impacientes com o processo repetitivo de disparar. E as chacinas costumavam ser feitas em conjunto com os esquadrões alemães. Quando os soldados romenos começaram a fuzilar os judeus em Odessa, o capitão Bruno Müller, do *Sonderkommando* 11b, negociou com eles para ter 300 judeus (adul-

---

34. Hilberg, 1992, pág. 77.
35. Evans, cap. 3.

tos e crianças) à sua disposição. Levou-os até um poço seco e fuzilou-os. Depois jogou-os no poço e lançou granadas para garantir que nenhum saísse vivo.[36]

Operação Reinhard

Os esquadrões da morte executaram mais de 1 milhão de judeus nas áreas ocupadas.[37] O genocídio marchava a passos largos, mas os oficiais de campo e a cúpula nazista estavam insatisfeitos: os fuzilamentos eram desgastantes demais para os atiradores.

Muitos soldados hesitavam na hora de disparar e pediam transferência para outra tarefa. Outros tremiam e erravam o alvo, o que estendia o sofrimento das vítimas. Depois de presenciar chacinas em Minsk, no fim de 1941, Himmler concluiu que era preciso arranjar outro método que aliviasse a pressão psicológica sobre os alemães.[38]

Foi assim que o nazismo optou por gaseamentos em instalações móveis (caminhões herméticos) e fixas (câmaras de gás). Como diz o historiador Daniel J. Goldhagen, instalações permanentes tiveram preferência sobre as móveis porque possuíam grande capacidade de matar e permitiam levar a cabo as matanças fora da vista de testemunhas indesejáveis — como acontecia na URSS. Além disso, as instalações fixas podiam abrigar fornos para eliminar os corpos.[39]

Assim, no fim de 1941, Hitler ordenou a construção de três campos de extermínio no Governo Geral: Belzec, Sobibor e Treblinka. A ordem era deportar os judeus dos guetos para esses centros de extermínio. Os que podiam trabalhar deveriam ser explorados antes de morrer.

---

36. Hilberg, 1992, pág. 52.
37. Goldhagen, pág. 201.
38. Idem, pág. 171.
39. Idem.

A operação ficou conhecida como Aktion Reinhard em alusão a Heydrich, que seria morto por membros da resistência checa em junho de 1942. O chefe da Aktion Reinhard, o SS Odilo Globocnik, montou seu quartel-general em Lublin, na Polônia, e levou consigo dois nazistas para dirigir os trabalhos. Hermann Hoefle, especialista em mecânica, encarregou-se da logística das deportações. Já o policial Christian Wirth, que havia coordenado a eutanásia dos "incapazes" com monóxido de carbono, supervisionou a instalação das câmaras de gás nos campos.[40]

Em 20 de janeiro de 1942, Heydrich formalizou a Solução Final numa conferência em Wannsee, subúrbio de Berlim, com a presença de ministros, governadores, funcionários e autoridades de segurança. Nos meses seguintes, outros três campos na Polônia ganharam câmaras de gás: Chelmno, Auschwitz-Birkenau e Majdanek. Todos eles eram bem servidos pela extensa malha ferroviária europeia.

Se você olhasse a Europa de cima, veria trens riscando o mapa dia e noite rumo aos centros da morte. Na linguagem cosmética nazista, isso era o "reassentamento". Em janeiro de 1942, por exemplo, começaram as deportações do Gueto de Lodz para o campo de Chelmno. Em julho, prisioneiros do Gueto de Varsóvia começaram a ser enviados para Treblinka.

As vítimas viajavam em trens de gado ou de carga. Cada vagão tinha em média dez metros e transportava até 100 pessoas. Assim, uma formação de 30 vagões levava 3 mil vítimas de uma vez. Judeus do leste chegavam em trens que transportavam suprimentos aos alemães no front russo. Os nazistas também usaram formações de passageiros para remover judeus de países aliados ou ocupados, dizendo-lhes que seriam "reas-

---

40. USHMM, *Operation Reinhard*, disponível online.

sentados" para trabalhar. Inclusive os "aconselhavam" a levar alguns alimentos para o caminho.

Isso evitava motins. Toda essa aceleração do genocídio aconteceu num momento crítico da guerra. Exatamente quando a URSS recuperava a iniciativa e a Alemanha começava a perder as batalhas. Os generais alemães precisavam de mais soldados nos fronts, mas Hitler estava obcecado com os judeus. E não poupou esforços para sua destruição.

Em julho de 1943, oficiais da SS festejaram um recorde na eficiência da Solução Final: os trens já podiam levar 5 mil "representantes do povo eleito" a Treblinka todos os dias.[41] Desesperados, os presidentes dos Conselhos Judaicos tentaram em vão impedir as deportações. "Estão exigindo que eu mate meu povo com minhas próprias mãos. Não posso fazer nada a não ser morrer", escreveu numa carta Adam Czerniakow, presidente do *Judenrät* de Varsóvia.[42] Foram suas últimas palavras: Czerniakow se matou com uma pílula de cianeto.

Assim como ele, a maioria dos líderes dos Conselhos morreu com suas comunidades. Efraim Barasz, de Bialystok, foi executado quando os alemães liquidaram o gueto, em 1943. E Rumkowski tomou um dos últimos trens de Lodz para Auschwitz.

O Batalhão 101

Os campos de extermínio não significaram o fim dos esquadrões da morte. Ao contrário: os *Einsatzgruppen* e as dezenas de batalhões policiais vasculhavam cada rincão da Europa para deportar os judeus aos centros de matança ou fuzilar comunidades inteiras.

Quando declaravam um povoado *judenrein* ("limpo de judeus"), eles passavam ao povoado vizinho. Foi o caso do

---
41. Fritzsche, Peter, *Life and Death in the Third Reich*, Harvard University Press, 2008, cap. 3.
42. Citado em Holocaust Education & Archive Research Team, disponível online.

Batalhão 101, que compartilhou a lua de mel com Julius e Vera Wohlauf. O batalhão era formado por 502 homens: 11 oficiais, cinco administrativos (encarregados de pagamentos e provisões) e 486 soldados divididos em três companhias, cada uma delas com três pelotões.[43]

A maioria deles eram reservistas, pais de família, de classe média baixa ou trabalhadores, vindos da cidade de Hamburgo — uma das menos nazificadas da Alemanha. Como eram velhos demais para combater no exército, foram convocados pela Orpo, a Polícia da Ordem, e enviados à Polônia em junho de 1942.

A primeira missão importante veio em 13 de julho. Mas foi mantida em segredo até o último instante. Os soldados chegaram de madrugada a Jósefów, um povoado com 1,8 mil judeus. O comandante do batalhão, major Whilhelm Trapp, de 53 anos, reuniu seus homens para dar as instruções.

Pálido e nervoso, com lágrimas nos olhos e a voz trêmula, Trapp informou que eles deviam realizar uma tarefa incômoda. Mas ordens eram ordens. Para ajudá-los a cumprir a tarefa, Trapp recordou que bombas estavam caindo sobre mulheres e crianças na Alemanha. Que judeus instigaram os americanos a boicotar os produtos alemães. E que os judeus do povoado estavam envolvidos com os partisans (membros da resistência).

Qual era a tarefa? Homens judeus em idade de trabalhar deveriam ser deportados a um campo. As mulheres, crianças e anciões judeus deveriam ser executados a tiros ali mesmo. Em seguida, Trapp se dirigiu aos mais velhos do batalhão. "Se algum de vocês não se sentir preparado para a tarefa, pode dar um passo à frente", anunciou.[44]

Doze policiais deram um passo à frente, sem sofrer qualquer punição. O restante se dividiu. Alguns se encarregaram

---

43. Browning, Christopher, *Ordinary Men*, Harper, 1991, pág. 45.
44. Idem, págs. 1 e 2.

de tirar os judeus de suas casas e levá-los à praça do mercado. Outros ficaram de guarda nas ruas do vilarejo. Da praça, judeus eram levados em grupos de 40 até a floresta, onde tinham que se deitar em fila, de boca para baixo. Daí vinham 40 policiais e puxavam o gatilho.

O capitão Julius Wohlauf logo escolhia um novo local de fuzilamento para o próximo grupo de vítimas, e assim por diante. Ao cair da tarde, a floresta já estava coberta de cadáveres. E quando a escuridão tomou conta do lugar, às 21h, os últimos judeus foram mortos.

Trapp anotou: 1500 fuzilados, 300 deportados. Jósefów estava "livre de judeus". Mas o que levou esses homens a disparar por 17 horas seguidas contra crianças, mulheres e velhos? Motivos diversos, a começar pelo antissemitismo. Muitos homens do batalhão — talvez a grande maioria — não viram qualquer problema moral em atirar naquelas pessoas. Porque aos seus olhos eram pessoas inferiores, daninhas, inimigas.

É certo que quase 20% dos atiradores pediram dispensa da tarefa ao longo do dia. Mas não porque achavam errado o genocídio, e sim porque sentiam nervosismo e repugnância ao ver crânios espatifados. "Eu simplesmente não podia atirar mais, o que se tornou evidente ao meu sargento, Hergert. Eu constantemente errava os tiros. Por isso ele me liberou", disse um dos policiais.[45] Outro fator foi a conformidade — a identificação dos homens de uniforme com seus camaradas e o forte desejo de pertencer ao grupo. Ninguém queria parecer covarde diante dos demais. Mesmo que não houvesse castigo por isso.

A dificuldade do próprio comandante Trapp em levar a cabo aquelas ordens não era segredo para ninguém. Trapp passou a maior parte do dia na escola transformada em seu quartel-gene-

---

45. . Idem, pág. 72.

ral e nas casas do prefeito e do padre do vilarejo. Ele nunca esteve na floresta para ver as execuções.

"Ó Deus, por que tive que receber essas ordens?", confiou Trapp a um subordinado.[46] Mas, enquanto o comandante chorava baixinho, pelo menos 80% de seus homens continuaram firmes na tarefa de disparar.[47]

Os mais comprometidos com a matança eram os policiais de carreira, como Julius. Já os que tinham outras profissões mostraram menos afinco. Foi o caso do tenente Buchmann, um empresário. "Eu não me importava em ser promovido. Tinha minha empresa quando voltasse para casa", recordou.[48]

O certo é que esses homicidas profissionais não eram robôs, nem cegos seguidores de Hitler. Eram homens que tinham seus próprios valores e transgrediam certas regras do regime — faziam fotos das vítimas, por exemplo.[49] Poucos eram nazistas de carteirinha. E nenhum sofreu punição por se negar a disparar. Fizeram porque quiseram, muitos deles incentivados por boas doses de álcool e nicotina enquanto carregavam os cartuchos. A orgia da matança coroou os últimos degraus do Holocausto.

---

46. Idem, pág. 58.
47. Idem, pág. 82.
48. Idem, pág. 83.
49. Para mais detalhes sobre as motivações, ver Goldhagen, caps. 7 e 8.

8

AUSCHWITZ

Os nazistas não usaram os campos de extermínio só para aterrorizar, escravizar, envenenar e incinerar pessoas. Também aproveitaram a barbárie para transformá-los em laboratórios com cobaias humanas.

As duas pauladas atingiram a nuca fazendo um ruído seco. Pá. Pá. Shlomo Venezia ficou cego durante um instante e cambaleou, mas juntou forças para se manter de pé na fila. Era preciso caminhar rápido pela rampa. Se olhasse para trás de novo, o alemão lhe daria um terceiro golpe.

E desta vez lhe partiria o crânio.

Em sua mente começaram a girar cenas de sua vida. A infância pobre e feliz na cidade de Salônica, na Grécia. A morte precoce do pai, a ascensão do fascismo, a guerra, o gueto e a ocupação alemã. Shlomo foi deportado com a mãe e as duas irmãs mais novas num trem de gado rumo à Polônia. Na confusão do embarque, perdeu-as de vista.

Ficou praticamente imóvel durante os 11 dias de viagem, espremido junto das outras 80 pessoas de seu vagão. Dividiu com os demais o leite em pó e o chocolate que trouxera consigo. Os outros compartilharam os poucos suprimentos que haviam levado. Era o suficiente para não morrerem de fome.

O vagão exalava um odor nauseabundo. Um lençol tampava a lata usada como privada, mas os excrementos começavam a invadir todos os cantos. Outro lençol separava os homens das mulheres para tentar preservar o que restava de privacidade. E naquele 11 de abril de 1944, o trem chegou à estação final.

Shlomo sentiu um alívio quando as portas do vagão se abriram. Uma lufada de ar puro lhe devolveu a esperança, mas ele logo avistou nazistas com apitos, fuzis e cães de guarda cercando o comboio.

Era o comitê de "boas-vindas" de Auschwitz. *"Alle runter! Alle runter!"* ("Todos para baixo! Todos para baixo!"), eles gritavam.

Shlomo desceu e formou fila na rampa de desembarque.

Começou a andar, mas voltou-se para o trem procurando a mãe e as irmãs. Foi quando o alemão chegou por trás e lhe deu as duas pauladas.

Nunca mais as veria de novo. A ordem era: homens numa fila, mulheres e crianças em outra. Um sujeito elegante separava a fila dos homens também em duas. Com o dedo indicador, ele gritava:

— Direita! Esquerda!

Os prisioneiros veteranos sabiam bem o que essas palavras queriam dizer. Direita significava "trabalhos forçados". Esquerda, "câmara de gás". Com 20 anos e o corpo ainda robusto apesar da fome, Shlomo foi selecionado para a direita. Ele e outros 320 homens. Todos os demais homens, mulheres e crianças do trem — cerca de 2,2 mil — foram direto para uma câmara de gás em Birkenau, a 3 km dali.

Provavelmente o homem elegante era o médico Josef Mengele, o "Anjo da Morte". Shlomo só tinha uma certeza: foi escolhido para viver. Mas dias depois concluiria que morrer teria sido melhor, pois nenhum trabalho era mais abominável que o seu. E foi forçado a integrar o *Sonderkommando*.

"O que quer dizer *Sonderkommando*?", perguntou a um prisioneiro.

"Destacamento Especial."

"Especial? Por quê?"

"Porque você trabalha no crematório, onde as pessoas são queimadas."[1]

O trabalho do *Sonderkommando* (SK) era ajudar as vítimas a se despir e conduzi-las à câmara de gás, para logo retirar os cadáveres da câmara, remover os dentes de ouro, cortar os cabelos compridos e finalmente empilhar os corpos nas fornalhas. Os nazistas selecionavam judeus para integrar o SK porque não queriam fazer essa parte do trabalho sujo. Deixavam que os próprios judeus se encarregassem de ter contato com os cadáveres de seus pares.

---

1. Venezia, Shlomo, *Inside the Gas Chambers*, Polity Press, 2007, pág. 53.

Como a usina da morte deveria funcionar a pleno vapor, Shlomo e seus companheiros podiam comer bem e trocar de roupa regularmente para evitar doenças. Quem recusasse o trabalho tinha uma alternativa: levar um tiro na nuca. "Nas primeiras duas ou três semanas eu estava chocado pela enormidade do crime, mas aí você para de pensar", recordou Shlomo. "Você passa a agir como um robô."[2]

Todo dia Shlomo preferia morrer como os demais. E mesmo assim lutava para sobreviver. Mas ele sabia que não duraria muito: a cada três ou quatro meses, os integrantes do SK também iam para a câmara de gás. Porque sabiam demais.

A metamorfose

Hitler nunca conseguiu exercer um domínio absoluto sobre todos os alemães. Houve brechas no totalitarismo, como veremos no próximo capítulo. Mas existiu, sim, um lugar onde os nazistas tinham controle pleno e cabal sobre as pessoas: o campo de concentração.

Não era um só lugar, mas uma rede gigantesca: cerca de 20 mil campos se espalharam pela Europa durante o nazismo, deixando pelo menos 3 milhões de mortos.[3] No início, em 1933, os campos eram usados para punir e aterrorizar opositores políticos alemães. Funcionavam em quartéis, castelos, fortalezas, depósitos, edifícios públicos ou centros de detenção. Columbia Haus, por exemplo, foi criado num velho presídio em Berlim, onde a Gestapo torturava comunistas e social-democratas.[4]

A rede era descentralizada. Autoridades e polícias locais, Gestapo, SA e SS tinham autonomia para criar seus campos,

---

2. Venezia, pág. 2.
3. USHMM, "Nazi Camps", disponível online.
4. Burleigh, Michael, *The Third Reich: A New History*, [versão em espanhol], Punto de Lectura, 2008, pág. 346.

e o regime não fazia segredo sobre eles. Ao contrário: Himmler dizia que eram cruciais para evitar a ameaça comunista. Uma medida necessária, temporária e educativa. Ou seja: os prisioneiros *mereciam* o confinamento. E salvo os biologicamente inferiores, que não tinham chance de cura, eles teriam a chance de refletir sobre seus atos para regressar à sociedade.[5]

A imprensa alemã ecoou esse discurso. Após uma visita ao campo de Heuberg, em abril de 1933, o jornal *Stuttgarter Süddeutsche Zeitung* publicou uma matéria dizendo que aquele era "provavelmente o modo mais humano de lidar com subversivos".[6] Claro que era tudo maquiado. Nas visitas organizadas aos campos, ninguém presenciava torturas ou tiros a queima-roupa. Só se viam presos trabalhando com disciplina e horários de lazer. E os jornalistas credenciados não eram exatamente aqueles dispostos a fazer perguntas.

A máquina de propaganda nazista refutava rumores de terror, distribuindo fotos em que os campos pareciam lugares idílicos e pacíficos. Matérias críticas da imprensa internacional eram tachadas de "propaganda antialemã".

Certamente nem todos acreditavam naquelas fotos, pois a população sabia que havia censura. Mas a ampla devoção ao Führer, as constantes delações dos vizinhos à Gestapo e a ausência de protestos indicam que a maioria dos alemães aceitou, ou pelo menos tolerou os campos em troca da ordem.

Resultado: em 1933, ao menos 100 mil pessoas, a maioria social-democratas e comunistas, passaram um tempo confinadas nos cerca de 160 campos do país. Entre 500 e 600 morreram.[7] E logo o regime ficou tão seguro de si que começou a fechar campos e anistiar prisioneiros.

---

5. Gellately, Robert, *Backing Hitler*, Oxford University Press, 2001, cap. 3.
6. Idem.
7. Idem.

No fim de 1934, restavam 3 mil internos em quatro centros principais: Dachau, Sachsenhausen, Buchenwald e Lichtenburg.[8]

Mas a rede voltou a crescer à medida que a SS acumulou poder dentro do aparato nazista e monopolizou a gestão dos campos. Theodor Eicke, comandante de Dachau, foi alçado por Himmler ao posto de Inspetor dos Campos de Concentração. Ele ampliou a rede à imagem de Dachau, que contava com 32 pavilhões de prisioneiros, administração, cozinha, lavanderia, crematório, bunker (prisão), pátio de execução sumária, vala para queimar cadáveres e um muro com cerca eletrificada e sete torres de vigilância.[9] Os campos agora se estendiam pela zona rural, longe da vista das pessoas. Mas os que contavam com crematório cuspiam uma fumaça negra pela chaminé que era facilmente notada nos povoados vizinhos. Bastava olhar para cima.

Eicke deixou a segurança dos campos a cargo de uma organização independente, a *SS-Totenkopfverbände* ("Unidades da Caveira"), cujo emblema era um crânio com dois ossos cruzados.

Após 1935, a lista de "indesejáveis" se multiplicou. Himmler enviou aos campos judeus, ciganos, gays, testemunhas de Jeová e os chamados "associais" — vagabundos, prostitutas, alcoólatras, criminosos ou quem quer que fosse preso por comportamento divergente dos padrões estabelecidos pelo regime.

Em 1938, com a Alemanha se preparando para a guerra, os campos passaram a se pautar por uma lógica econômica. Viraram fonte de lucros para a SS, que fundou empresas a fim de explorar seu crescente exército de escravos. Uma delas foi a DEST (sigla para Obras Alemãs de Pedra e Terra), que fabricava materiais de construção.

E, quando estourou a Segunda Guerra Mundial, a rede foi inundada com milhões de pessoas, incluindo judeus de toda a

---

8. Fritzsche, Peter, *Life and Death in the Third Reich*, Harvard University Press, 2008, cap. 3.
9. USHMM, "Dachau", disponível online.

Europa, padres poloneses, prisioneiros de guerra soviéticos e membros da Resistência francesa. O número de escravos nos campos saltaria de 21,4 mil em setembro de 1939 para 524.286 em 1º de agosto de 1944.[10] Isso, claro, sem contar os milhões de mortos por execuções, fome e doenças.

A lógica econômica foi exacerbada por Oswald Pohl, que em 1939 emergiu como o todo-poderoso dos campos e colocou-os na órbita do Escritório Central Econômico-Administrativo da SS (WVHA).

Pohl criou um império dos campos. Cada grande campo tinha diversas filiais. Mauthausen, na Áustria, possuía mais de 40 campos satélites. Entre eles Amstetten, que obrigava os prisioneiros a construir rodovias, e Peggau, que produzia armamentos.[11]

Auschwitz tinha outros 40 subcampos dedicados a mineração, construção e agricultura.[12] Flossenbürg, na Baviera, chegou a ter 92 satélites em 1945, a maioria voltados à economia de guerra.[13] Muitos prisioneiros eram alugados a firmas privadas, como a IG Farben, que produzia combustível e borracha sintética em Buna-Monowitz, um subcampo de Auschwitz.[14] Ali foram escravizados o químico e escritor italiano Primo Levi e o escritor romeno Elie Wiesel.

A IG Farben era um conglomerado formado pela fusão de seis empresas, entre elas Bayer, Basf, Hoechst e Agfa. Diversas outras empresas utilizaram o trabalho escravo dos campos, entre elas Siemens (eletrônicos), Krupp (aço e armas) e Opel (carros), uma subsidiária da General Motors.[15]

---

10. Hilberg, Raul, *The Destruction of the European Jews*, Holmes & Meier, 1985, pág. 224.
11. Mauthausen Memorial, disponível online.
12. Gutman, Yisrael e Berenbaum, Michael, *Anatomy of the Auschwitz Death Camp*, Indiana University Press, 1998, pág. 6.
13. Gellately, cap. 3.
14. Auschwitz-Birkenau Memorial and Museum, disponível online.
15. Wiesen, Jonathan S., *German Industry and the Third Reich*, Dimensions, vol. 13, num. 2, 2000.

O império da destruição mudou a paisagem europeia. A Polônia tinha 5,8 mil campos para trabalhos forçados, concentração e morte.[16] Na Alemanha, só no pequeno estado de Hessen havia ao menos 606 campos — um a cada 15 km^2.[17]

Campos de trabalho forçado não tinham câmaras de gás, mas também eram letais. Dos cerca de 100 mil deportados que passaram por Flossenbürg, pelo menos 30 mil morreram.[18] Das 200 mil pessoas enviadas a Mauthausen, só metade saiu.[19] E, dos mais de 200 mil internos de 34 países encarcerados em Dachau, 41,5 mil foram executados.[20] Mas também havia outra lógica por trás dos campos: a da ciência nazista.

Cobaias humanas

A caixa estava cheia de mosquitos transmissores de malária. O padre polonês Leo Miechalowski foi obrigado colocar a mão ali dentro e se deixar picar pelos insetos. Duas semanas depois, teve o primeiro ataque. Calafrios, febre intensa e sudorese.

As enfermeiras de Dachau lhe aplicaram injeções para testar drogas. Uma injeção por hora, dias a fio. "De repente, senti como se meu coração fosse arrancado. Fiquei louco. Perdi a capacidade de falar", recordou Miechalowski ante os Tribunais de Nuremberg, que julgaram crimes nazistas.[21] Essa era a lógica da ciência de Hitler. Com a Alemanha em guerra, os médicos buscaram desenvolver técnicas de sobrevivência para suas tropas. E usaram os prisioneiros dos campos como cobaias. Pelo menos 1.084 pessoas foram submetidas aos experimen-

---

16. Goldhagen, Daniel J., *Os Carrascos Voluntários de Hitler*, Companhia das Letras, 1996, pág. 185.
17. Idem.
18. Gellately, cap. 3.
19. Idem.
20. Dachau Memorial Site, disponível online.
21. Leo Miechalowski, 12/12/1946, testemunho ante o Julgamento dos Médicos, em Nuremberg, citado em USHMM.

tos de malária, uma epidemia que se alastrava pelos territórios ocupados.²²

Miechalowski ainda sentia efeitos da doença e das drogas quando foi escalado para outro experimento. Médicos da Luftwaffe (Força Aérea Alemã) queriam saber como reanimar soldados que sofriam uma queda brusca de temperatura corporal — a hipotermia. Por isso, colocaram prisioneiros de Dachau em tanques de gelo durante horas. Alguns nus, outros vestidos com uniforme militar. Quando a temperatura corporal baixava a 32 graus, a pessoa perdia a consciência.

Miechalowski ficou meia hora no tanque e sua temperatura caiu a 33 graus. Depois a 31. Entre um estado de inconsciência e outro, uma enfermeira lhe ofereceu cigarro, e ele recusou. Só implorou para que ela o tirasse dali. Mas a mulher enfiou o cigarro na sua boca, obrigando-o a fumar enquanto ele sentia seu pé rígido como ferro. Quando recuperou a consciência novamente, estava sobre uma maca envolto por cobertores e com uma lâmpada que o aquecia.

Outras cobaias não tiveram a mesma sorte. Dois soldados russos foram submersos num tanque de água gelada. Após duas horas, ainda estavam conscientes. Na terceira hora, um russo disse ao outro:

"Camarada, diga ao oficial que dispare contra nós."

"Não espere misericórdia desse cão fascista", respondeu o colega. Eles então apertaram as mãos e se disseram: "Tchau, camarada".

Um prisioneiro polonês tentou dar anestésico aos russos, mas o médico responsável, Sigmund Rascher, ameaçou matá-lo com sua pistola. O experimento durou cinco horas, até que a morte sobreveio. Dos cerca de 300 prisioneiros escolhidos para esse teste, 90 morreram.²³

---

22. Spitz, Vivien, *Doctors from Hell*, Sentient, 2005, pág. 103.
23. Relato do prisioneiro e assistente Walter Neff, 17/12/1946, Nuremberg, citado em Spitz, pág. 90.

A Luftwaffe também queria testar os limites da resistência humana em altitudes extremamente elevadas. Por exemplo, o que acontecia com um piloto cujo avião era despressurizado ao ser abatido a 20 mil metros de altura? Quanto tempo ele tinha para saltar de paraquedas antes de perder os sentidos?

O Dr. Rascher usou 200 pessoas de cobaias, incluindo judeus de vários países, russos, poloneses e prisioneiros políticos alemães. Ele os colocou numa câmara hipobárica — um compartimento cuja pressão interior diminuía, simulando um voo para o alto. E os manteve lá dentro até ficarem inconscientes e terem convulsões. Cerca de 80 morreram no experimento.

Outros foram colocados inconscientes debaixo d'água até que morressem. O médico então abria o crânio e o tórax para verificar a formação de embolia nos órgãos.[24]

Mas a ciência nazista foi ainda mais desumana que isso. No campo feminino de Ravensbrück, a médica Herta Oberheuser fazia experiências de regeneração de nervos, ossos e músculos. Suas cobaias: 74 prisioneiras polonesas.

"Elas são meus porquinhos-da-índia", dizia Oberheuser.

As atrocidades foram relatadas por uma de suas ajudantes, a prisioneira Zofia Maczka. "Os ossos das pernas das prisioneiras eram quebrados com machado (...) Em cada operação seguinte, partes maiores dos músculos eram removidas", relatou Maczka em Nuremberg.[25] O objetivo era observar a regeneração, mas os médicos quase nunca checavam os resultados.

As mesmas polonesas de Ravensbrück sofreram testes com sulfonamida, uma substância usada no combate a infecções. Foi o caso de Jadwiga Dzido, presa pela Gestapo por integrar o movimento de resistência. Em 22 de novembro de 1942, uma policial do campo a levou ao hospital. Logo depois, uma enfer-

---

24. Spitz, págs. 69 e 82.
25. Citado em Spitz, pág. 117.

meira depilou sua perna e lhe deu algo para beber. "Quando lhe perguntei o que faria comigo, ela não respondeu", relatou Jadwiga em Nuremberg.[26]

Ao recuperar a consciência, Jadwiga soube que tinha sido operada. Suas companheiras lhe contaram que a Dra. Oberheuser fez um corte em sua perna e infectou-o com bactérias, metais e sujeira para simular uma ferida de guerra. A sulfonamida aplacou a infecção, mas Jadwiga precisou ter os nervos da perna transplantados após a guerra e ficou com cicatrizes profundas.

Bizarrices como essa eram supervisadas pelo médico Karl Gebhardt e seu assistente, Fritz Fischer. Eles costumavam injetar o anestésico Evipan em prisioneiros para depois remover suas pernas, braços e órgãos vitais. Como a pessoa morria dentro de 5 minutos após a injeção, ainda estava consciente enquanto os médicos retiravam seus órgãos. Os doutores também removeram pernas, quadris, braços e ombros dos prisioneiros e tentaram transplantá-los em outras vítimas. Quem sobreviveu ficou mutilado para o resto da vida.[27]

Outros médicos, como Josef Mengele, buscavam "provas científicas" para as raças inferiores. Mengele tinha interesse especial por anões e pessoas com um olho de cada cor. Ele dissecava ciganos e preservava suas cabeças em jarros. Deixava gêmeos sem comer por dias, depois os fotografava e fazia moldes com suas mandíbulas para executá-los com injeções de fenol. Obcecado pela pureza racial, Mengele queria entender o que havia por trás dos nascimentos múltiplos para ajudar a raça ariana a povoar o mundo no lugar dos sub-humanos.

O prisioneiro húngaro Miklos Nyiszli foi escolhido por Mengele como seu assistente. Um dia, quando dissecava quatro pares de gêmeos, Nyiszli sentiu um forte cheiro de clorofórmio.

---

26. Depoimento de Jadwiga Dzido, 20/12/1946, Nuremberg, citado em Spitz, pág. 148.
27. Ver Spitz, caps. 8 e 10.

E desvendou o que Mengele fazia quando suas cobaias deixavam de ser úteis. "Minha descoberta do mais monstruoso segredo da ciência médica do 3º Reich fez meus joelhos tremerem", escreveu Nyiszli. "Eles não matavam só com gás, mas com injeção de clorofórmio no coração."[28]

O Dr. Carl Clauberg, colega de Mengele, testou um método de esterilização introduzindo ácido no útero das prisioneiras. Após algumas semanas, a inflamação bloqueava as trompas e matava a maioria delas. Mais brutais foram os experimentos de Horst Schumann, que tentou implementar esterilização em massa usando raios X. Ele expôs judeus e um grupo de poloneses a altos níveis de radiação, produzindo graves queimaduras.

O relatório da unidade indicou que os "genitais começaram a apodrecer" e que os homens "rastejavam no chão de dor".[29] Em 1944, Schumann concluiu que o raio X era ineficiente para esterilizar e que preferia a castração cirúrgica. No campo de Buchenwald, o dinamarquês Carl Vaernet tentou "curar" a homossexualidade castrando 18 gays e injetando-lhes hormônios masculinos. Um surto de febre amarela o forçou a interromper o estudo.[30] Já o austríaco Aribert Heim injetava substâncias tóxicas no coração de judeus e prisioneiros russos. Tanto que ficou conhecido como "Dr. Morte" no campo de Mauthausen, na Áustria.

Fila da direita

Se você vivesse nos anos 1940 e fosse mandado a um campo de extermínio, as primeiras coisas que veria ao sair do trem seriam as torres de vigilância. Depois, cercas de arame farpado eletrifi-

---

28. Nyiszli, Miklos, *Auschwitz: A Doctor's Eyewitness Account*, Richard Seaver, 2011, cap. 8.
29. Lifton, Robert Jay, *The Nazi Doctors*, Basic Books, 2000, pág. 283.
30. Biedron, Robert. *Homosexuals. A Separate Category of Prisoners*, Auschwitz-Birkenau Memorial and Museum, disponível online.

cado. E figuras sombrias que pareciam humanas, com cabelo raspado e uniforme listrado. São os prisioneiros. Alguns não devem pesar mais do que 30 quilos.

Ao caminhar pela rampa de desembarque, você vê outros homens que também têm cabelo raspado, mas usam roupa melhor e estão bem alimentados. São os *kapos,* prisioneiros designados pela SS para supervisionar os demais. É uma questão de custo: graças aos *kapos,* a SS pode ter poucos soldados nos campos. Muitos desses prisioneiros-guardas são franceses, outros belgas, alemães, poloneses... Alguns são judeus. E todos costumam ser tão brutais quanto os SS.

É que o *kapo* precisa coordenar as equipes de trabalho. Se algum prisioneiro não faz a tarefa a tempo, o *kapo* vai bater nele. Se não bater o suficiente, os SS matam o *kapo* e colocam outro no lugar. Mas, apesar do horror da chegada, você será tomado por um arrebatamento de esperança. Isso é comum. A pessoa condenada à morte começa a acreditar que receberá o perdão no último instante. É o que o psiquiatra Viktor Frankl chamou de "ilusão do indulto".

Judeu austríaco, Frankl foi deportado a Auschwitz em 1944 e também se agarrou a essa esperança. "Acreditávamos até o último instante que não seria nem poderia ser tão ruim", escreveu ele.[31] Mas poucas horas no inferno bastam para desbancar qualquer ilusão.

A fila da direita leva aos trabalhos forçados. Escolhido para ela, você vai direto para o banho de desinfecção. Todos os seus pelos e cabelos são raspados, e os *kapos* confiscam todos os seus pertences. Só é permitido ficar com cinto, suspensório, óculos e sapatos velhos — pares novos são apreendidos. Você logo vai entender por quê.

---

31. Frankl, Viktor E., *Em Busca de Sentido*, Sinodal, 1985, pág. 21. De todos os parentes próximos de Frankl, só a irmã sobreviveu.

Então você entra num quarto onde um homem segura uma espécie de esferográfica de ponta fina, que vai injetar tinta sob a pele de seu braço. A partir daí, você tem de esquecer tudo o que foi até hoje: seu nome, sua história, sua identidade. Daqui para a frente, você será apenas um número tatuado.

Viktor Frankl virou 119.104. Shlomo Venezia foi reduzido a 182.727. Primo Levi se tornou 174.517. Elie Wiesel, A-7713.

Você também vestirá uniforme com um distintivo que indica sua categoria. Em Auschwitz, prisioneiros políticos usam um triângulo vermelho. Criminosos, um triângulo verde. Triângulo preto é para os "associais". Testemunhas de Jeová ganham o triângulo roxo. Gays, triângulo rosa. Ciganos, preto (são considerados "associais") ou marrom. Judeus são identificados com um triângulo vermelho invertido que se sobrepõe a um amarelo, formando a estrela de David.[32]

Pronto. Mais uns dias e sua magreza o deixará irreconhecível. Mas, se quiser sobreviver no campo, é bom dar um jeito de parecer saudável. Vai ser difícil comendo só 1 litro de sopa rala e 300 gramas de pão por dia. Mas tente dar a impressão de que você ainda é capaz de trabalhar. Se for homem, faça a barba todo dia, nem que seja com caco de vidro. Isso pode evitar que o selecionem para a câmara de gás.[33]

E, quando os alemães perguntarem sua profissão, responda que sabe fazer algo útil ao campo. Diga que é dentista. Sapateiro. Qualquer coisa. Shlomo Venezia disse que era cabeleireiro. Recebeu um par de tesouras e foi trabalhar no SK cortando as mechas dos cadáveres. Um amigo dele falou que era dentista e recebeu a missão de arrancar os dentes de ouro das vítimas. Viktor Frankl

---

32. O triângulo vermelho seria depois recoberto com uma faixa retangular amarela. Judeus que chegaram a Auschwitz em 1944 ou ficaram em campos transitórios em geral não usaram triângulos. Ver Auschwitz-Birkenau Memorial and Museum, disponível online.
33. Frankl, pág. 28.

falou a verdade: "Sou psiquiatra". E teve mais sorte. Virou confidente do *kapo* que o vigiava enquanto trabalhava em construção. Em troca, o *kapo* afundava mais a concha até o fundo da sopeira e lhe servia algumas ervilhas a mais que a cota diária.

Daí o tempo passa.

E depois dos primeiros dias de choque vem a apatia.

Sua mente muda.

Você vai morrendo por dentro.

Aos poucos deixa de sentir nojo de si mesmo, dos farrapos que veste, da lama do campo, das latrinas que é obrigado a limpar.[34] No inverno, prisioneiros que passam horas na neve com o sapato furado ficam com o pé congelado. Os dedos começam a gangrenar e os médicos arrancam os pedaços necrosados. O pé incha e o sapato encharcado encolhe. Mas é preciso enfiar o pé de todo jeito, pois a sobrevivência depende disso.

Após meses no campo, o único sentimento que resta é a saudade dos parentes. Onde estarão agora? Passarão pelo mesmo sofrimento? Mesmo assim, ainda há espaço para o humor. Nas conversas entre os prisioneiros, volta e meia alguém evoca algum prato saboroso que comia na infância. Ou conta uma piada para despistar a insanidade.

É fato: a capacidade de sobrevivência no campo desafia qualquer lógica. Você continua de pé sem quase ingerir vitaminas. Sem escovar os dentes durante meses, porque a água está congelada nos canos. E usando a mesma camisa por mais de um ano, até ela se tornar um trapo irreconhecível.

Para muitos, a saída é "ir para o fio": tocar no arame eletrificado do campo. Suicídio instantâneo. O prisioneiro em estado de choque não tem medo da morte. Afinal, ela não pode ser pior que aquela vida.[35]

---

34. Frankl, pág. 29.
35. Frankl, pág. 27.

Quem decide ir para o fio vê uma placa que adverte: *Vorsicht! Hochspannung, Lebensgefahr!* ("Cuidado! Alta tensão, risco de vida!").

É apenas uma das tantas mensagens cínicas espalhadas por Eicke na rede de campos. Acima do portão de entrada, um slogan diz: *Arbeit macht frei* ("O trabalho liberta"). Buchenwald recebe os prisioneiros com um provérbio: *Jedem das Seine* ("Cada um recebe o que merece").

Porém, se você resolver ir para o fio, escolha o momento em que o kapo não estiver olhando. Do contrário ele vai tentar impedi-lo. Você foi selecionado para trabalhar, não para morrer. Ainda.

Semanas de fome deixaram suas pernas cheias de edemas.

É a mesma sopa rala todo dia. Aliás, o dia é sempre o mesmo.

Você acorda às 4h30 da madrugada. Abre os olhos e vê o responsável do pavilhão — um bandido comum alemão, com triângulo verde. Ele apita três vezes e ordena: "Levantar!".

Todos têm de fazer fila no banheiro. E fila de novo para tomar sopa rala. Depois, fila para a contagem em frente ao pavilhão. Reze para não faltar ninguém na contagem, senão todos terão que ficar esperando em pé e imóveis. Na chuva, na neve, não importa. Quem se mexe é fuzilado.

Os *kapos* mandam fazer fila de cinco homens em ordem de tamanho. O mais baixo na frente. Depois mandam inverter: o mais alto na frente. A brincadeira dos *kapos* prossegue até as 7h, quando chegam os oficiais da SS.[36] Um deles conta todo mundo e anota no caderno. Se tem algum morto no pavilhão — há em média cinco ou seis por dia —, o morto também tem que estar presente na contagem. Mantido em pé por dois companheiros.

---

36. Nyszli, cap. 3.

Daí você caminha por uma hora até chegar a uma estrada em construção. É preciso carregar rochas. Cavar túneis. Retirar detritos. Não pare muito tempo para tomar ar porque o *kapo* vai te espancar.

Após o dia de trabalho, a rotina se repete à noite. Só que ao contrário. Primeiro a contagem no pavilhão. Depois fila para sopa e fila para o banheiro. Muitos gastam o tempo livre para limpar o sapato, visitar médicos, roubar comida ou tentar a sorte no mercado negro de cigarros.

Às 21h, todos na cama.

No seu pavilhão os prisioneiros dormem em beliches de três andares de 2 x 2,5 metros. Em cada andar se amontoam nove pessoas. Nove pessoas em $5m^2$ de tábuas. Faz tanto frio que ficar espremido assim ajuda a aquecer, pois cada grupo compartilha só dois cobertores.[37] E você está tão cansado que cai no sono profundo sem ligar para as dores, o cheiro e o ronco dos demais.

Às 4h30, você escuta os três apitos. É preciso fazer fila...

Essa repetição mecânica dilui a noção do tempo.[38] Você só sabe que sobreviveu mais um dia. Mas não sabe até quando.

Com meses de campo, os prisioneiros do seu pavilhão começam a cair enquanto andam. Estão tão debilitados que não conseguem se manter em pé. Fazem de tudo para não esmorecer nas intermináveis contagens, mas sucumbem. O joelho dobra com o peso dos ossos. E a cabeça, de tão pesada, leva o resto do corpo até o chão. Essas pessoas terminam na posição de reza do islã — daí serem chamadas de *muselmänner* (muçulmanos). Aí vem o *kapo* e sela o destino delas com um tiro na nuca. Ou anota seu número tatuado para enviá-las à próxima "seleção".[39]

---

[37]. Essa era a norma num dos pavilhões de Auschwitz, mas as condições de alojamento variavam para cada campo e pavilhão. Em Mauthausen, dois detentos dividiam uma cama.
[38]. Ver exposição *Mauthausen Concentration Camp 1938-1945*, disponível online.
[39]. Venezia, pág. 75.

Fila da esquerda

Na rampa de chegada ao campo, os selecionados para a morte vão direto para a câmara de gás. Mais de 90% são judeus. Eles são levados a um edifício cujo letreiro diz "Banho e Desinfecção". Entram na câmara de gás achando que passarão por um banho para tirar a sujeira e os piolhos acumulados no trem. E, mesmo se descobrirem que serão gaseados, não há o que fazer. Quem tenta fugir leva um tiro na hora.

As câmaras de Belzec, Sobibor e Treblinka utilizam monóxido de carbono. Auschwitz-Birkenau usa Zyklon B, um pesticida à base de cianeto de hidrogênio. Majdanek emprega os dois métodos. Já o campo de Chelmno executa suas vítimas em caminhões de gás — elas ficam em caçambas herméticas que recebem a fumaça do escapamento.[40]

Auschwitz é o maior e o mais letal de todos os campos. Possui cinco grandes crematórios (um em Auschwitz I e quatro em Auschwitz II-Birkenau), além de dois bunkers onde os corpos são queimados em valas. Cada crematório é um complexo que possui antessala, câmara de gás e fornos.[41]

Rudolf Höss, comandante do campo, optou pelo Zyklon B por achá-lo mais eficiente que o monóxido de carbono. O ácido cianídrico é mesmo um agente letal poderoso: basta 1mg do veneno por quilo de massa corpórea.[42] O Zyklon B também é fácil de usar. Basta abrir a lata e verter os grânulos para os canos da câmara de gás. O material sólido sublima em seguida. A morte chega em 10 a 12 minutos. Quem está perto dos canos morre quase instantaneamente.[43]

---

40. USHMM, "Nos Centros de Extermínio", disponível online.
41. Venezia, pág. 54, nota 3.
42. Hilberg, pág. 234.
43. Nyiszli, cap 7.

Não é à toa que *zyklon* significa "ciclone", em alemão. Mas, diferentemente do monóxido de carbono, produzido por máquinas próximas às câmaras de gás, o Zyklon B precisa ser comprado de empresas privadas. A Dessauer Werke vende o cianeto, a IG Farben fornece o estabilizador e a distribuição é feita pela Degesch, a Tesch und Stabenow (Testa) e a Heerdt und Lingler (Heli).

A Testa vende o veneno em diferentes concentrações. A categoria "D", por exemplo, é efetiva para exterminar ratos. A "E" serve para erradicar baratas. Já a "B" é a indicada para aniquilar humanos. Daí Zyklon B.[44]

Tudo é feito de forma metódica, organizada e planejada. Como em qualquer fábrica. E os homens do SK são fundamentais para essa fábrica da morte funcionar. Logo que chega um trem, eles recebem os selecionados da fila da esquerda. São até 3 mil pessoas que devem entrar rapidamente na antessala da câmara de gás. No crematório II de Birkenau, a antessala é um galpão subterrâneo de uns 180 metros de comprimento, que possui colunas com bancos em volta para as pessoas se despirem. Acima dos bancos, há cabides numerados onde elas colocam as roupas achando que retornarão para buscá-las.

Um soldado alemão avisa que todos devem estar desnudos em 10 minutos. Se alguém tem vergonha de tirar a roupa, os SK gentilmente o convencem de que é melhor se despir antes que os alemães fiquem bravos.

Avisos em várias línguas advertem as vítimas a deixar seus pertences todos juntos e não se esquecer do número do cabide. Em seguida, todos entram na câmara de gás. O suposto quarto de banho é um cômodo subterrâneo do mesmo tamanho do anterior, com colunas a cada 30 metros que vão do chão ao teto. Mas, em vez de bancos, as colunas têm tubos de ferro perfurados.

---

44. Hilberg, pág. 236.

Quando todos estão lá dentro, ouve-se um comando. "SS e *Sonderkommando*, saiam da sala!"

Eles obedecem. As portas são lacradas. A luz se apaga. Só se escuta o ronco de um motor vindo lá de cima. É uma van pintada com o emblema da Cruz Vermelha — mais um ardil usado para mascarar o genocídio. Um alemão sai da van carregando quatro latas com Zyklon B e caminha em direção aos tubos de concreto que saem do chão. São os tubos da câmara de gás. Logo abaixo, no subsolo, as 3 mil vítimas respiram os últimos segundos que lhes restam.

O alemão abre a primeira lata e derrama o conteúdo granulado para dentro do tubo. E repete a operação com as outras latas. O gás se espalha pela câmara. Gritos. Barulho. Em 10 minutos, silêncio. Por garantia, os alemães esperam mais 10 minutos. Só então acionam os ventiladores que dispersam o gás. As portas se abrem. A cena é aterradora.

Os cadáveres estão empilhados em torres. Isso porque o veneno se espalhou pelas camadas baixas de ar e subiu lentamente. Na escuridão, as pessoas lutaram entre si num esforço frenético para escapar do gás. Os mais fortes subiram em cima dos mais frágeis.[45] O chão está cheio de sangue, vômito e excrementos — fruto de uma reação do corpo ao ser sufocado. Essa umidade ajuda os membros do SK a puxar os cadáveres. Às vezes eles escorregam na mistura.[46]

Depois de esvaziar a câmara, os SK limpam o chão e as paredes para que as próximas vítimas não entrem em pânico ao ver sangue. Enquanto os ventiladores limpam o ar, o esquadrão depena os cadáveres. Parte do ouro será roubada pelos guardas, outra parte será derretida e estocada pela SS. Firmas

---

45. Nyiszli, cap 7.
46. Venezia, pág. 71.

privadas compram os cabelos para fabricar cordas de navio, colchões, botas e outros produtos.[47]

Juntos, os cinco crematórios de Auschwitz têm capacidade para queimar 4.765 corpos por dia, segundo cálculos do Zentralbauleitung, o Escritório Central de Construção das Waffen-SS.[48] Isso daria 1,7 milhão de corpos por ano se a indústria da morte funcionasse a pleno vapor. Mas levar os corpos da câmara de gás até os fornos é tarefa complicada. Os SK primeiro colocam os cadáveres num elevador que os levanta até o andar térreo, onde ficam as fornalhas. Dependendo do peso das pessoas, até dez podem ser erguidas no elevador.

Para facilitar o transporte até aos fornos, os SK jogam água no chão para fazer os corpos deslizar. Então os colocam numa maca, dois a dois, e os empurram para dentro do forno com uma ripa de madeira. O movimento deve ser rápido para que o ferro da maca não aqueça demais. Também é preciso jogar água na maca antes de empurrar os corpos para evitar que fiquem agarrados no ferro quente.[49]

Cada crematório possui pelo menos 15 ventiladores para aumentar as chamas. Um ventilador para cada forno. A sala de incineração tem 150 metros de comprimento, com chão de concreto e janelas gradeadas.[50] Em média, todo o processo de pulverização de um comboio leva 72 horas. Por isso os membros do SK trabalham em dois turnos. Dia e noite.

Mas até nas linhas de produção mais eficientes podem ocorrer falhas. Num dia de verão, por exemplo, a chaminé de um

---

47. USHMM, At the Killing Centers, disponível online.
48. Carta do Zentralbauleitung ao Grupo C do WVHA da SS, em 28/6/1943. Capacidade em 24 horas: 340 corpos para crematório I; 1.440 para II e III; e 768 para IV e V. Total: 4.756. Ver Projeto Nizkor e Auschwitz-Birkenau Memorial and Museum, Auschwitz and Shoah, disponíveis online.
49. Venezia, págs. 75-78.
50. Nyiszli, cap. 7.

crematório de Auschwitz entupiu pelo derretimento de tijolos incrustados com gordura humana. O trabalho do SK parou por 48 horas, e foi o caos: 300 corpos que aguardavam na fila se descompuseram com o calor.

"Eles não tinham endurecido, como acontece com pessoas que morrem de morte natural. Corpos gaseados se desintegram. Tentei puxar um corpo, mas a pele saiu em pedaços e ficou presa em minhas mãos. Foi terrível", recordou Shlomo.[51]

Como os nazistas queriam manter em segredo o programa de extermínio, as cinzas também eram eliminadas. Ossos longos como o fêmur não queimavam totalmente, então eram retirados dos fornos e triturados em moinhos. As cinzas eram então jogadas em rios.[52]

Um dia, quando ajudava prisioneiros a entrar na câmara de gás, Shlomo escutou uma voz familiar. Olhou para o dono da voz, mas não o reconheceu. Era pele e osso.

"Shlomo, não se lembra de mim?", disse o homem.

Finalmente o reconheceu. Era o primo de seu pai, Leon Venezia, que chegara ao campo no mesmo trem e foi selecionado para trabalhar na construção de canais de água. Leon havia machucado o joelho na obra. Sem ajuda médica, a ferida se agravou e ele foi selecionado para a câmara de gás. Shlomo tentou convencer o oficial da SS a deixar que o tio trabalhasse no SK. Mas o alemão o escorraçou aos gritos.

O tio implorava para se livrar do gás, mas não havia jeito. Tudo o que Shlomo conseguiu foi levar até ele um pedaço de pão. "Quanto dura até a gente morrer lá dentro? Dói muito?", perguntou Leon.

Shlomo sabia que 10 minutos com falta de ar era uma eternidade, mas disse mentiras para tentar acalmar a mente do tio.

---

51. Venezia, pág. 73.
52. Venezia, pág. 72-3.

E minutos depois, quando os SK retiraram o cadáver da sala, Shlomo rezou um *kadish* (oração dos mortos) para ele antes que o cremassem.[53]

Ao olhar para os corpos em brasa, os membros do SK sabiam que seu dia também chegaria. Era só questão de tempo. Alguns rezavam todo dia. Shlomo não pensava em Deus e não podia entender por que os colegas continuavam chamando *Adonai, Adonai* ("Senhor, Senhor"). "O que eles achavam? Que *Adonai* iria salvá-los? Que ideia! Éramos todos seres humanos no processo de cruzar a fronteira da morte", recordou.[54]

As câmaras de gás eram 100% letais, mas houve pelo menos uma exceção. Um milagre, talvez. Quando retiravam os corpos de uma câmara de Auschwitz, os SK ouviram um choro. Era uma bebê de uns 2 meses que sobrevivera mamando no peito da mãe. A sucção provavelmente a salvou do gás. E ela chorava porque o fluxo de leite tinha se interrompido.[55]

Os homens do SK sabiam que não poderiam ficar com a menina, mas tinham esperança de que o guarda a deixaria viver. Ao ver a criança, o alemão não teve dúvida: matou-a com um tiro.

---

53. Venezia, pág. 106-7.
54. Venezia, pág. 100.
55. Venezia, pág. 108. Na verdade, foram ao menos duas exceções. Nyszli (cap. 19) conta que uma garota de 16 anos também sobreviveu, provavelmente porque caiu e ficou com a cara no chão — cuja umidade teria evitado que o gás reagisse e a asfixiasse. Nyszli ajudou-a a recobrar a vida, mas o SS Eric Muhsfeldt mandou um subordinado executá-la com um tiro na nuca.

9

A REAÇÃO SEMPRE VEM

No Leste Europeu, judeus que escaparam da morte se tornaram guerrilheiros, realizando uma série de emboscadas bem-sucedidas. Até nos campos de concentração houve ataques mortais contra soldados alemães.

Mordechai Shlayan tinha 12 anos quando ficou sozinho no mundo. Naquele fatídico 1943, os nazistas invadiram o povoado onde ele vivia, na Ucrânia, e mataram seus pais e sua irmã de 4 anos. Mordechai foi o único da família que restou.

Mótele, como era conhecido, fugiu para a floresta vizinha de Volhynia levando apenas seu violino. Viveu durante meses entre as árvores e os animais, caçando e pastoreando o rebanho de camponeses em troca de abrigo e comida. Mas o desejo do menino era combater os nazistas.

Em suas andanças, ele ouviu dizer que seu conterrâneo Misha Gildenman, conhecido como "Tio Misha", havia formado uma milícia judaica que explodia pontes, roubava armas e emboscava tropas alemãs. Quando encontrou Misha na floresta, no inverno de 1943, Mótele implorou para entrar no grupo.[1]

Mas o que uma criança poderia fazer numa guerrilha? Tocar violino? Exatamente: Misha enviou Mótele para uma missão de reconhecimento na cidade de Ovruch. Loiro de olhos azuis, o garoto se passava por polonês ou russo enquanto espionava os inimigos. E um dia, quando tocava em frente a uma igreja, um nazista gostou de sua melodia e o contratou para trabalhar num bar onde soldados alemães se reuniam.

Mótele entretinha os nazistas todos os dias com seu violino. Mal sabiam eles que o garoto roubava explosivos na caixa do instrumento e os estocava no porão do bar. Mótele os divertiu por semanas, até que obteve o sinal verde de Misha para levar a cabo seu plano: uma tarde, depois de tocar como de costume, ele inseriu os explosivos numa fenda da parede do porão, acendeu o pavio e saiu correndo.

---

[1] Samuels, Gertrude, *Mottele*, iUniverse, 2000, pág. 2.

"Heil, Hitler!", gritou ao cruzar com um nazista no alto da escada.

Minutos depois, enquanto o bar voava pelos ares, Mótele pulou num rio e nadou até a outra margem, onde cinco homens de Misha o esperavam.

"Isso é para meus pais e minha irmãzinha", disse o garoto.[2]

Mótele foi talvez o mais jovem guerrilheiro antinazista, mas certamente não foi o único. Durante a ocupação alemã, 25 mil judeus se refugiaram nas florestas da Europa Oriental e viraram guerrilheiros — os partisans. Em guetos e campos, prisioneiros organizaram revoltas contra a SS. E muitos moradores de cidades como Berlim, Varsóvia, Amsterdã e Paris arriscaram a própria vida para resgatar judeus. Como eles agiram na clandestinidade, é impossível saber o número. Mas certamente foram dezenas — ou mesmo centenas — de milhares de salvadores anônimos.

Assim, enquanto os Aliados rejeitavam os apelos de comunidades judaicas para bombardear as câmaras de gás e os trilhos que levavam a Auschwitz, esses cidadãos comuns lutaram à sua maneira contra o 3º Reich.[3]

Este capítulo é sobre eles.

Ação não violenta

Os irmãos Hans e Sophie Scholl estavam na adolescência quando Hitler chegou ao poder. E, como os outros alemães de sua idade, entraram para grupos juvenis nazistas. Hans ingressou na Juventude Hitlerista (HJ) e Sophie integrou a versão feminina da organização, a Liga de Moças Alemãs (BDM). Mas o

---

2. Levine, Allan, *Fugitives of the Forest*, First Lyons Press, 2009, págs. 163-5.

3. As autoridades dos EUA argumentaram, por exemplo, que seus caças não tinham capacidade para bombardear esses alvos com a precisão necessária e que se concentravam em objetivos militares. Mas os EUA bombardearam fábricas da IG. Farben no subcampo de Buna-Monowitz, a uns 5 km das câmaras de gás. Ver troca de correspondências exibidas no USHHM.

entusiasmo deles logo se transformou em desilusão. O pai dos garotos, Robert Scholl, foi preso em 1942 por chamar Hitler de "flagelo de Deus sobre a humanidade".[4] Aos poucos, os irmãos se deram conta de que o pai tinha razão. Perceberam que era preciso fazer algo para deter o Führer. Naquele mesmo ano eles chamaram o amigo Christoph Probst e criaram a Rosa Branca, uma organização de resistência não violenta contra o nazismo.

A Rosa Branca usava uma máquina de escrever e um mimeógrafo como armas para denunciar as atrocidades do regime. "Por que o povo alemão está tão apático em face desses crimes abomináveis?", dizia um dos panfletos.[5] Outro anunciava: "Nosso atual Estado é a ditadura do mal".[6]

Os panfletos eram enviados por correio a alunos e professores de faculdades da Alemanha. Para despistar o governo, Sophie e seus colegas mandavam as cartas de vários pontos do país, com selos de distintas cidades.

Tanto fizeram que atraíram a atenção da Gestapo. A polícia secreta pensava que a Rosa Branca era uma organização enorme. Não sabia que tinha apenas seis membros no núcleo principal: Sophie, Hans, Christoph, outros dois alunos da Universidade de Munique e um professor, Kurt Huber. Foi Huber que escreveu o sexto e último panfleto, no início de 1943. Depois disso Sophie e Hans cometeram um erro fatal: distribuíram o panfleto pelos corredores da universidade e foram vistos pelo funcionário Jakob Schmid, que os delatou à Gestapo. Christoph também foi preso.

Durante o julgamento, em 22 de fevereiro de 1943, os réus não tiveram permissão para falar em defesa própria. Mas em certo momento Sophie gritou: "Alguém tinha de começar!

---

4. Hornberger, Jacob G., *The White Rose – A Lesson in Dissent*, Jewish Virtual Library, disponível online.
5. Segundo panfleto, citado em The White Rose Society, disponível online.
6. Terceiro panfleto, idem.

O que escrevemos e falamos é o que muitas pessoas pensam mas não têm coragem de dizer em voz alta!"[7] Foram praticamente suas últimas palavras.

O juiz Roland Freisler a condenou à morte por alta traição, juntamente com Hans e Christoph. Os três estudantes perderam a vida na guilhotina. Sophie tinha apenas 21 anos.

Muitos outros alemães também se opuseram ao nazismo de forma silenciosa. Alguns pais se recusaram a botar o filho na HJ, por exemplo, desafiando as autoridades. Funcionários de empresas se negaram a produzir mais em prol da economia de guerra.[8] E diversas mulheres não quiseram receber a Mutterkreuz, a medalha concedida às arianas que tinham mais de quatro filhos.[9] Claro que recusar a Mutterkreuz era uma afronta aos nazistas, mas em casos assim eles decidiam olhar para o outro lado. Como diz o historiador alemão Detlev Peukert, nenhum regime pode punir todas as infrações às suas normas. Nem mesmo o Nacional-Socialismo. Do contrário, emperraria no primeiro instante.

Hitler se preocupou em erguer uma ditadura popular e foi sensível à resposta das pessoas. Quando a sociedade não apoiava o que ele procurava fazer, muitas vezes foi preciso voltar atrás.[10] Isso aconteceu em abril de 1933, por exemplo, quando milhares de consumidores ignoraram o boicote às lojas judaicas. E em 1938, quando o Partido Nazista removeu crucifixos de escolas da Baviera, mas precisou colocá-los de novo nas paredes ante a chuva de reclamações.

---

7. Ver Atwood, Kathryn J., *Women Heroes of World War II*, Chicago Review Press, 2011.
8. Peukert, Detlev, *Inside Nazi Germany*, Yale University Press, 1987, pág. 84. Para saber mais sobre resistência de baixa intensidade na Alemanha, ver relatórios da Sopade, a organização do Partido Social-Democrata Alemão (SPD) no exílio.
9. Mouton, Michelle, *From Nurturing the Nation to Purifying the Volk*, Cambridge University Press, 2009, pág. 135.
10. Robert Gellately, entrevista do autor.

Operários também criticaram medidas econômicas nazistas que consideravam injustas. Entre fevereiro de 1936 e julho de 1937, o governo registrou 192 greves — e em geral acatou os reclamos.[11] Ou seja: muitos alemães estavam prontos para criticar o nazismo abertamente, apesar do clima de intimidação. O melhor exemplo disso foram as manifestações contra o programa de "eutanásia" de deficientes físicos e mentais, o T4, que vimos no capítulo 5. Os protestos começaram com os familiares das vítimas e se espalharam pela Alemanha até culminar com um duro sermão feito em 1941 por Clemens von Galen, bispo de Munster, em repúdio à matança.

O T4 não acabou totalmente, mas os nazistas tiveram que operá-lo sob maior sigilo ainda. E a denúncia de Von Galen inspirou grupos como a Rosa Branca. Mas as manifestações de apoio aos judeus foram mais raras. O único grande protesto ocorreu em 1943, quando a Gestapo deteve os últimos judeus de Berlim. Cerca de 1,8 mil deles eram casados com não judias, e por isso tinham o status de "privilegiados". As esposas se manifestaram na porta do edifício onde os maridos aguardavam a deportação, na rua Rosenstrasse. Para a surpresa geral, o regime não reprimiu o piquete. Ao contrário: poupou as mulheres e libertou seus maridos.[12] Sinal de que o monstro recuava quando a população pedia.

Operações de resgate

Hitler aproveitou a indiferença popular sobre o destino dos judeus para radicalizar o Holocausto na Polônia ocupada. A máquina da destruição atingiu sua máxima potência no outono de 1942, quando 280 mil prisioneiros do Gueto de Varsóvia foram deportados para Treblinka.[13]

---

11. Goldgahen, Daniel J., *Os Carrascos Voluntários de Hitler*, Companhia das Letras, 1996, pág. 131.
12. Goldhagen, pág. 132.
13. Yad Vashem, Zegota, *Historical Background*, disponível online.

Para tentar evitar mais mortes, judeus e não judeus criaram a organização clandestina Zegota, conhecida também como Conselho para a Ajuda de Judeus. O grupo obtinha documentos falsos para tirar vítimas da Polônia, levava remédios e comida a campos de trabalho forçado e escondia prisioneiros dos guetos em casas de família, conventos e orfanatos.[14]

Os pesquisadores estimam que metade dos judeus poloneses que sobreviveram à guerra — cerca de 50 mil — receberam algum tipo de ajuda da Zegota.[15] Comida, dinheiro, documentos, qualquer coisa. Mas a maior façanha do grupo foi outra: salvar 2,5 mil crianças do Gueto de Varsóvia, numa operação altamente arriscada sob o comando da enfermeira polonesa Irena Sendler, codinome Jolanta.[16]

Irena tinha 29 anos quando a guerra estourou. Ela andava pelo gueto com a estrela de David no braço, em solidariedade aos prisioneiros. E resgatava crianças em ambulâncias, como se fossem vítimas de tifo. Uma vez fora do gueto, os garotos eram escondidos em sacolas, baldes, cestas de lixo ou onde fosse possível. Irena anotava seus nomes junto com os de seus parentes, para que depois da guerra todos pudessem se encontrar. Em seguida, colocava as listas em potes e os enterrava em local seguro. Tanto que ficou conhecida como "Anjo do Gueto de Varsóvia". Uma das crianças resgatadas, Elzbieta Ficowska, foi salva aos 6 meses de idade dentro de uma caixa de madeira.

Em outubro de 1943, Irena foi detida e torturada na prisão de Pawiak, em Varsóvia, onde a Gestapo confinava membros da resistência. Sofreu fraturas pelo corpo, mas não revelou o nome das crianças que salvou. Foi condenada à morte e salva na última

---

14. Idem.
15. Piotrowski, Tadeusz, *Poland's Holocaust*, McFarland & Company, 2007, pág. 118.
16. Slawinski, Andrew, *Those Who Helped Polish Jews during WWII*, Polish Resistance, disponível online.

hora por outro "anjo": um soldado que a deixou fugir graças a um suborno da Zegota.[17]

Outra enfermeira polonesa, Irene Gut, sentiu o coração sacudir ao ver tanques Panzer alemães avançando perto do hospital onde trabalhava. Ela entrou como voluntária numa unidade do exército polonês que se escondeu na floresta, mas foi detida por soldados russos. "Isso é difícil de contar. Eu tinha 17 anos. Sentia vergonha dos homens. Nunca tinha tido um namorado, nunca tinha beijado. Era uma boa menina católica", escreveu Irene em suas memórias. "Os soldados russos não atiraram em mim; eles me bateram até me deixar inconsciente. Então me estupraram e me deixaram para morrer na neve, sob as estrelas congeladas, com a floresta escura vigiando minha morte."[18]

Irene encontrou forças para retornar a sua cidade natal, Radom, cujas ruas logo se cobriram de suásticas. E em 1942, quando tinha 20 anos, sua vida deu outra reviravolta: o major nazista Eduard Rugemer lhe ofereceu um emprego de garçonete num hotel perto do gueto da cidade. Irene agora servia oficiais alemães, e nas horas vagas contrabandeava comida para o gueto. Um dia, ela viu pela janela um nazista arrancar o bebê do colo de uma mãe judia, jogá-lo para o ar e atirar nele como se fosse um pássaro. Desde então, a moça jurou que faria tudo para salvar judeus. Mesmo sabendo que, se fosse pega, a morte não lhe daria outra chance.

Semanas depois, Irene foi enviada com os oficiais nazistas para um complexo militar em Ternopol, na Ucrânia. Chegando lá, Rugemer a chamou para ser governanta da mansão onde ele morava. Irene não teve dúvida: aproveitou para esconder 12 judeus na casa.

---

17. Irena Sendler só não realizou o sonho de reunir as crianças aos seus familiares, pois quase todos estavam mortos. Yad Vashem, *Smuggling Children out of the Ghetto*, Irena Sandler, disponível online; e Baczynska, Gabriela, *Sendler, Saviour of Warsaw Ghetto, Dies*, Reuters, 12/05/2008, disponível online.

18. Opdyke, Irene Gut, *In My Hands: Memories of a Holocaust Rescuer*, Laurel Leaf, 2004, pág. 35.

O risco era grande, mas Rugemer levava uma vida metódica — tinha 70 anos e sempre retornava do trabalho no mesmo horário. Mas um dia o major voltou mais cedo e flagrou três judias na cozinha. E só aceitou ficar calado com uma condição: Irene deveria se tornar sua amante. A jovem cedeu à chantagem e foi para a cama com ele por vários meses — uma situação pior do que o estupro, segundo ela. Após a guerra, foi a vez de os judeus salvarem Irene, ajudando-a a emigrar para os EUA.[19]

Histórias como essas também ocorreram na Alemanha. Em 1943, por exemplo, o regime nazista declarou que Berlim estava *judenfrei* — "livre de judeus". Mas muitos deles ainda viviam escondidos na cidade. Um dos refúgios era o apartamento da veterinária Maria von Maltzan, filha de um conde alemão. Como pertencia à alta sociedade de Berlim, Maria tinha acesso a informações da elite do Partido Nazista. Mesmo assim, estava arriscando a pele ao proteger as vítimas do regime.

Os refugiados ficavam em seu apartamento por alguns dias, só até conseguirem sair do país. Mas o namorado de Maria, o escritor judeu Hans Hirschel, mudou-se de vez para lá. Quando alguém tocava a campainha, Hans se ocultava no fundo falso de um sofá da sala.

A Gestapo desconfiava que Maria escondia judeus, mas não tinha provas. Até o que dia em que um oficial nazista bateu à sua porta. Ao entrar no apartamento, ele olhou para o sofá e perguntou: "Como podemos saber se não há alguém escondido aqui?"

Maria respondeu: "Se você está seguro de que tem alguém aí, vá em frente e atire. Mas, antes de fazer isso, quero que deixe uma declaração por escrito garantindo que vai pagar pela restauração do sofá". Deu certo: o oficial não atirou e saiu do apartamento.[20]

Maria continuou ajudando as vítimas do nazismo até a rendição alemã. Distribuiu documentos falsos a refugiados e con-

---

19. Em 1948, Irene Gut se mudou para a Califórnia, onde morreu em 2003.
20. Atwood, Kathryn J., *Women Heroes of World War II*, Chicago Review Press, 2011, pág. 27.

trabandeou dezenas deles para a Suécia escondidos em móveis de madeira. Na França, representantes de todos os setores da sociedade integraram a resistência contra a ocupação alemã e o regime colaboracionista de Vichy. Os movimentos eram formados por liberais, conservadores, anarquistas, comunistas, padres, republicanos espanhóis e judeus exilados de vários países. Os grupos que fustigavam soldados alemães nas zonas montanhosas ficaram conhecidos como "maquis".

Muitos judeus também ajudaram seus pares a escapar das câmaras de gás. Foi o caso do bielorrusso Joseph Bass, que em 1942 fundou uma organização clandestina conhecida como *Service André*. Apoiado por protestantes e católicos, Bass confeccionou documentos falsos e contrabandeou crianças judias para zonas francesas que abrigavam refugiados. Entre elas a comuna de Chambon-sur-Lignon, no sudeste do país.[21]

Talvez o maior grupo de resistência judaica na França tenha sido o *Armée Juive* (Exército Judaico), fundado em Toulouse por Abraham Polonski e Lucien Lublin. O grupo começou em 1942 treinando jovens em técnicas militares e chegou a ter 2 mil membros espalhados por cidades como Paris, Nice e Lyon. Essa verdadeira tropa sabotou instalações alemãs e recrutou informantes, além de matar colaboradores e agentes da Gestapo na França.[22] Mas seria nas florestas do Leste Europeu que os esquadrões judaicos mostrariam toda a sua força contra Hitler.

A guerrilha

Você fica anos confinado num gueto. Passa fome, perde a família e finalmente consegue fugir para um bosque vizinho. Só que você ainda não está livre. A floresta protege, mas também

---

21. Henry, Patrick, *Jewish Resistance against the Nazis*, The Catholic University of America Press, 2014, pág. 119.

22. Para mais detalhes, ver Henry, Patrick, *We Only Know Men*, The Catholic University of America Press, 2007.

ameaça. E há uma guerra em curso. Você pode dar de cara com guerrilheiros poloneses, russos e ucranianos, que em geral atiram primeiro e perguntam depois.

Portanto, sua única chance de sobreviver é virar um guerrilheiro também. Foi o que aconteceu com muitos judeus da Europa Oriental. Uns integraram guerrilhas exclusivamente judaicas, enquanto outros se uniram a brigadas comunistas ou grupos de ex-soldados soviéticos que ficaram por lá quando a região caiu sob o domínio de Hitler.

"Ser um partisan judeu era se sentir sozinho contra todos. Os nazistas queriam te matar. Os soldados soviéticos te odiavam e a população local também", recordou o polonês Shalom Yoran. "Não tínhamos casa nem comida. E, mesmo se sobrevivêssemos, íamos retornar para onde?"[23]

Nascido no povoado de Raciaz, Yoran tinha 17 anos quando viu seus pais pela última vez. Eles sabiam que não poderiam escapar dos nazistas e mandaram os filhos fugirem para a floresta. "Adeus, meus queridos", disse a mãe a Yoran e seu irmão, Musio. "Tentem se salvar e se vinguem por nós."[24]

Yoran e seu irmão se uniram a um grupo de partisans. E sua primeira ação foi explodir uma fábrica de culatras para rifles alemães. As mulheres também pegavam em armas nesses grupos. Uma delas foi a polonesa Eta Wrobel. "Nosso grupo tinha 400 pessoas e 30 rifles. Já os russos tinham muitas armas, mas não nos davam nenhuma. Então nós roubávamos deles", recordou Eta.[25] Mas cada líder dos *partisans* agia de um jeito.

Alguns, como Frank Blaichman, entraram em confronto direto com os nazistas. Outros, como Túvia Bielski, priorizaram o res-

---

23. Kramer, Seth, Resistance: Untold Stories of Jewish Partisans [DVD], PBS, 2009.
24. Yardley, William, Shalom Yoran, Jewish Resistance Fighter, Dies at 88, The New York Times, 16/9/2013.
25. Kramer.

gate de judeus. "É melhor salvar um judeu que matar 20 alemães", dizia Túvia, que montou a maior operação de resgate de judeus por judeus durante a Segunda Guerra. Ao lado de seus irmãos Zus e Asael, ele salvou 1,2 mil pessoas nos bosques da Bielorrúsia.[26]

O destacamento dos Bielski chegou a ter mais de 700 integrantes. Apenas 50 deles morreram, enquanto nas outras guerrilhas judaicas nem a metade sobrevivia. Isso porque a maioria dos *partisans* eram moradores das cidades que escapavam de guetos ou campos. Ao chegar à floresta, sem qualquer treinamento militar, muitos eram roubados e assassinados. Diversas mulheres foram estupradas por soldados russos. E outra: muitos camponeses delatavam guerrilheiros judeus aos nazistas. Alguns faziam isso por antissemitismo, outros por medo ou indiferença.

Mas Túvia tinha dois trunfos na manga: ele havia sido cabo do exército polonês e era lavrador. Portanto, dominava estratégias militares e conhecia cada palmo da floresta de Lipiczanska, onde montou os primeiros acampamentos em 1943.

A ordem de Túvia era evitar confrontos diretos com alemães e russos. Mesmo quando atacados, seus homens preferiam dispersar-se e se reagrupar em outro local. Só travavam combates se essa tática já não era possível.[27] Os guerrilheiros de Bielski dormiam em abrigos retangulares cavados na terra, os *ziemlankas*. Dois terços do abrigo ficavam sob a terra e um terço acima da superfície. A parte de cima era camuflada com galhos e folhas, que ajudavam a proteger do frio extremo. Os ziemlankas mais robustos eram feitos de madeira e abrigavam até 40 pessoas. No meio ficava um fogão que aquecia todo o refúgio e havia um cano para levar a fumaça até a chaminé.

Em 1944, o grupo de Túvia se transformou numa cidade ambulante. Tinha jardim de infância, sapataria e até fábrica de sabão.

---

26. Tec, Nechama, *Um Ato de Liberdade*, Record, 2009, pág. 7.
27. Tec, pág. 140.

A guerrilha agia no escuro: queimava plantações dos alemães de madrugada, fazia emboscadas, explodia pontes e eliminava informantes do inimigo. Do total, 75% do grupo eram idosos, mulheres e crianças. Os 20% armados faziam tarefas de proteção, inteligência, sabotagem e busca de fugitivos dos guetos. Para se deslocar com mais facilidade, o grupo se movia em unidades de 25 integrantes.[28]

Toda noite, grupos de dez homens saíam de carroça em busca de comida, seguindo dicas de informantes locais. Quando um grupo deixava a aldeia saqueada, tinha que se subdividir e preparar os produtos roubados para voltar ao acampamento. Vacas tinham de ser mortas e cortadas em pedaços, por exemplo, para facilitar o transporte. Tudo isso era feito rapidamente, antes do amanhecer.[29]

Ao contrário de Túvia, o polonês Yeheskel Atlas não tinha nenhuma pinta de guerrilheiro. No início de 1939, aos 26 anos, Atlas se formou em medicina na Itália e retornou à Polônia para começar a carreira. Mas em 1941 sua vida sofreu uma guinada radical: os *Einsatzgruppen* eliminaram a maioria dos judeus da cidade de Kozlovshchina, onde ele vivia. Toda sua família foi morta. Atlas só foi poupado porque era médico. Enquanto curava os soldados alemães, ele tomou contato com os *partisans* soviéticos e escapou para se unir a eles nas florestas da Polônia. Deixou o jaleco para trás e virou um guerreiro implacável. Chefiava combates, explodia pontes e sabotava trens nazistas. Em 1942, quando os nazistas começaram a liquidar os guetos da Polônia, ele formou seu próprio pelotão de judeus.

"Cada novo dia de suas vidas não é de vocês, é de suas famílias mortas", dizia o Dr. Atlas a seus homens. "Vocês precisam vingar a morte delas."[30] Assim, enquanto Túvia se concentrava no res-

---

28. Tec, pág. 143.
29. Depois da guerra, Túvia se mudou para Israel e de lá para os EUA, onde trabalhou dirigindo caminhão até morrer, em 1987.
30. Levine, pág. 156.

gate de judeus, o objetivo de Atlas era matar nazistas. Quando entrevistava os candidatos ao grupo, a única resposta que ele admitia era: "Quero morrer combatendo meu inimigo".[31] O próprio Atlas seguiu essas palavras à risca: foi morto em combate no fim de 1942, quando caças da Luftwaffe o localizaram no povoado polonês de Wielka Wola. Em agosto daquele ano, pouco antes da morte de Atlas, os nazistas começaram a eliminar a população judaica da província de Lublin, no sudeste da Polônia. A maioria acabou no campo de Treblinka. Yehiel Grynszpan foi um dos poucos que se salvaram. Aos 24 anos, ele organizou uma das guerrilhas judaicas mais eficientes da Europa Oriental.

Verdade: o que no início era um grupinho de sapateiros, comerciantes e lavradores se transformou num destacamento militar com 200 judeus na floresta de Parczew. Muitos deles haviam fugido do Gueto de Wlodawa, em Lublin. O grupo depois se uniu à Gwardia Ludowa, a organização clandestina de comunistas poloneses, que por sua vez era aliada dos soviéticos. Sábia decisão: ao juntar forças, a unidade de Grynszpan integrou a maior e mais bem treinada rede de *partisans* russo-polonesa durante a guerra.

O polonês Harold Werner participou de diversas operações de sabotagem lideradas por Grynszpan. Numa delas, em agosto de 1943, Werner e outros 75 judeus instalaram um carregamento de explosivos ao pé de uma ponte utilizada por trens nazistas na região de Parczew. Depois ficaram ali de tocaia aguardando o próximo trem. "Comprimi meus olhos tentando enxergar na escuridão. Finalmente vi uma luz pequena, que depois ficou maior e maior...", recordou Werner. "O trem veio em nossa direção a toda velocidade. Prendemos a respiração quando a locomotiva chegou à ponte. Grynszpan acionou o fusível e uma tremenda

---

31. Levine, pág. 154.

explosão destruiu a ponte justo à frente da locomotiva, que caiu no rio 12 metros abaixo, puxando o resto do trem consigo."[32] O comboio transportava uma companhia de soldados nazistas. Poucos sobreviveram.[33]

Assim como Grynszpan, Atlas e tantos outros, o engenheiro ucraniano Misha Gildenman se tornou partisan após perder a família na mão dos nazistas. Em 21 de maio de 1942, os *Einsatzgruppen* mataram 2 mil judeus do Gueto de Korets, onde ele vivia, e só pouparam alguns homens porque ainda poderiam ser úteis para trabalhos forçados.

Naquela noite, os sobreviventes se reuniram na sinagoga para rezar a oração dos mortos. Misha rezou por sua mulher e sua filha de 13 anos. Ele não sentia medo nem tristeza, como os demais. Seu coração só tinha lugar para um sentimento: vingança.

Dois dias depois, quando os nazistas rodearam o gueto para liquidá-lo, Misha escapou com o filho Simcha e outros judeus para a floresta. Eram 16 no total, divididos em grupos de três. Seu arsenal se restringia a uma pistola, cinco balas e uma faca de açougueiro. Foi assim que o "Tio Misha" fundou uma brigada judaica que ganhou respeito entre os fugitivos das florestas. Simcha era o chefe de inteligência.[34]

Soldados soviéticos entraram para o grupo e logo se tornaram maioria, mas Misha manteve a liderança dos ataques. Um deles foi na cidade ucraniana de Rozvazhev, onde havia uma guarnição de 200 soldados alemães. Divididos em cinco grupos, os *partisans* renderam os vigias de madrugada, roubaram armas e avançaram sobre a casa do comandante, onde nove oficiais bebiam para espantar o frio de 25 graus negativos. "Entrei na casa pela janela. Os olhos dos oficiais bêbados miravam uma linda mulher parada

---

32. Werner, Harold, *Fighting Back*, Columbia University Press, 1994, págs. 156-7.
33. Após a guerra, Grynszpan emigrou para o Brasil.
34. Levine, pág. 165.

no centro da sala cantando músicas em russo", recordou Misha. "Empurramos a porta e começamos a disparar. Foi tudo tão repentino que apenas um soldado sacou a pistola e atirou, ferindo um dos nossos. Mas logo caiu no chão com uma bala na testa. Em questão de minutos, todos os oficiais estavam mortos."[35]

E foi assim que a fama do Tio Misha se espalhou pela floresta. "Para cada alemão morto, um judeu vivo!", ele repetia.[36] Seu grupo era tão temido que dava a impressão de ter milhares de integrantes. "Deixem os alemães acreditarem nos rumores", dizia Misha a seus soldados, entre eles o pequeno Mótele — o guerrilheiro do violino.[37]

Outro partisan judeu legendário foi Samuel Gruber, um oficial do exército polonês que se tornou prisioneiro de guerra dos alemães. Em 1942, ele liderou um grupo de 21 homens na fuga para a floresta. Não foi um começo fácil. "Nossos guias eram dois guerrilheiros poloneses. Entregamos todo nosso dinheiro a eles para que comprassem mantimentos na cidade mais próxima. Mas foram embora e nunca mais ouvimos falar deles", recordou Gruber.[38]

Ele continuou vagando com seus homens pela mata. Até que encontrou outros fugitivos judeus. Esses homens conectaram seu grupo com Genek Kaminski, líder dos *partisans* comunistas poloneses. Genek disse que só os aceitaria se arranjassem armas. A prova de fogo era conseguir pistolas guardadas por camponeses das redondezas. "Os fazendeiros odiavam os judeus e não quiseram nos liberar nada. O jeito foi dar-lhes uns bons tapas", recordou Gruber.[39]

---

35. Citado em Suhl, Yuri (ed.), *They Fought Back*, Schocken Books, 1975, págs. 269-270.
36. Samuels, pág. 1.
37. Samuels, pág. 4.
38. USHMM, Interview with Samuel Gruber, May 21, 1991, disponível online.
39. Idem.

Em 1943, o esquadrão de Gruber se uniu ao de Frank Blaichman. Juntos, eles resgataram vítimas, mataram colaboradores do Eixo e danificaram linhas telefônicas. Numa emboscada a um caminhão alemão, Gruber descolou um longo sobretudo que usou como uniforme até o fim da guerra. Era seu troféu por caçar nazistas.

Campos e guetos

Um dos grandes mitos sobre o Holocausto é que os judeus presos nos campos de concentração caminharam feito ovelhas ao matadouro, sem qualquer reação. Pois muitos deles reagiram, mesmo quando as chances de êxito tendiam a zero.

Até mesmo os judeus que integravam o *Sonderkommando* (SK) de Auschwitz se rebelaram em outubro de 1944, liderados pelo chefe dos *kapos* dos crematórios, um judeu lituano conhecido como Kaminski. O plano era simples: todos os dias, às 18h, guardas da SS passavam em frente à entrada do Crematório II. Eles iam relaxados, as armas nas costas, em geral contando piadas. Os revoltosos os atacariam nesse momento e roubariam suas armas, dando sinal para que a rebelião se alastrasse aos demais crematórios.

Só que deu tudo errado. Os homens do Crematório IV queimaram os colchões e iniciaram a revolta antes da hora, supostamente achando que alguém os havia traído. Incendiaram o local e tentaram fugir, mas quase todos foram executados ali mesmo. Os do Crematório II também foram reprimidos ao tentar escapar.[40] Mas a revolta deu frutos: os SK destruíram o Crematório IV, e o Crematório III começou a ser desmantelado pelos nazistas. Só o II continuou operando.

Outros campos de extermínio também foram palcos de revoltas na etapa final da guerra. Em Treblinka, os amotinados

---
40. Venezia, Shlomo, *Inside the Gas Chambers*, Polity Press, 2007, pág. 116.

roubaram armas do depósito da SS, atacaram guardas e queimaram pavilhões em 2 de agosto de 1943. Dos 300 prisioneiros que fugiram, 100 sobreviveram à caçada da SS.[41] Em Sobibor, os rebelados mataram guardas da SS a machadadas, roubaram armas, cortaram fios elétricos, queimaram parte do campo e fugiram em 14 de outubro de 1943. A maioria dos 300 fugitivos morreu alvejada pelos nazistas ou atravessando campos minados. Só uns 50 sobreviveram à guerra.[42]

Você provavelmente ouviu falar no levante do Gueto de Varsóvia, mas a resistência irrompeu em diversos outros guetos. Até mesmo no diminuto Gueto de Lachwa, na atual Bielorrússia, onde cerca de 2 mil judeus se espremiam em 45 casas de madeira. Em 3 de setembro de 1942, policiais alemães e bielorrussos cercaram esse gueto para liquidá-lo. E avisaram ao líder da comunidade, Berl Lopatyn, que ele e outros 30 judeus seriam poupados para trabalho forçado. Os demais seriam mortos.

"Ou todos nós vivemos ou todos morreremos", respondeu Lopatyn ao comandante.[43] Assim que os policiais iniciaram o ataque, dezenas de judeus avançaram contra eles distribuindo golpes de machados e facas. Lopatyn agarrou a pistola de um alemão e matou quantos nazistas conseguiu. Depois incendiou uma casa, e em poucos minutos o gueto estava em chamas — oportunidade para que os prisioneiros corressem até a cerca. Pelo menos mil judeus morreram nesse dia. Mas Lopatyn conseguiu levar levou 600 fugitivos para a floresta, mesmo ferido. A maioria foi capturada e morta, mas Lopatyn sobreviveu e fundou uma guerrilha com 25 homens, um rifle e uma pistola. Ele morreu em 21 de fevereiro de 1944, ao pisar uma mina.[44]

---

41. USHMM, *Treblinka Death Camp Revolt*, disponível online.
42. USHMM, Sobibor.
43. Levine, pág. 83.
44. Levine, págs. 82-3.

Mais sorte teve o movimento de resistência do Gueto de Minsk, na Bielorrússia. Cerca de 10 mil judeus fugiram de lá em 1942 para as florestas, onde integraram sete unidades de partisans.[45]

Tanta gente conseguiu fugir porque Minsk era mais poroso que os outros guetos. Ficava rodeado por uma cerca de arame farpado, não por muro. E a cerca era vigiada por patrulhas, não por sentinelas fixos. Além disso, os judeus contaram com *partisans* bielorrussos dispostos a ajudá-los na floresta — o que não costumava acontecer com judeus fugitivos de outros guetos.[46]

Mais importante: os líderes da resistência de Minsk tiveram o apoio do Conselho de Judeus *(Judenrat)* do gueto. Bem diferente do que aconteceu no Gueto de Vilna, na Lituânia, onde os anciãos do Conselho foram contrários à revolta temendo represálias dos nazistas. Essa falta de apoio do Conselho deixou os judeus de Vilna largados à própria sorte. Em junho de 1941, após invadir a URSS, os alemães ocuparam a cidade e deram início ao extermínio. Em menos de seis meses, unidades da SS e seus colaboradores lituanos mataram mais de 30 mil judeus.[47] Um dos sobreviventes foi o poeta Abba Kovner, de 23 anos, que fugiu do gueto para um convento no subúrbio da cidade. Mas Kovner não suportou a ideia de se salvar sozinho. E voltou a Vilna para organizar a rebelião. "Não nos deixemos levar como ovelhas ao matadouro", disse ele numa reunião secreta com outros 150 jovens, em 31 de dezembro de 1941. "Estamos fracos, mas a única resposta ao assassino é pegar em armas."[48]

Àquela altura, dois terços dos judeus de Vilna estavam mortos.

Com a ajuda de guerrilhas comunistas da floresta de Rudniki, Kovner fundou a FPO (sigla para Organização Partisan Unida).

---

45. USHMM, *Minsk*, disponível online.
46. Epstein Barbara, *The Minsk Ghetto*, 1941-1943, University of Califórnia Press, 2008, pág. 41.
47. USHMM, *Resistance in the Vilna Ghetto*, disponível online.
48. Citado em Levine, pág. 95.

O grupo contrabandeava armas escondido dos anciãos do Yitzhak Arad e outros chefes de guerrilhas judaicas convidaram a FPO a se juntar a eles nas florestas, mas Kovner recusou. Achava que o combate tinha de ser feito dentro do gueto. Foi o que aconteceu em 1943, quando os nazistas liquidaram o local. A FPO logo viu que não tinha chance e fugiu para a floresta, onde se aliou a *partisans* lituanos e combateu durante toda a guerra. Dos cerca de 60 mil judeus de Vilna, apenas 2,5 mil sobreviveram.[49]

---

49. Levine, pág. 105.

10

A QUEDA

O Terceiro Reich desmoronou exterminando gente até o último minuto. Alguns nazistas foram julgados, presos e mortos. Outros tiveram mais sorte.

A invasão começou às 6h30. Mais de 160 mil soldados de Estados Unidos, Inglaterra e outros dez países cruzaram o Canal da Mancha e desembarcaram na Normandia, no norte da França ocupada. Chegaram apoiados por mais de 1,2 mil navios de guerra e 4 mil embarcações anfíbias.[1]

O céu se tingiu de paraquedistas, que se juntaram às divisões blindadas em terra para travar intensos combates contra os nazistas. Aquele 6 de junho de 1944 passou à História como o Dia D, que marcou a virada dos Aliados sobre as forças do Eixo. Depois de liberar a França, as tropas invasoras marcharam até a Alemanha — onde se encontraram com os soviéticos para botar uma pá de cal no Terceiro Reich.

Mas, na verdade, Hitler começou a perder a guerra muito antes do Dia D, em combates arrasadores no front oriental. O primeiro grande revés aconteceu em dezembro de 1941, quando os soviéticos assumiram a contraofensiva na Batalha de Moscou.

As tropas do Eixo chegaram até as cercanias da capital soviética, mas foram bloqueadas por três cinturões de defesa formados pelo Exército Vermelho e por milícias locais. Tropas soviéticas bem-equipadas, que incluíam homens acostumados ao frio siberiano, caíram sobre os soldados alemães estancados diante de Moscou e os fizeram retroceder.[2] Assim, o que era para ser uma *blitzkrieg* de quatro meses virou o primeiro golpe duro contra os alemães. O Eixo perdeu 350 mil homens, entre mortos, feridos e desaparecidos.[3] E, embora as baixas entre os soviéticos fossem ainda maiores, o então ministro de Armamentos de Hitler, Fritz Todt, percebeu que a Alemanha não conseguiria vencer a guerra.

---

1. Naval History & Heritage Command, FAQ, disponível online.
2. Para mais detalhes das derrotas na frente oriental, ver Burleigh, Michael, *The Third Reich: A New History*, [versão espanhol], Punto de Lectura, 2008.
3. Números aproximados. Não há consenso entre os historiadores.

A falta de abastecimento, o frio e os problemas de transporte minaram o moral das tropas. Pior: os soviéticos estavam produzindo melhor equipamento em larga escala, mais adaptado aos combates na neve.[4]

E, com tanta gente mobilizada para os confrontos em duas frentes, faltou mão de obra para fazer girar a economia nazista. Mas Hitler queria mais briga. Após o fracasso de Moscou, ele optou por avançar ao sul, rumo aos campos petrolíferos do Cáucaso. Em julho de 1942, decidiu tomar Stalingrado, a cidade com o nome do inimigo.

Outro erro fatal: soldados do marechal russo Gregori Zhukov cercaram as divisões nazistas, impedindo que fossem abastecidas. Stalingrado foi a batalha mais letal de toda a guerra, deixando quase 850 mil baixas no Eixo e ao redor de 1,1 milhão do lado soviético. A Alemanha já não tinha nenhuma chance de vencer no leste — e o tabuleiro virou de vez em favor dos Aliados. Os generais alemães previram o fracasso da Operação Barbarossa e sugeriram negociar um armistício com o Ocidente. Mas Hitler não lhes dava ouvidos. Como em seus tempos de cabo, o Führer queria seguir lutando até o fim.

Mesmo que o fim significasse o colapso de seu amado Reich. Como diz o historiador alemão Peter Fritzsche, os nazistas nunca acreditaram que seria possível guiar a Alemanha a um santuário seguro. Na visão deles, a vida coletiva estava sob permanente ameaça — uma ameaça vinda de dentro e de fora do país. Esse senso de perigo teve o efeito de acelerar a mobilização da sociedade. E ajuda a explicar a dinâmica implacável, destrutiva e finalmente autodestrutiva do Terceiro Reich.[5]

Com a radicalização crescente do regime, os perigos pareciam cada vez mais assustadores — e as soluções, cada vez mais

---

4. Evans, Richard J., *The Third Reich at War*, Penguin, 2009, cap. 1.
5. Fritzsche, Peter, *Life and Death in the Third Reich*, Harvard University Press, 2008, Introdução.

drásticas. Quanto mais a Alemanha perdia a guerra, mais Hitler intensificava o genocídio dos judeus. Até que não deu mais.

Marchas da morte

Em 1944, surpreendidos com o rápido avanço das tropas soviéticas, os alemães tentaram esconder seus crimes. Queimaram documentos e começaram a demolir os crematórios para mascarar qualquer vestígio das atrocidades. Na pressa da fuga, porém, foi impossível ocultar tantas evidências.

Quando o Exército Vermelho liberou o primeiro grande campo, Majdanek, no verão daquele ano, deparou com fornos e cilindros de gás totalmente preservados. Jornalistas soviéticos e ocidentais registraram imagens do campo e entrevistaram os últimos sobreviventes, que ainda vagavam pelos pavilhões reduzidos a pele e osso.[6] O centro da morte mais camuflado foi Treblinka, que começou a ser desmantelado no outono de 1943. Os nazistas usaram tratores para nivelar e compactar o terreno dos crematórios. Depois plantaram flores, simulando uma singela fazenda. Ao entrar em Treblinka, em agosto de 1944, parecia não haver sinais do aparato que aniquilou 900 mil judeus.

Mas o jornalista russo Vasily Grossman, que acompanhava as tropas, vasculhou a terra e encontrou pedaços de ossos, dentes, trapos e restos de sapatos e panelas. Também havia cabelo e cinzas humanas por toda parte. É que os alemães tinham obrigado camponeses da região a empurrar carrinhos cheios de cinzas e jogá-las na estrada que ligava o campo de extermínio ao campo de trabalhos forçados.

"Os camponeses transportaram os ossos carbonizados e as cinzas da primavera de 1943 até o verão de 1944. Diariamente

---

6. USHMM, *Death Marches*, disponível online.

saíam 20 carros, cada um fazendo seis ou oito viagens. Cada um levava de 100 a 125 kg de cinzas e ossos carbonizados", escreveu Vasily Grossman em seus relatos.[7]

Crianças prisioneiras jogavam os resíduos dos carros na estrada usando pás. Elas ficaram conhecidas como "crianças da estrada negra", pois as cinzas pintavam o caminho de preto.[8] O desmantelamento dos campos não incluiu apenas a destruição da infraestrutura. Também foi preciso evacuar os prisioneiros. Afinal, a SS não queria que eles caíssem vivos nas mãos dos Aliados para contar o que haviam passado, como ocorreu em Majdanek. Além disso, Himmler acreditava que poderia usá-los como reféns, e assim negociar uma paz com o Ocidente que garantiria a sobrevivência do Reich.[9]

Assim, Himmler ordenou a evacuação dos prisioneiros de todo os campos situados perto dos fronts rumo ao interior da Alemanha. A evacuação começou de trem e prosseguiu a pé. Eram as chamadas "Marchas da Morte" — a última etapa do extermínio. Colunas sem fim de prisioneiros esquálidos marchavam na neve, sem agasalho, muitos deles calçando apenas sandálias.

Como afirma o historiador israelense Yehuda Bauer, o inferno dos campos de concentração nazistas vomitava suas vítimas às dezenas de milhares. "Elas eram obrigadas a marchar sem sentido pelos prados cobertos de neve, espancadas e famintas. Ou então eram confinadas em vagões sem água nem comida por dias a fio", diz Bauer. "Quem ficasse para trás era alvejado sem misericórdia."[10] Isso aconteceu, por exemplo, com os prisioneiros de Buchenwald, Dachau e Flossenbürg.

---

7. Grossman, Vasily, *The Years of War – The Treblinka Hell*, 1946, PDF, págs. 402-6.
8. Grossman, pág. 401.
9. USHMM.
10. Bauer, Yehuda, *The Death Marches, January-May, 1945*, Modern Judaism, vol. 3, fev. 1983, págs. 1-21.

Em Auschwitz não foi diferente. Nove dias antes da chegada dos russos, os guardas obrigaram milhares de prisioneiros a marchar em direção à cidade de Wodzislaw, a 56 km dali, de onde foram levados a outros campos em trens de carga. De cada quatro prisioneiros que marcharam, um morreu no caminho.[11]

O colapso do Terceiro Reich

Cerca de 250 mil pessoas morreram nas marchas da morte, que se estenderiam até a rendição alemã, em maio de 1945.[12] E, enquanto as zonas ocupadas encolhiam ante o avanço inimigo, o centro de comando do nacional-socialismo entrava em colapso. Em 3 de fevereiro de 1945, uma chuva de bombas incendiárias matou 3 mil pessoas em Berlim. Dez dias depois, os caças aliados transformaram a imponente Dresden numa pilha de destroços. Logo foi a vez de cidades como Essen, Munique e Mainz. Nos últimos quatro meses e meio de guerra, 470 mil toneladas de bombas caíram sobre o solo alemão.[13]

Agora as triunfantes marchas nazistas eram coisa do passado. As suásticas passaram a ser símbolos de decadência para a maioria dos alemães. Muitos começaram a removê-las dos edifícios. Até mesmo os mais fiéis seguidores do regime o estavam criticando, como constatou o Serviço de Segurança da SS.[14]

A confiança em Hitler também estava em queda livre, e não era para menos. Em 1941, o Führer havia anunciado que as últimas divisões russas haviam sido destruídas. Agora, com os russos batendo à porta de Berlim, quem acreditaria em suas mentiras? "Havia entre o povo uma raiva crescente da liderança nazista por não se render quando tudo estava tão obviamente perdido", diz o

---

11. USHMM.
12. Para mais detalhes sobre as marchas, ver Bauer.
13. Kershaw, Ian, *Hitler*, Penguin Books, 2010, cap. 27.
14. Evans, cap. 7.

historiador britânico Richard Evans. "Aqueles que se lembravam da Primeira Guerra Mundial sabiam que os líderes militares haviam jogado a toalha quando perceberam que estavam a ponto de ser derrotados, salvando muitas vidas."

Mas Hitler se negou a jogar a toalha, claro. E ainda tentou angariar o último apoio dos alemães incutindo neles o medo dos russos. Em 24 de fevereiro de 1945, as rádios transmitiram uma mensagem escrita por ele advertindo que os alemães seriam enviados como escravos para a Sibéria caso o Exército Vermelho triunfasse.

A advertência foi motivo de piada. "O Líder está fazendo outra profecia", ironizou um oficial nazista de Luneburgo — a cidade onde Himmler cometeria suicídio poucos meses depois, após ser capturado pelos britânicos.[15]

Himmler e outros membros da cúpula nazista, como Goering, Ribbentrop e até mesmo Goebbels, admitiam fazer a paz com o inimigo. Só que Hitler estava decidido a continuar até a destruição total. Tanto assim que, em 19 de março, ele emitiu um decreto determinando a demolição de toda a infraestrutura alemã — indústrias, armas, transportes — para que não fosse usada pelos Aliados.

O documento ficou conhecido como "Decreto Nero" em alusão ao imperador romano, suspeito (erroneamente) de incendiar Roma. Hitler encarregou a execução do decreto a seu ministro de Armamentos e Munições, Albert Speer. Mas Speer fez de tudo para frear a ordem do chefe. E convenceu as autoridades alemãs a ignorá-la.

Mas o país desgovernado estava cada vez mais perto do precipício. Hitler passou as últimas semanas de vida com sua amante Eva Braun num complexo antiaéreo construído sob os jardins da Chancelaria. O bunker subterrâneo tinha um teto

---

15. Idem.

de quase três metros de concreto, dois andares e 30 salas. Uma das paredes exibia um retrato de Alexandre, o Grande, ídolo de Hitler desde a juventude.

Mas o contraste com o herói macedônio era chocante: Hitler estava cansado e deprimido. Os tremores pelo mal de Parkinson o deixavam com aparência ainda mais frágil. Mesmo assim, ele ainda se achava indispensável. "Se algo acontecer comigo, a Alemanha está perdida, pois não tenho sucessor", disse ele num dos chás diários com suas secretárias.[16]

Em 20 de abril, Hitler celebrou seus 56 anos em clima fúnebre. Mal quis falar com os oficiais que o visitaram, tomou chá com Eva às 21h e foi dormir, para ser despertado com um belo "presente" no meio da noite: os soviéticos já estavam 48 km a sudeste de Berlim. Em 29 de abril, veio outra má notícia: Hitler soube que seu aliado Mussolini havia sido fuzilado por *partisans* italianos.

Naquela mesma noite, ele finalmente decidiu se casar no civil com Eva Braun. Ela havia lhe dado uma prova de lealdade quando decidiu entrar com ele no bunker para nunca mais sair. E agora o Führer já não precisava convencer o povo de que estava casado com a Alemanha. Até porque o povo já não confiava nele. Os noivos disseram "sim" tendo ao fundo o ruído das bombas, com Goebbels e Bormann de testemunhas. Em seu testamento, Hitler designou o almirante Karl Dönitz como o novo presidente do Reich e Goebbels, o novo chanceler.

Ninguém assumiu o cargo de Führer, claro. Esse não tinha substituto. Hitler também expulsou Goering e Himmler do Partido por tentarem negociar por conta própria a paz com o inimigo. E em 30 de abril, com as tropas soviéticas a poucos metros da Chancelaria, chegou a hora de Hitler testar o veneno que havia

---

16. Kershaw, cap. 27.

pedido a seus médicos. Pegou uma cápsula de cianeto e a introduziu na boca de sua adorada cadela pastor-alemão Blondi, que morreu instantes depois.

Em seguida, Hitler entrou em seu aposento com Eva. Ela tomou cianeto. Ele se matou com um disparo na cabeça. Quando entraram no quarto, os assessores viram os dois corpos estendidos no sofá. Um filete de sangue saía de um orifício na têmpora direita de Hitler. Sua pistol Walther 7,65 mm estava caída no chão.[17]

Segundo a versão mais aceita, os corpos de Hitler e Eva foram levados à superfície e queimados dentro de uma cratera de bomba no jardim da Chancelaria. Goebbels exerceu como chanceler por um dia apenas. Em 1º de maio, ele e sua mulher, Magda, mataram seus seis filhos com cianeto enquanto dormiam. Depois subiram para os jardins da Chancelaria e se suicidaram.[18]

Julgamentos de Nuremberg

A Alemanha finalmente se rendeu em maio de 1945. O país foi dividido em quatro zonas controladas pelas potências vencedoras: EUA, URSS, Inglaterra e França. E aí teve início uma enorme empreitada que buscava limpar a Alemanha das influências nazistas. Um processo conhecido como "desnazificação".

Milhões de alemães precisaram preencher formulários sobre suas atividades durante o Terceiro Reich. Nas zonas ocidentais da Alemanha, por exemplo, quase 3,6 milhões de pessoas passaram pelo crivo dos avaliadores. Desse total, 996 mil (27%) foram classificados como meros "membros nominais" do Partido Nazista e 1,2 milhão (33%) foram "exonerados". Apenas 1.667

---

17. Kershaw, cap. 28.
18. Segundo uma versão, Goebbels atirou em sua mulher e depois em si mesmo. Outra diz que os dois tomaram cianeto e depois foram alvejados por um soldado da SS. Também não se sabe se foi Magda que envenenou as crianças ou algum médico de confiança.

foram classificados como "principais culpados", 23 mil foram "incriminados" e quase 150 mil, "menos incriminados".[19]

Ou seja: menos de 5% do total seriam nazistas do núcleo duro. O restante foi anistiado ou nem julgado. É que a desnazificação não podia barrar 6,5 milhões de membros do Partido Nazista dos cargos de responsabilidade na Alemanha.

A necessidade de juízes, médicos, advogados, cientistas e engenheiros era grande demais. Por isso, muitos nazistas ferrenhos retomaram suas carreiras tranquilamente. Foi o caso de Otmar von Verschuer, mentor de Mengele. Ele foi eleito presidente da Sociedade Alemã de Antropologia em 1952 e reitor da Faculdade de Medicina de Munster dois anos depois.

Os principais julgamentos ocorreram na cidade alemã de Nuremberg, onde um tribunal militar internacional colocou alguns dos "peixes grandes" nazistas no banco dos réus.

O corpo de juízes e promotores foi integrado por americanos, franceses, britânicos e soviéticos — que bem poderiam ser julgados por crimes de guerra a mando de Stálin. O julgamento mais notório, realizado entre fins de 1945 e outubro de 1946, foi contra 23 altos líderes nazistas. As acusações: crimes contra a paz, guerra de agressão, crimes de guerra e crimes contra a humanidade.

O peixe mais graúdo era Hermann Goering, chefe das Forças Armadas e segundo homem na hierarquia do Reich. Diante do jurado, ele expressou suas últimas palavras: "Nunca ordenei um assassinato, em nenhum momento e contra nenhuma pessoa. Tampouco ordenei crueldades de nenhuma classe ou índole".[20] Rudolf Hess, ex-vice de Hitler, foi o próximo a falar: "Sou feliz por saber que cumpri meu dever frente a meu povo, como ale-

---

19. Evans, cap. 8.
20. Citado em Heydecker, Joe J., e Leeb, Johannes, *El Proceso de Nuremberg*, Bruguera, 1965, pág. 465.

mão, como nacional-socialista e fiel colaborador do Führer. Não me arrependo de nada".

Outros réus disseram desconhecer o que estava sendo julgado. "Fomos informados de crimes horrendos", disse Walther Funk, ministro da Economia e presidente do Reichsbank. Ele foi um homem-chave no confisco dos bens dos judeus e na depredação econômica dos territórios ocupados. "Soube de tudo isso aqui nesta sala. Não tinha conhecimento desses crimes... que me enchem, assim como a todos os alemães, de profunda vergonha."[21] Ernst Kaltenbrunner, chefe do RSHA, foi na mesma toada, negando qualquer responsabilidade pelas matanças: "Na questão dos judeus, fui enganado como muitos outros. Nunca dei minha aprovação ao seu extermínio biológico".

O editor Julius Streicher, que passou 23 anos incitando o ódio contra os judeus em seus artigos semanais no tabloide *Der Stürmer*, também se declarou inocente. "Os assassinatos em massa foram levados a cabo por ordem direta do chefe de Estado, Adolf Hitler", disse Streicher, que havia sido membro do Reichstag, general honorário da SA e *gauleiter* (líder regional) do Partido Nazista. "Condeno os assassinatos em massa do mesmo jeito que os condena todo alemão decente e consciente."[22]

Em 1º de outubro de 1946, chegou o momento da leitura das sentenças. O silêncio era absoluto. Só se ouvia o tique-taque do relógio na parede, que marcava 14h50.

O presidente do Tribunal tomou a palavra: "Réu Hermann Wilhelm Goering, pelas acusações sobre as quais o senhor foi condenado, o Tribunal Militar Internacional o sentencia à morte por enforcamento", declarou.[23]

---

21. Heydecker, pág. 473.
22. Heydecker, pág. 470-2.
23. The Avalon Project, Yale Law School, disponível online.

Também foram condenados à morte: Kaltenbrunner, Streicher, Martin Bormann (chefe da Chancelaria), Hans Frank (governador geral da Polônia), Wilhelm Frick (ministro do Interior), Alfred Jodl (general da Wehrmacht), Wilhelm Keitel (chefe de Jodl), Joachim von Ribbentrop (ministro de Relações Exteriores), Alfred Rosenberg (ideólogo do Partido), Fritz Sauckel (arquiteto do programa de trabalhos forçados) e Arthur Seyss-Inquart (peça-chave na invasão da Áustria).

Todos eles foram enforcados, com exceção de Goering, que se suicidou na noite anterior à execução, e Bormann, que foi julgado em ausência porque supostamente havia morrido antes ao tentar fugir de Berlim. Hess, Walther Funk e o almirante Erich Raeder foram condenados à prisão perpétua.[24] Albert Speer e Baldur von Schirach (chefe da Juventude Hitlerista) receberam 20 anos de sentença.[25] O diplomata Konstantin von Neurath, antecessor de Ribbentrop, pegou 15 anos. Já o almirante Karl Dönitz foi condenado a dez.

Três réus terminaram absolvidos: Hans Fritzsche (diretor do Ministério de Propaganda), Hjalmar Schacht (ministro da Economia) e Franz von Pappen, o vice-chanceler de Hitler em 1933 que depois se tornou embaixador. Mas Von Pappen foi detido novamente e condenado a oito anos de prisão por crimes de guerra por um tribunal alemão em 1947.[26]

O fato é que o Julgamento de Nuremberg marcou um enorme avanço no campo dos direitos humanos. Deixou claro que os crimes graves perpetrados por um Estado contra seu próprio povo não são apenas relevantes para a justiça desse Estado, mas

---

24. Hess cometeu suicídio na prisão de Spandau, em 1987, aos 93 anos.
25. Ao ser solto, em 1966, Speer publicou memórias em que também dizia não saber do extermínio dos judeus.
26. Evans, cap. 7.

para toda a comunidade internacional. E estabeleceu as primeiras bases para a atual Corte Penal Internacional.[27]

Autoridades americanas realizaram outros 12 julgamentos de nazistas em Nuremberg. Um deles contra Oswald Pohl, administrador da rede de campos da SS, que foi condenado e enforcado. Em outro julgamento, os médicos Viktor Brack e Karl Brandt foram condenados à morte por seus experimentos cruéis. Hermann Pfanmuller, que matava crianças "de morte natural" no programa T-4, teve mais sorte: pegou cinco anos de prisão.

O doutor Fritz Fischer, que removia braços de prisioneiros vivos, foi condenado à prisão perpétua, mas sua pena acabou reduzida para 15 anos em 1951. E ele foi solto três anos depois para recomeçar a carreira no laboratório Boehringer. Já a médica Herta Oberheuser, que chamava suas prisioneiras de "porquinhos-da-índia", foi sentenciada a 20 anos de prisão, mas saiu em 1952 por bom comportamento. Trabalhou como médica de família até 1958, quando teve o registro revogado ao ser reconhecida por uma de suas vítimas.

Houve vários outros julgamentos ao redor da Europa. Kurt Daluege, chefe da Orpo, foi julgado e enforcado na Checoslováquia. Rudolf Höss, comandante de Auschwitz, recebeu sua condenação em Varsóvia e também morreu na forca — um cadafalso foi construído especialmente para ele em Auschwitz, ao lado do Crematório I.

O químico Bruno Tesch, um dos inventores e fabricantes do Zyklon-B, foi preso e executado em 1946 por uma corte militar britânica.[28] E o engenheiro Kurt Prufer, projetista das câmaras de gás, foi preso em 1946 e enviado a um campo de trabalho soviético, onde morreria seis anos depois.

---

27. Para mais detalhes, ver Schabas, William A., *Genocide in International Law*, Cambridge University Press, 2000.
28. Evans, cap. 7.

Rotas de fuga

Enquanto alguns nazistas eram julgados, presos e executados, diversos outros fugiram e levaram uma vida pacata bem longe da Alemanha. Muitos vieram para a América do Sul, como os carrascos Josef Mengele (o "Anjo da Morte" de Auschwitz), Adolf Eichmann (o arquiteto da Solução Final) e Erich Priebke, o oficial da SS responsável pelo massacre de civis italianos em Roma. Outros foram viver no Oriente Médio, como Alois Brunner (assistente de Eichmann) e o médico Aribert Heim — o "Dr. Morte" do campo de Mauthausen.

Esses assassinos conseguiram escapar graças a redes de contrabando de nazistas que entraram em ação no fim da guerra. Uma delas foi arquitetada pelo então presidente argentino Juan Domingo Perón, para quem o Tribunal de Nuremberg havia sido uma infâmia. O general não apenas simpatizava com os nazistas: queria aproveitar o conhecimento de cientistas do Terceiro Reich para fomentar a indústria de seu país.

Por isso, firmou um acordo secreto com o Vaticano e o governo suíço, que viabilizou a fuga de centenas de cientistas e criminosos de guerra nazistas para Buenos Aires — lar da maior comunidade judaica da América Latina, diga-se.

O plano era simples. O Vaticano se encarregava de dar passaportes com pseudônimos aos nazistas. Perón lhes concedia vistos para desembarcar na Argentina. E o governo suíço permitia o trânsito legal deles por seu território.[29] A operação contou com a ajuda da Cruz Vermelha, que também emitia passaportes com nomes falsos para os fugitivos.

A peça-chave dessa rede era Carlos Fuldner, um alemão nascido na Argentina que se tornou capitão da SS. Depois da guerra, Fuldner escapou da Alemanha através de Madri e chegou a

---

29. Jornalista argentino Uki Goñi. Entrevista do autor.

Buenos Aires. Em seguida, já como agente especial de Perón, ele retornou à Europa para organizar a fuga de seus camaradas.

Os escritórios de resgate ficavam em Gênova, na Itália, e Berna, na Suíça. Essas cidades formaram a primeira linha de fuga, que começou a operar em 1946 para colaboradores franceses, belgas e croatas. "Por que esses foram os primeiros a escapar? Porque eram nazistas católicos. Haviam conseguido conciliar o nazismo e o catolicismo", diz o jornalista argentino Uki Goñi. "Por isso, a Igreja Católica argentina montou o primeiro plano de fuga em combinação com o Vaticano."[30]

O bispo austríaco Alois Hudal, o sacerdote croata Kronuslav Draganovic e o cardeal francês Eugène Tisserant ajudaram os fugitivos entregando documentos falsos e dinheiro para a passagem. Do lado de cá do Atlântico, os nazistas eram recebidos pelo cardeal Antonio Caggiano, arcebispo de Buenos Aires.[31]

Em 1947, o plano começou a abarcar os criminosos mais conhecidos. Erich Priebke, por exemplo, desembarcou calmamente na Argentina de Perón. Hudal também providenciou os documentos para a fuga de Eduard Roschmann, comandante do Gueto de Riga. Assim, o outrora "Açougueiro de Riga" transformou-se no pacato cidadão argentino Federico Wagner.

Josef Mengele chegou a Buenos Aires em 1949 com o passaporte da Cruz Vermelha número 100.501, onde figurava o nome Helmut Gregor. Já Adolf Eichmann viveu em Buenos Aires fazendo-se passar pelo técnico em mecânica Ricardo Klement.

Assim como eles, muitos criminosos chegaram disfarçados de técnicos. Outros eram realmente técnicos e cientistas que haviam prestado seus serviços ao Terceiro Reich. Foi o caso do alemão Friedrich Bergius, prêmio Nobel de Química em 1931.

---

30. Idem.
31. Para mais detalhes, ver Goñi, Uki, *A Verdadeira Odessa*, Record, 2004.

Bergius tinha produzido combustíveis sintéticos com mão de obra escrava na IG Farben e foi trazido por Perón para impulsionar a indústria argentina. Só não teve muito tempo para isso, pois morreu em 1949. Sua tumba pode ser vista hoje no Cemitério da Chacarita, em Buenos Aires.

Nesse mesmo cemitério está o túmulo do médico dinamarquês Karl Peter Vaernet, que injetava hormônio em gays para tentar "curá-los" no campo de Buchenwald.[32] Vaernet trabalhou para o Ministério de Saúde da Argentina, em Buenos Aires, e inclusive abriu consultório na rua Uriarte, no bairro de Palermo, onde continuou tentando curar a homossexualidade.[33]

Mas as rotas de fuga também deram certo graças a uma mudança na geopolítica mundial: o início da Guerra Fria. Até por volta de 1947, os Aliados tinham grande interesse em apertar o cerco contra criminosos nazistas. Mas perderam esse foco à medida que a União Soviética se transformou no novo inimigo.

Afinal, os antigos seguidores de Hitler agora poderiam ser úteis na luta contra o comunismo. Sobretudo os de Croácia, Checoslováquia e outros países que caíram na órbita de Moscou. Resultado: enquanto o Vaticano ajudava os criminosos a escapar para a América do Sul, os EUA e a Inglaterra olhavam para o outro lado. Tudo para que essa gente não fosse entregue aos governos comunistas.

E era gente à beça. Ante Pavelic, fundador do movimento fascista Ustasha e líder do Estado Independente da Croácia — um fantoche do Terceiro Reich —, fugiu para a Argentina em 1948. O austríaco Franz Stangl, ex-comandante de Treblinka, fugiu para a Síria e de lá para o Brasil graças à santa ajuda do bispo Hudal. Stangl foi rastreado no Brasil por Simon Wiesenthal, célebre caçador de nazistas. Foi preso pela polícia, depor-

---

32. Bergius está enterrado na parte alemã do cemitério. Vaernet, na parte britânica.
33. De Nápoli, Carlos, *La Fórmula de la Eterna Juventud*, Grupo Norma, 2009, pág. 41.

tado para a Alemanha e condenado à prisão perpétua em 1970. Morreu na cadeia no ano seguinte.[34]

Seu compatriota Gustav Wagner, subcomandante de Sobibor, seguiu uma rota de fuga semelhante. Wagner conseguiu residência brasileira e viveu aqui com o nome de Günther Mendel até ser localizado em 1978 por Simon Wiesenthal. A Áustria, a Polônia e Israel pediram sua extradição, mas o Brasil sempre se negou a extraditá-lo. Wagner morreu em 1980 em São Paulo, supostamente por suicídio.

O Oriente Médio também foi um porto seguro para os algozes nazistas. Para lá se dirigiu o médico austríaco Aribert Heim, que removia órgãos sem anestesia no campo de Mauthausen. Após ser capturado por soldados americanos, o "Dr. Morte" foi logo solto e partiu com passagem só de ida para o Egito. Viveu lá tranquilo com o nome de Tarek Hussein até 1992, quando teria morrido sob condições misteriosas.[35]

Alois Brunner, responsável pela deportação de mais de 100 mil judeus para as câmaras de gás, encontrou refúgio na Síria. Brunner perdeu um olho e os dedos de uma mão após abrir duas cartas-bombas enviadas pelo Mossad, o serviço secreto de Israel. O governo sírio sempre negou sua extradição. Brunner encabeçou até 2013 a lista dos dez nazistas mais procurados pelo Centro Simon Wiesenthal. Foi retirado da lista no ano seguinte, já que a possibilidade de ele estar vivo é remota — Brunner estaria com 102 anos em 2014.[36]

Como você verá no capítulo seguinte, nazistas também foram recrutados pelos serviços de inteligência do Ocidente para comba-

---

34. Evans, cap. 8.
35. Mekhennet, Souad e Nicholas Kulish, *Uncovering Lost Path of the Most Wanted Nazi*, The New York Times, 4/2/2009. Segundo o Centro Simon Wiesenthal, a ausência do corpo para análise forense ainda gera dúvidas sobre a morte em 1992.
36. Zuroff, Efraim, *2013 Annual Report on the Status of Nazi War Criminals*, Centro Simon Wiesenthal, PDF, abril de 2013.

ter o comunismo. Foi o caso de Klaus Barbie, antigo chefe da Gestapo na França e famoso pelas torturas desumanas. Após a guerra, o "carniceiro de Lion" auxiliou agentes americanos e alemães em ações de contrainteligência e depois se mudou para a Bolívia, onde se tornou repressor sob as ordens do ditador Hugo Banzer nos anos 1970. Seu codinome era Klaus Altmann. Em 1980, Barbie se tornaria tenente-coronel do exército boliviano sob o mando de um ditador ainda mais sanguinário, Luis García Meza.[37]

Mengele: uma vida às claras

A história oficial diz que Mengele viveu escondido na América do Sul após escapar para a Argentina, em 1949. Usando identidades falsas, ele conseguiu se esquivar dos caçadores de nazistas e dos governos ocidentais durante décadas — até morrer afogado em Bertioga, no litoral de São Paulo, em 1979. Mas o Arquivo Geral da Nação (AGN), em Buenos Aires, mostra uma história diferente. Documentos preservados dentro de uma pasta identificada com as letras "Dr. M" revelam que o "Anjo da Morte" de Auschwitz viveu praticamente às claras na Argentina.[38]

Mengele de fato entrou com nome falso (Helmut Gregor) em Buenos Aires em 1949, mas retomou sua verdadeira identidade em 1956. Inclusive se casou usando o nome verdadeiro em Nueva Helvécia, no Uruguai, em 17 de julho de 1958, com direito a anúncio no jornal e tudo — uma praxe na época: "Projetam unir-se em matrimônio Don Josef Mengele e Dona Marta Maria Will", dizia o anúncio.[39]

---

37. Sánchez Gustavo, *In Pursuit of Bolivia's Secret Nazi*, The Guardian, 10/9/2008. Barbie foi extraditado à França e condenado em 1987 por crimes de guerra. Morreu na prisão, aos 77 anos.

38. Carlos De Nápoli me guiou nas visitas ao AGN e ao cemitério da Chacarita. Ele me mostrou a pasta "Dr. M", sob o olhar relutante do funcionário do arquivo. Os documentos, até então inéditos no Brasil, foram reproduzidos pela revista *Aventuras na História*, em março de 2011. De Nápoli morreu pouco depois. A ele, meus sinceros agradecimentos.

39. Cópia do anúncio fornecida pelo Registro Civil da Prefeitura Municipal de Colônia, Uruguai.

Os documentos do AGN mostram que Mengele comprou empresas e viajou diversas vezes pela América do Sul e Europa. Também comprovam que a embaixada alemã em Buenos Aires sabia de todos esses passos do carrasco. Até lhe deu uma cópia de sua certidão de nascimento para que ele recuperasse o verdadeiro nome.

Por que Mengele conseguiu fazer tudo isso? Porque ele tinha um diferencial em relação aos outros fugitivos: era um herdeiro milionário. Por isso contou com uma rede de proteção especial na Argentina. Seu pai, Karl Mengele, era dono de uma das maiores fábricas de máquinas agrícolas da Alemanha. O clã Mengele é até hoje reverenciado em Gunzburgo, sua cidade natal, pela quantidade de empregos que criou ao longo de gerações.

Para ajudar o filho, Karl entrou em contato com Jorge Antonio, braço direito de Perón e homem de confiança dos alemães no Rio da Prata. Argentino de origem síria, conhecido como "El Turco", Jorge Antonio enriqueceu nos anos 1950 graças aos vínculos com o poder, a ponto de se tornar presidente da filial argentina da Mercedes-Benz.

No livro *La Conexión Alemana*, a jornalista alemã-argentina Gaby Weber diz que a Mercedes operava um esquema de lavagem de dinheiro nazista com Jorge Antonio no papel principal. A Mercedes argentina importava carros fabricados na matriz. Dessa forma, era simples lavar dinheiro sujo. Bastava usar essa operação como fachada.[40]

A filial portenha não lavava só dinheiro, mas também a ficha dos criminosos nazistas. Os industriais alemães enviavam máquinas e técnicos à Argentina. Em contrapartida, exigiam que o governo argentino recebesse criminosos de guerra, encobertos como "especialistas". "Um diretor da Daimler-Benz, a matriz

---

40. Weber, Gaby, *La Conexión Alemana*, Edhasa, 2005, pág. 59.

alemã, entregou pessoalmente a Jorge Antonio listas com nomes de pessoas que deveria contratar na Mercedes da Argentina. Entre eles, Adolf Eichmann", diz Gaby Weber.[41]

Mengele também chegou pelas mãos da Mercedes, mas não precisou de emprego. Criou suas próprias empresas com o dinheiro do pai. Ao ser procurado por Karl Mengele, Jorge Antonio acionou Roberto Mertig — um empresário de origem alemã e dono da fábrica de fogões Orbis. "Mertig se encarregou de abrir as portas a Mengele na Argentina e facilitou os investimentos do velho Karl no país", recordou o historiador Carlos de Nápoli. "O próprio Jorge Antonio me contou isso, sem esconder o orgulho."[42]

Essa história é confirmada por documentos da Polícia Federal Argentina guardados no Arquivo Geral da Nação, que permitem reconstruir os passos de Mengele no país. Mostram, por exemplo, que a primeira casa onde morou ficava na rua Arenales, 2.460, em Florida, na província de Buenos Aires. E que ele montou a empresa Tameba (Oficinas Metalúrgicas de Buenos Aires). Segundo De Nápoli, Mengele fabricava hastes de torneiras e as vendia para Eichmann, que nessa época trabalhava na indústria de sanitários FV (Ferrum), do alemão Franz Viegener. Os dois se encontravam num bar da Avenida de los Constituyentes, zona noroeste da cidade.

Pois é: o carrasco nazista levava uma vida social intensa na terra do tango. Saía para comer *medialunas* e tomar *café cortado* como qualquer outro argentino. Só faltou torcer para o Boca Juniors.

"Mengele procurou se preservar aqui, mas se sentia tranquilo sabendo que havia uma rede de proteção para ele", diz Sergio Widder, diretor do Centro Simon Wiesenthal para a América Latina.[43] "Essa proteção foi dada pelo Estado argentino e prosseguiu mesmo após o golpe contra Perón, em

---

41. Weber, pág. 16.
42. Carlos De Nápoli, entrevista do autor.
43. Sergio Widder, entrevista do autor.

1955." Em 1956 Mengele abriu outra empresa: o laboratório Fadrofarm (Fábrica de Drogas Farmacêuticas). E nesse mesmo ano retomou sua verdadeira identidade.

OK, mas por que decidiu viver às claras na Argentina? Primeiro, porque ele não era tão conhecido na época. Nem ao menos figurou na lista do Tribunal de Nuremberg. A Alemanha Ocidental foi criada em 1949 e só começou a buscá-lo em meados dos anos 1950 — mas, como se pode deduzir a partir dos documentos oficiais, o governo alemão não fez questão de sentá-lo no banco dos réus. E os jornais só começariam a falar no "Anjo da Morte" na década de 1960.

Mas o principal motivo para a recuperação do nome era pragmático: Mengele queria garantir sua parte na herança da família. Se continuasse como Helmut Gregor, não receberia nada. O primeiro passo para garantir a fartura foi dado em 1954, quando ele se divorciou de Irene Schoenbein, com quem havia se casado na Alemanha em 1939 e tido um único filho, Rolf. Os documentos provam que, a partir de 1954, o governo alemão sabia exatamente onde Mengele vivia na Argentina: Rua Sarmiento, número 1.875, em Olivos, na Grande Buenos Aires. Quem deu essa informação? Irene, no processo de divórcio.

O segundo passo foi retomar a identidade. Em 1956, o médico declarou às autoridades argentinas que havia entrado no país como Helmut Gregor, mas que na verdade era Josef Mengele. Também foi à embaixada alemã, declarou quem era e solicitou cópia da certidão de nascimento, que foi traduzida ao espanhol para ser válida no país. Em seguida, solicitou uma cédula de identidade argentina. Para tirá-la, novamente, contou com os serviços da embaixada alemã.

Em 1958, Mengele deu o passo final para herdar o dinheiro do pai: casou-se com Marta Maria Will, viúva de seu irmão mais novo, Karl Jr.

Marta havia chegado à Argentina com o filho, Karl Heinz, em 1956. Como divorciados não podiam se casar na Argentina, Mengele foi com ela a Nueva Helvécia, no Uruguai, para celebrar a boda.

Xeque-mate!

Quando soube da tramoia, Irene se enfureceu. "Segundo me contou Jorge Antonio, ela primeiro tentou extorquir Mengele. Como não conseguiu o dinheiro, abriu a boca: foi ao Colégio de Médicos de Frankfurt e denunciou que o ex-marido havia trabalhado em Auschwitz", recordou De Nápoli.[44] De fato, a Universidade de Frankfurt retirou de Mengele o título de médico quando comprovou que ele tinha mesmo trabalhado no campo.

Mas perder o diploma não fez diferença: Mengele continuou vivendo tranquilo e inclusive viajou a diversos países, como Chile e Alemanha. Assim demonstram os certificados de boa conduta que ele solicitou à polícia argentina para poder embarcar. Portanto, não era preciso ser nenhum James Bond para saber das andanças do "Anjo da Morte".

Em 1959, a Alemanha finalmente enviou pedido de extradição de Mengele à Argentina, que só o tornou público em 1960. A partir daí, foi como se as autoridades argentinas e alemãs "descobrissem" que o carrasco vivia em Buenos Aires. A imprensa internacional também só o descobriu nessa época — depois que o Mossad sequestrou Eichmann na Argentina e o levou a Israel para ser julgado. Terminou enforcado em 1962.

A essa altura, porém, Mengele já tinha ido embora da Argentina. O último documento mostra que ele saiu do país em 1959. Depois disso, Mengele viveu no Paraguai e no Brasil. Morou em São Paulo acobertado por diversas pessoas, entre

---

44. Carlos De Nápoli, entrevista do autor.

eles um casal de austríacos, Wolfram e Liselotte Bossert. E morreu no tal afogamento em Bertioga, em 1979. Os Bossert revelaram à polícia que a tumba de Mengele estava no cemitério do Rosário, em Embu, na Grande São Paulo. Uma equipe de legistas exumou os restos do corpo, em junho de 1985, e concluiu que, sim, eram do nazista. Em 1992, um exame de DNA confirmou a descoberta.

Seus ossos se encontram em poder do Instituto Médico Legal de São Paulo, em local não divulgado, para evitar peregrinações de neonazistas. A família nunca requisitou o corpo.

11

NEONAZISMO

Tantos anos após o fim da Segunda Guerra, a ideologia torta de Adolf Hitler continua viva, mesmo mudando de cara.

Em 1945, Hitler enfiou uma bala na cabeça com sua pistola Walther 7,65 mm. Muitos anos se passaram desde então, mas a semente do nacional-socialismo continua germinando. Gangues neonazistas mataram mais gente no território alemão do pós-guerra do que qualquer outro grupo, incluindo os radicais islâmicos e os de extrema-esquerda.[1]

O neonazismo ainda vai bem além dessa violência pura e simples. Ele é o nazismo "de cara nova". Uma cara encoberta, maquiada. O neonazismo contém o mesmo discurso de ódio da versão original, só que adaptado aos novos tempos. Seus seguidores em geral não se dizem nazistas. São "libertadores", "nacionalistas", "guerreiros da nação", defensores de seu país e da sua cor. "Não somos racistas, somos orgulhosos", diz uma página brasileira do Facebook que defende a superioridade branca, com ataques a negros e indígenas. Outros não se envergonham: assumem explicitamente sua posição.

Muitos neonazistas não falam em "pureza racial", mas em "pureza cultural". E não perseguem só judeus, gays ou testemunhas de Jeová, mas também imigrantes, muçulmanos, negros, pobres ou qualquer outra minoria que ameace sua identidade "superior". Movimentos migratórios e a conquista de direitos por parte de populações minorizadas — de classe, gênero ou raça — sempre mobiliza cidadãos que veem sua identidade e seu poder ameaçados.

Os alvos variam conforme o país e a brutalidade faz parte dos códigos das gangues neonazistas. Além dos partidos e das gangues, os movimentos incluem bandas musicais, grafiteiros, centros de pesquisa, revistas, redes de promoção de eventos, sites e por aí vai.

Alguns desses grupos usam o número 88 — uma abreviação de *Heil, Hitler!*, já que "h" é a oitava letra do alfabeto. Outros empregam o número 18, em alusão às iniciais de Adolf Hitler.

---

1. Adler, Katya, *Germany's New Breed of Neo-Nazis Pose a Threat*, BBC, 27/3/2012.

Mas aos olhos do Führer, claro, muitos desses fiéis seguidores seriam tão desprezíveis quanto as minorias que eles perseguem.

Vários *skinheads* e outros que surram gays em São Paulo têm ascendência negra, muitos vêm de famílias migrantes. E bem poderiam ir direto para as câmaras de gás se vivessem no Terceiro Reich. Neonazistas ucranianos, russos e poloneses são eslavos — um povo considerado sub-humano por Hitler. Até mesmo os integrantes do grupo Portugal Hammerskin (PHS), que se dizem a elite da supremacia branca, não possuem exatamente o biótipo de homem ariano que Hitler buscava.

A rigor, portanto, a maioria desses bandos não poderia ser chamada de neonazista. São de extrema-direita, fascistas, xenófobos, antissemitas. Mas o ponto é: todos eles adaptam de alguma forma a receita de salvação nazista, preservando seus ingredientes fundamentais.

O nacionalismo, por exemplo. Como você viu ao longo deste livro, o nacionalismo não é mero amor à pátria. É uma defesa ferrenha da identidade nacional que pressupõe a glorificação do "Nós" e a exclusão de "Eles". Por isso desemboca em violência — sobretudo em tempos de crise. E, no mundo do século 21, o nacionalismo de uma tribo serve para promover os objetivos de outra. Partidos neonazistas se aproveitam do conflito do Oriente Médio para alentar a discriminação de judeus em seus países. E assim requentam outro ingrediente da receita nazista: o antissemitismo. O partido húngaro Jobbik, por exemplo, propôs que deputados judeus sejam excluídos do Parlamento da Hungria como resposta aos ataques israelenses a Gaza.[2]

No resto da Europa, o conflito entre palestinos e israelenses motivou um grande surto de antissemitismo em 2014. Oito sinagogas foram incendiadas na França em apenas uma semana.

---

2. "No Israelis in the Hungarian Parliament!", Jobbik, página oficial.

Enquanto as chamas ardiam na Alemanha, manifestantes marchavam por cidades europeias entoando bordões como "Hamas, Hamas, judeus para o gás". Hitler jamais teria sonhado com passeatas assim: ativistas de esquerda — que ele tanto odiava — gritando palavras de ordem que ele tanto aplaudia. As histórias são muitas, e a expansão por países ricos e pobres em todo o mundo está sempre prestes a eclodir quando há uma crise.

Gritos de ordem desse tipo também eram impensáveis nos anos 1950 e 60, quando os neonazistas começaram a botar suas mangas de fora. Vamos rastrear os passos deles para entender como essa semente voltou a germinar.

A hibernação do ódio

O nazismo não acabou com o fim da Segunda Guerra Mundial. Apenas hibernou. Nos primeiros anos do pós-guerra, quando ser extremista era motivo de vergonha, o neonazismo foi brotando aos poucos na Europa entre as correntes de direita mais radicais.

Em boa medida, ele ganhou impulso graças aos velhos nazistas que sobreviveram aos expurgos da Alemanha Ocidental.[3] Como vimos no capítulo anterior, o processo de "desnazificação" da Alemanha foi bastante limitado. Nem poderia ser de outro jeito: a necessidade de cientistas, advogados, médicos e outros profissionais era grande demais para que o país abrisse mão de todo mundo. Assim, muitos nazistas convictos ingressaram no serviço público alemão após a guerra e aproveitaram os novos cargos para manter vivas suas ideias.

Foi o caso de Hans Globke, um dos autores das Leis de Nuremberg e colaborador de Adolf Eichmann. Globke virou assessor do chanceler alemão Konrad Adenauer nos

---

3. Historiador Luiz Dario Ribeiro. Entrevista do autor.

anos 1950. Em meio ao anticomunismo da Guerra Fria, o caráter nazista desses agentes ficou em segundo plano. E o passo seguinte deles foi criar organizações de fachada para conquistar seguidores.

O alemão Partido Nacional Democrático (NPD) e o Movimento Social Italiano (MSI), por exemplo, eram agrupamentos nazifascistas que se escondiam atrás de nomes simpáticos. Alguns dos novos membros eram jovens convencidos de que deveria haver uma luta de vida ou morte contra os comunistas. Mas também havia quem defendesse a Terceira Posição — a ideia de que seus países deveriam seguir uma ideologia alternativa, que não fosse de esquerda nem de direita.

Ou seja: uma "terceira via" econômica que mesclasse elementos do capitalismo e do comunismo, a exemplo do programa de 25 pontos do NSDAP.[4] Um dos grandes defensores da Terceira Posição foi Otto Ernst Remer, que tinha uma história de lealdade incondicional a Hitler. Quando era major da Wehrmacht, ele prendeu os militares que planejaram assassinar o Führer em julho de 1944 na Toca do Lobo, o QG do Líder na Prússia Oriental.[5] Em retribuição, Hitler o promoveu a coronel e depois a major-general.

Após a guerra, Remer escapou da desnazificação e fundou o Partido do Reich Socialista (*Sozialistische Reichspartei*, SRP) nos moldes do NSDAP. O partido arrebanhou 11% dos votos na Baixa Saxônia em 1951, mas foi banido no ano seguinte. Remer fugiu então para o Egito, onde virou assessor de segurança do presidente Gamal Abdel Nasser. E em 1956 se mudou para a

---

4. O programa de 25 pontos do NSDAP admitia iniciativa privada, por exemplo, mas com a supervisão do Estado. Autorizava a liberdade religiosa, mas só aos credos que não colocassem em "perigo" a moral germânica. E defendia protecionismo, dirigismo estatal, reforma agrária e nacionalização da indústria.

5. A bomba colocada pelos conspiradores explodiu na sala onde Hitler estava, mas ele saiu ileso. O atentado, liderado pelo coronel Claus von Stauffenberg, fazia parte de um plano de emergência conhecido como Operação Valquíria.

Síria para se tornar sócio de Alois Brunner, outro fugitivo nazista, vendendo tecnologia alemã de armamentos a países árabes.[6] Remer seria uma peça-chave do neonazismo, como veremos adiante. Mas ele ainda esperaria o momento certo para voltar à Alemanha.

O revisionismo

Além de fundar partidos, os neonazistas buscaram reabilitar a ideologia de Hitler. E para isso recorreram a uma teoria pseudocientífica, o revisionismo, que acusava os vencedores da guerra de contar a história à sua maneira. O pai do revisionismo foi o historiador francês Paul Rassinier. Ele havia sido prisioneiro político dos nazistas, mas defendeu o Terceiro Reich após a guerra, negando o Holocausto.

"Eu estive lá e não havia câmaras de gás", ele dizia. Claro: Rassinier esteve em Buchenwald, um campo de concentração situado na Alemanha e que de fato não possuía câmaras de gás. Os campos de extermínio ficavam na Polônia ocupada, como Auschwitz e Treblinka, e eram dotados de câmaras de gás e crematórios.

Mas os livros delirantes de Rassinier conquistaram leitores na Europa e foram traduzidos nos EUA pelo historiador Harry Elmer Barnes — também adepto de teorias da conspiração. Barnes dizia que os julgamentos de nazistas como Eichmann eram uma "tramoia sionista" e descrevia os *Einsatzgruppen* como "guerrilhas".

Outro revisionista americano, Francis Parker Yockey, tinha ideias ainda mais estranhas. Ele defendia uma união totalitária entre a extrema-direita, a URSS e governos árabes para derrotar o "poder judaico-americano". Yockey foi preso pelo FBI por fraude, com três passaportes falsos, e se matou na prisão com cianeto em 1960. Mas seu livro *Imperium* se tornou objeto de culto dos neonazistas.

---

6. Atkins, Stephen E., *Encyclopedia of Modern Worldwide Extremists and Extremist Groups*, Greenwood, 2004, págs. 272-3.

Na América Latina, um dos principais discípulos de Rassinier foi o brasileiro Siegfried Ellwanger Castan, fundador da editora gaúcha Revisão. Castan foi denunciado diversas vezes à Justiça pelo conteúdo racista das obras que publicou. Entre elas, o livro de sua autoria *Holocausto judeu ou alemão?*, em que afirmava que as câmaras de gás eram uma grande mentira e que a vítima do Holocausto havia sido a Alemanha.[7]

Novo alvo: o imigrante

Nos anos 1960, o neonazismo deu um salto com a crise do colonialismo europeu. Grupos como o Occident e o Exército Secreto Francês (OAS) atraíram nacionalistas frustrados pela derrota da França nas guerras de independência da Indochina (1946-54) e da Argélia (1954-62). O OAS perpetrou atentados contra argelinos e tentou assassinar o presidente francês Charles de Gaulle por permitir a descolonização.

Pierre Sidos, fundador do Occident, era filho de um membro da *Milice* — a brigada paramilitar francesa que caçou membros da Resistência durante o nazismo. Sidos prosseguiu com as ideias do pai, recrutando universitários para combater os manifestantes que pediam reformas no Maio de 68. De Gaulle proibiu o Occident, mas vários de seus membros integraram o partido de extrema-direita Frente Nacional, fundado por Jean-Marie Le Pen em 1972.

Le Pen ficou famoso por suas duras posturas contra os imigrantes, a integração europeia, o aborto e o casamento entre pessoas do mesmo sexo. Para ele, as câmaras de gás foram um "mero detalhe" da História.[8]

---

7. Castan, S.E., *Holocausto Judeu ou Alemão? Nos Bastidores da Mentira do Século*, Revisão, 1987, pág. 137, citado em Caro, pág. 131.
8. *Backgrounder: Jean-Marie Le Pen and the National Front*, Anti-Defamation League, 23/4/2002, disponível online.

No início dos anos 1970, o neonazismo já tinha florescido ao redor do mundo — mas continuava sendo um fenômeno marginal. Os partidos neonazistas eram grupelhos semelhantes ao velho DAP: muita ideologia e pouca projeção política. Até que veio uma crise de grandes proporções.

Em outubro de 1973, a Organização dos Países Exportadores de Petróleo (Opep) decidiu reduzir a produção do óleo e embargar as vendas para os EUA e a Europa, que haviam apoiado Israel contra o Egito e a Síria na Guerra do Yom Kipur.[9]

O choque do petróleo fez o preço do barril triplicar e jogou os europeus na recessão. Em meio ao caos, os nacionalistas concentraram seus ataques contra os imigrantes, sobretudo de origem árabe. Le Pen e seus seguidores alertavam para o "perigo" dos estrangeiros vindos das ex-colônias francesas no norte da África.

A xenofobia também atraiu jovens desempregados e sem perspectivas para as filas da extrema-direita. Foi o caso dos *skinheads*, um grupo formado nos anos 1960 na Inglaterra por jovens de classe baixa que curtiam ritmos como ska e reggae.

Os *skinheads* originais não eram racistas (muitos eram negros jamaicanos), mas alguns deles atacavam gays e asiáticos. Na recessão dos anos 1970, uma ala do movimento se vinculou ao partido neonazista inglês National Front (NF), que promovia a superioridade branca. Uniões desse tipo se espalharam pela Europa. É que os partidos de extrema direita precisavam de militância — e a encontraram nas gangues.[10]

Gritos de guerra xenófobos entraram para o repertório dos *hooligans*, que já eram conhecidos por deixar um rastro de vandalismo e pancadaria nos jogos de futebol. O jornalista america-

---

9. Em 6 de outubro de 1973, o Egito e a Síria lideraram uma coalizão de países árabes em um ataque-surpresa contra Israel no Yom Kipur, o Dia do Perdão dos judeus. O confronto durou três semanas. Israel e Egito assinaram um acordo de paz em 1979.
10. Historiador Carlos Gustavo Nóbrega de Jesus. Entrevista do autor.

no Bill Buford conviveu durante quatro anos com *hooligans* do Manchester United, na década de 1980, e viu como eles eram facilmente recrutados pelo NF. Mas nem todos os brutamontes que surravam estrangeiros estavam desempregados. Muitos aderiram à violência xenófoba por pura sede de adrenalina.

Foi o caso de Mick, o primeiro *hooligan* que Buford conheceu. "Ele parecia um eletricista perfeitamente feliz, cheio de dinheiro no bolso para comprar passagens e ver os jogos", recordou Buford.[11]

Foi nesse clima exaltado que Ernst Remer voltou à Alemanha, após seu longo exílio no Oriente Médio. Em 1983, Remer fundou o Movimento de Libertação Alemão, que reunia 23 grupos neonazistas. O movimento tinha apenas uns 1,5 mil integrantes no total, mas treinou uma nova geração de adoradores de Hitler. Por isso Remer é hoje conhecido como o "padrinho dos neonazistas".[12]

Para não ser preso por incitação ao racismo, Remer mudou-se para a Espanha, onde continuou promovendo suas ideias até morrer, em 1997. E, enquanto cooptavam as gangues, os partidos de extrema direita seduziram os eleitores. Em 1984, por exemplo, a Frente Nacional obteve quase 11% dos votos dos franceses e elegeu dez membros no Parlamento Europeu.

Um deles foi Dominique Chaboche, antigo membro do grupo Occident.

Para recuperar terreno, partidos de esquerda também assumiram o discurso xenófobo e racista. Entre eles o Partido Socialista (PS) francês e o Partido Comunista Italiano (PCI), que acusaram os imigrantes de macular a cultura nacional.

O objetivo era frear a debandada de eleitores para a direita, mas o resultado foi desastroso. "A esquerda não conquistou elei-

---
11. Buford, Bill, *Entre os Vândalos*, Companhia de Bolso, 2010, cap. 1.
12. Atkins, pág. 272.

tores e teve que se 'direitizar' cada vez mais", diz o historiador Luiz Dario Ribeiro, da Universidade Federal do Rio Grande do Sul (UFRGS).[13] Àquela altura, o discurso extremista havia deixado de ser vergonhoso para se tornar aceitável. A negação do Holocausto virou o esporte favorito dos radicais da direita e da esquerda, enquanto Israel emergia como o seu alvo mais frequente.

Os neonazistas também reeditaram *Os Protocolos dos Sábios de Sião,* a bíblia do antissemitismo, acusando os judeus de tramar a dominação de seus países. E com uma inovação: eles adotaram o acrônimo ZOG — *Zionist Occupied Government* para se referir aos "governos ocupados por sionistas".

Rede mundial

No fim dos anos 1980, as células neonazistas haviam formado uma rede internacional. Ela era articulada, entre outros, pelo alemão Michael Kühnen, o norueguês Erik Blücher e o belga Léon Degrelle. Ex-general de Hitler, Degrelle vivia na Espanha e liderava o Círculo Espanhol de Amigos da Europa (Cedade) — um grupo de extrema direita que também criou bases em Buenos Aires, Quito, La Paz e Montevidéu. Depois de passar anos atacando os homossexuais, Kühnen revelou que era gay em 1986, quando estava na prisão por incitar à violência. Ele morreu em decorrência da aids, em 1991, e o neonazismo na Alemanha foi levado adiante por Christian Worch — famoso por organizar a marcha anual à tumba de Rudolf Hess, o vice de Hitler.[14]

Nos EUA, a rede neonazista cresceu graças a Willis Carto, fundador do Instituto de Revisão Histórica (IHR) e do extinto Liberty Lobby — que publicava o jornal antissemita *Spotlight.* Timothy McVeigh, o terrorista que em 1995 detonou um caminhão-bomba em frente a um edifício em Oklaho-

---

13. Ribeiro, entrevista do autor.
14. A marcha é feita na cidade de Wunsiedel em 17 de agosto, aniversário de morte de Hess.

ma City, deixando 168 mortos e 700 feridos, era leitor assíduo do *Spotlight*. McVeigh inclusive colocou anúncios no jornal para vender munição.[15]

A nebulosa totalitária também incorporou elementos religiosos. Grupos de extrema direita europeus, em geral católicos, começaram a se vincular a radicais islâmicos. O Cedade, por exemplo, criou laços com o wahhabismo, uma doutrina extremista ensinada em mesquitas e escolas religiosas (madrassas) que o reino saudita constrói ao redor do mundo. Nessas madrassas estudariam o terrorista egípcio Mohamed Atta, um dos líderes dos ataques de 11 de Setembro às Torres Gêmeas de Nova York, e o inglês Shehzad Tanweer, um dos suicidas do ataque ao metrô de Londres, em 2005.

No Leste Europeu, a grande explosão do neonazismo veio após o fim da URSS, em 1991. O império soviético desmoronou deixando um rastro de pobreza e desemprego — e os grupos nacionalistas até então sufocados pelo regime puderam despontar. Foi o caso da Unidade Nacional Russa (UNR), uma organização política e paramilitar que defendia um país de russos "puros" sob a condução espiritual da Igreja Ortodoxa Russa. A bandeira da UNR era vermelha e branca, com uma suástica estilizada no centro. O grupo foi banido, mas seu líder, Alexander Barkashov, continuou articulando grupos nacionalistas.

Com o fim do comunismo e a social-democracia desmoralizada, os neonazistas também começaram a ter sucesso nas urnas. Na Dinamarca, por exemplo, o Partido Popular (PP) obteve 13 cadeiras no Parlamento em 1998. E continuou crescendo até se tornar o terceiro maior do país. Ao contrário do Partido Nazista, que levava baderneiros para seus comícios, políticos de legendas como o PP passam a imagem de bons mocinhos.

---

15. Lee, Martin A., *The Beast Reawakens*, Routledge, 1999, prefácio.

Como diz o jornalista americano Martin A. Lee, o ressurgimento do fascismo na Europa pós-guerra fria não foi orquestrado por um ditador seguido por homens com camisas pardas e braçadeiras com suásticas. "Uma nova geração de extremistas de direita, sintetizada pelo Führer do Partido da Liberdade austríaco, Jörg Haider, adaptou sua mensagem e seus modos aos novos tempos", afirma Lee.[16]

Haider foi eleito duas vezes governador do estado da Caríntia, na Áustria, e só não foi mais longe porque morreu num acidente de carro em 2008. Mas outros líderes como ele têm chegado lá.

Redes sociais

A internet está mudando o comportamento dos neonazistas. Antes as gangues espancavam um sujeito e saíam correndo. Hoje elas espancam e depois postam a foto no Facebook. As páginas das redes sociais também permitem a confraternização mundial dos neonazistas.

Um dos primeiros sites de ódio foi o *Stormfront,* criado em 1995 por Don Black, ex-líder da Ku Klux Klan. O universo virtual inclui o site Radio Islam, que dissemina propaganda antissemita em 23 idiomas. Esses portais seguem a tática de Hitler: usar a democracia para propagar mensagens antidemocráticas. "Como a liberdade de expressão é um dos bens mais apreciados em qualquer democracia, ela não pode ser regulada de antemão. Cada caso tem que ser analisado", diz Sergio Widder, representante do Centro Simon Wiesenthal para a América Latina.[17]

E, como nenhum país preza a liberdade de expressão mais do que os EUA, muitos neonazistas hospedam seus sites exata-

---

16. Lee, prefácio, pág. xxix.
17. Sergio Widder, entrevista do autor.

mente em território americano. Os países escandinavos também viraram refúgio de extremistas que camuflam crimes de racismo alegando liberdade de expressão.

Da mesma forma, redes de *skinheads* aproveitam as leis liberais da Inglaterra e de outros países democráticos para difundir suas mensagens de ódio por meio da música. "Precisamos achar respostas que se adaptem aos novos desafios. Não podemos confrontar o nazismo do século 21 da mesma forma que nos anos 1980", diz Widder.

Encontrar essas respostas é mesmo difícil numa era em que a xenofobia existe até em governos democráticos — como se viu na França com a expulsão de ciganos; nos Estados Unidos, durante todo o governo Trump; na Europa em relação a pessoas de origem árabe e africana que desembarcam em seu litoral. Os exemplos não param e algumas cenas do passado insistem em voltar. De novo e de novo. Ainda corremos um risco intolerável: ver tudo aquilo acontecer novamente.

BIBLIOGRAFIA

ARAD, Yitzhak. *Ghetto in Flames*. Washington, D.C.: Holocaust Pubns, 1983.

ARENDT, Hannah. *Origens do Totalitarismo*. São Paulo: Companhia de Bolso, 2012.

ATWOOD, Kathryn J. *Women Heroes of World War II*. Chicago: Chicago Review Press, 2011.

BACHRACH, Susan. *In the Name of Public Health* – Nazi Racial Regime. Waltham: New England Journal of Medicine, v. 351, pp. 417-420, julho de 2004.

BANKIER, David [ed.]. *Probing the Depths of German Antisemitism, German Society and the Persecution of Jews, 1933-1941.* Jerusalém: Yad Vashem; Nova York: The Leo Baeck Institute e Berghahn Books, 2000.

BESSEL, Richard. *Living with the Nazis:* Some Recent Writing on the Social History of the Third Reich. Thousand Oaks: European History Quarterly, vol. 14, 1984.

BEIN, Alex. *The Jewish Question:* Biography of a World Problem. Madison: Fairleigh Dickinson University Press, 1990.

BEY, Osman. *The Conquest of the World by the Jews*. Saint Louis: The St. Louis Book & News Company, 1878.

BLACK, Edwin. *A Guerra contra os Fracos*. São Paulo: A Girafa, 2003.

BLACK, Edwin. *IBM e o Holocausto*. Rio de Janeiro: Campus, 2001.

BRACHER, Karl Dietrich. The Role of Hitler: Perspectives of Interpretation. In: LAQUEUR, Walter [ed.]. *Fascism:* A Reader's Guide. Aldershot 1991.

BROWNING, Christopher. *Ordinary Men:* Reserve Police Battalion 101 and the Final Solution in Poland. Nova York: Harper Perennial, 1992.

BUFORD, Bill. *Entre os Vândalos*. São Paulo: Companhia de Bolso, 2010.

BURLEIGH, Michael. *The Third Reich:* A New History. Nova York: Hill and Wang, 2000.

BURLEIGH, Michael; WIPPERMANN, Wolfgang. *The Racial State:* Germany 1933-1945. Cambridge: Cambridge University Press, 1991.

CARO, Isaac. *Extremismos de derecha y movimientos neonazis:* Berlin, Madrid, Santiago. Santiago: Lom Ediciones, 2007.

CHALK, Frank; JONASSOHN, Kurt. *The History and Sociology of Genocide:* Analyses and Case Studies. New Haven: Yale University Press, 1990.

CHILDERS, Thomas; CAPLAN, Jane [ed.]. *Reevaluating the Third Reich*. Nova York: Holmes & Meier, 1993.

CHLÁDKOVÁ, Ludmila. *The Terezín Ghetto*. Praga: V RÁJI Publishers, 2005.

COHN, Norman. *A Conspiração Mundial dos Judeus:* Mito ou Realidade?. São Paulo: Ibrasa, 1969.

CORNWELL, John. *O Papa de Hitler.* Rio de Janeiro: Imago, 2000.

COSTA, Sergio Corrêa. *Crônica de uma Guerra Secreta* – Nazismo na América: A Conexão Argentina. Rio de Janeiro: Record, 2004.

CRANACH, Michael von. *The Killing of Psychiatric Patients in Nazi-Germany between 1939-1945,* disponível online.

DE NÁPOLI. Carlos. *La Formula de la Eterna Juventud.* Bogotá: Grupo Editorial Norma, 2009.

EPSTEIN, Barbara. *The Minsk Ghetto 1941-1943:* Jewish Resistance and Soviet Internationalism. Berkeley: University of California Press, 2008.

EVANS, Richard. *The Coming of the Third Reich.* Londres: Penguin Press, 2004.

EVANS, Richard. *The Third Reich in Power.* Londres: Penguin Press, 2005.

EVANS, Richard. *The Third Reich at War.* Londres: Penguin Press, 2008.

FELDMAN, Gerald D. *The Great Disorder:* Politics, Economics, and Society in the German Inflation, 1914-1924. Oxford: Oxford University Press, 1993.

FEST, Joachim C. *Hitler.* San Diego: Harcourt, 1974.

FISCHER, Klaus P. *The History of an Obsession:* German Judeophobia and the Holocaust. Nova York: Continuum International Publishing Company, 1998.

FRANKL, Viktor E. *Em Busca de Sentido.* São Leopoldo: Sinodal, 1985.

FRIEDLANDER, Henry. *The Origins of Nazi Genocide:* From Euthanasia to the Final Solution. Chapel Hill: University of North Carolina Press, 1995.

FRIEDLANDER, Saul. *Nazi Germany and the Jews:* The Years of Persecution. Nova York: Harper Collins, 1997.

FRITZSCHE, Peter. *Germans into Nazis.* Cambridge: Harvard University Press, 2003.

GALTON, Francis. *Hereditary Genius.* Londres: Macmillan and Company, 1869.

GARDELL, Mattias. *Gods of the Blood.* Durham: Duke University Press, 2003.

GELLATELY, Robert. *Backing Hitler Consent and Coercion in Nazi Germany.* Nova York: Oxford University Press, 2001.

GELLATELY, Robert. *The Gestapo and German Society:* Enforcing Racial Policy 1933-1945. Nova York: Oxford University Press, 1990.

GERSTENBERGER, Heide. Acquiescence. In: BANKIER, David [ed.]. *Probing the Depths of German Antisemitism, German Society and the Persecution of the Jews, 1933-1941*. Jerusalém: Yad Vashem; Nova York: The Leo Baeck Institute e Berghahn Books, 2000.

GEYER, Michael; BOYER, John W. [ed.]. *Resistance against the Third Reich: 1933-1990*. Chicago: University of Chicago Press, 1994.

GOLDENSOHN, Leozn. *As Entrevistas de Nuremberg*. São Paulo: Companhia das Letras, 2004.

GOLDHAGEN, Daniel. *Os Carrascos Voluntários de Hitler*. São Paulo: Companhia das Letras, 1996.

GOLDHAGEN, Daniel. *La Iglesia Católica y el Holocausto*. Rio de Janeiro: Taurus, 2003.

GOÑI, Uki. *A Verdadeira Odessa*. Rio de Janeiro: Record, 2004.

GOODRICKE-CLARKE, Nicholas. *The Occult Roots of Nazism*. Nova York: New York University Press, 1985.

GRAML, Hermann. *Anti-Semitism in the Third Reich*. Hoboken: Blackwell Publishers, 1992.

GRANT, Madison. *The Passing of the Great Race*. Nova York: Charles Scribner's Sons, 1916.

GREEN, Toby. *Inquisition*. Nova York: St. Martin's Press, 2007.

GROTH, Alexander J. Demonizing the Germans: Goldhagen and Gellately on Nazism. *The Political Science Reviewer*, Madison, vol. 32, pp. 118-158, 2003.

GUTMAN, Yisrael. *The Jews of Warsaw, 1939-1943: Ghetto, Underground, Revolt*. Bloomington: Indiana University Press, 1982.

GUTMAN, Yisrael; BERENBAUM, Michael. *Anatomy of the Auschwitz Death Camp*. Bloomington: Indiana University Press, 1998.

HAFFNER, Sebastian; OSERS, Ewald. *The Meaning of Hitler*. Cambridge: Harvard University Press, 1979.

HAMEROW, Theodore S. *On the Road to the Wolf's Lair*. Cambridge: Harvard University Press, 1999.

HEIM, Suzanne. *The German-Jewish Relationship in the Diaries of Victor Klemperer*. In: BANKIER, David [ed.]. *Probing the Depths of German Antisemitism, German Society and the Persecution of Jews, 1933-1941*. Jerusalém: Yad Vashem; Nova York: The Leo Baeck Institute e Berghahn Books, 2000.

HENDERSON, Simon. *The White Rose and the Definition of Resistance. The History Review*, vol. 53, dez. 2005.

HENRY, Patrick. *We only know men:* The Rescue of Jews in France during the Holocaust. Washington D.C.: The Catholic University of America Press, 2007.

HERBERT, Ulrich. Review of Gellately, Robert. Backing Hitler: Consent and Coercion in Nazi Germany. *The American Historical Review*, vol. 108, n. 1, fev. 2003.

HEYDECKER, Joe J.; LEEB, Johannes. *El Proceso de Nuremberg*. Barcelona: Bruguera, 1965.

HILBERG, Raul. *The Destruction of the European Jews*. Nova York: Holmes & Meier, 1985.

HILBERG, Raul. *Perpetrators, Victims, Bystanders*. Nova York: Harper Collins, 1992.

HITLER, Adolf. *Mein Kampf*. BPK, 1925 [versão em português].

HOUSDEN, Martyn. *Resistance and conformity in the Third Reich*. Londres: Routledge, 1997.

JOHNSON, Eric A. *Nazi Terror*. Nova York: Basic Books, 2002.

JOHNSON, Paul. *História dos Judeus*. Rio de Janeiro: Imago, 1989.

KAUTSKY, Karl. *A Origem do Cristianismo*. Rio de Janeiro: Civilização Brasileira, 2010.

KERSHAW, Ian. *Hitler*. Londres: Penguin Books, 2010.

KERSHAW, Ian. *Hitler and the Nazi dictatorship*. In: FULBROOK, Mary [ed.]. Germany since 1800. Londres: Bloomsbury Academic, 1997.

KERSHAW, Ian. *Hitler, The Germans, and the Final Solution*. New Haven e Londres: Yale University Press, 2008.

KERSHAW, Ian [org.]. *El Nazismo:* Preguntas clave. Pretérita, Siglo XXI.

KERSHAW, Ian. *The Hitler Myth, a Biography*. Oxford: Oxford University Press, 2001.

KERSHAW, Ian. *The Nazi Dictatoship:* Problems and Perspectives of Interpretation. 4. ed. Londres: Bloomsbury Academic, 2000.

KERTZER, David I. *The Popes Against the Jews*. Nova York: Knopf, 2001.

KLEMPERER, Victor. *I Will Bear Witness*. Nova York: Modern Library, 2001.

KUBIZEK, August. *The Young Hitler I Knew*. Londres: Greenhill Books, 2006.

LANGER, Walter C. *The Mind of Adolf Hitler*. Nova York: Basic Books, 1972.

LEE, Martin A. *The Beast Reawakens*. Londres: Routledge, 1999.

LEVINE, Allan. *Fugitives of the Forest*. Guilford: Lyons Press, 2008.

LIFTON, Robert Jay. *The Nazi Doctors*. Nova York: Basic Books, 2000.

LOMBROSO, Cesare. *Antisemitismo e Le Scienze Moderne*. Charleston: BiblioBazaar, 2010.

LUTHER, Martin. *On the Jews and their Lies*. Saint Louis: Christian Nationalist Crusade, 1948.

MESSADIÉ, Gerald. *História Geral do Anti-Semitismo*. Rio de Janeiro: Bertrand Brasil, 1999.

MOSSE, George L. *The Crisis of German Ideology:* Intellectual Origins of the Third Reich. Nova York: Weidenfeld & Nicolson, 1971.

NICHOLLS, Anthony J. Germany. In: WOOLF, Stuart J. (ed.). *European Fascism.* Nova York: Weindenfeld & Nicolson, 1968.

NICHOLLS, Anthony J. *Weimar and the Rise of Hitler.* Nova York: St. Martin's Press, 2000.

OPDYKE, Irene Gut. *In My Hands:* Memories of a Holocaust Rescuer. Nova York: Laurel Leaf, 2004.

PAXTON, Robert. *The Anatomy of Fascism.* Londres: Penguin Books, 2004.

PEUKERT, Detlev. *The Genesis of the Final Solution from the Spirit of Science.* In: CHILDERS, Thomas; CAPLAN, Jane (ed.). Reevaluating the Third Reich. Nova York: Holmes & Meier, 1993.

PEUKERT, Detlev. *The Weimar Republic.* Nova York: Hill and Wang, 1987.

PINE, Lisa. *Hitler's 'National Community':* Society and Culture in Nazi Germany. Londres: Hodder Education, 2007.

PINE, Lisa. *Nazi Family Policy.* Londres: Bloomsbury Academic, 1997.

PIOTROWSKI, Tadeusz. *Poland's Holocaust.* Jefferson: McFarland & Company, 2007.

PRINGLE, Heather. *El Plan Maestro.* Madrid: Debate, 2008.

PROCTOR, Robert. *Racial Hygiene:* Medicine Under the Nazis. Cambridge: Harvard University Press, 1988.

ROLAND, Charles G. *Courage under Siege:* Disease, Starvation and Death in the Warsaw Ghetto. Oxford: Oxford University Press, 1992.

SAMUELS, Gertrude. *Mottele.* Bloomington: iUniverse, 2000.

SCHULZE, Hagen. *Germany:* A New History. Cambridge: Harvard University Press, 1998.

SHIRER, William. *The Rise and Fall of the Third Reich.* Nova York: RosettaBooks, 2011.

SPEER, Albert. *Inside the Third Reich:* Memoirs. Phoenix, 1997.

SPENSER, Herbert. *Social Statics.* Boston: D. Appleton, 1896.

SPITZ, Vivien. *Doctors from Hell.* Boulder: Sentient, 2005.

STEINER, Marlis. *Hitler.* Barcelona: Ediciones B, 2004.

SUHL, Yuri (ed.). *They Fought Back.* Nova York: Schocken Books, 1975.

TEC, Nechama. *Um Ato de Liberdade:* Os Guerrilheiros Judeus de Bielski. Rio de Janeiro: Record, 2009.

VENEZIA, Shlomo. *Inside the Gas Chambers.* Cambridge: Polity Press, 2007.

WEBER, Gaby. *La Conexión Alemana.* Barcelona: Edhasa, 2005.

WIESEN, Jonathan S. *German Industry and the Third Reich.* Dimensions, vol. 13, n. 2, 2000.

BASE DE DADOS

http://en.auschwitz.org/m/
Auschwitz-Birkenau Memorial and Museum

http://www.kz-gedenkstaette-dachau.de/index-e.html
Dachau Concentration Camp Memorial

http://www.genocidewatch.org/
Genocide Watch

http://www.calvin.edu/academic/cas/gpa
German Propaganda Archive

http://www.holocaustresearchproject.org/
Holocaust Education & Archive Research Team

http://www.jewishvirtuallibrary.org/
Jewish Virtual Library

http://en.mauthausen-memorial.at/
Mauthausen Memorial

http://www.dhm.de/ENGLISH/sammlungen/
Museu Histórico Alemão

http://www.yadvashem.org/
Museu Yad Vashem, Jerusalém

http://www.nizkor.org/
The Nizkor Project

http://www.ushmm.org/holocaust/
United States Holocaust Memorial Museum

DVDS

RESISTANCE: Untold Stories of Jewish Partisans. Direção: Seth Kramer. PBS, 2009. 1 DVD (55 min).

SCIENCE and the Swastika: Hitler's Biological Soldiers. Direção: Saskia Baron. Darlow Smithson Productions, 2001. 1 DVD (48 min.).

THE ARCHITECTURE of Doom. Direção: Peter Cohen. First Run Features, 1991. 1 DVD (119 min.).

Este livro foi composto em Garamond Premier Pro e
Geomanist, impresso em março de 2022 pelas Edições Loyola
em papel Polén Soft (miolo) e Cartão Supremo (Capa).